Nachhaltigkeitsökonomik

Lizenz zum Wissen.

Sichern Sie sich umfassendes Wirtschaftswissen mit Sofortzugriff auf tausende Fachbücher und Fachzeitschriften aus den Bereichen: Management, Finance & Controlling, Business IT, Marketing, Public Relations, Vertrieb und Banking.

Exklusiv für Leser von Springer-Fachbüchern: Testen Sie Springer für Professionals 30 Tage unverbindlich. Nutzen Sie dazu im Bestellverlauf Ihren persönlichen Aktionscode C0005407 auf www.springerprofessional.de/buchkunden/

Jetzt 30 Tage testen!

Springer für Professionals.
Digitale Fachbibliothek. Themen-Scout. Knowledge-Manager.

- Zugriff auf tausende von Fachbüchern und Fachzeitschriften
- Selektion, Komprimierung und Verknüpfung relevanter Themen durch Fachredaktionen
- Tools zur persönlichen Wissensorganisation und Vernetzung

www.entschieden-intelligenter.de

Springer für Professionals

Peter Bartelmus

Nachhaltigkeitsökonomik

Eine Einführung

Prof. Peter Bartelmus
New York
USA

Das Buch ist eine Übersetzung des Buches „Sustainable Economics - An Introduction",
das 2013 bei Routledge erschienen ist.

ISBN 978-3-658-03130-5   ISBN 978-3-658-03131-2 (eBook)
DOI 10.1007/978-3-658-03131-2

Die Deutsche Nationalbibliothek verzeichnet diese Publikation in der Deutschen National-
bibliografie; detaillierte bibliografische Daten sind im Internet über http://dnb.d-nb.de ab-
rufbar.

Springer Gabler
© Springer Fachmedien Wiesbaden 2014
Das Werk einschließlich aller seiner Teile ist urheberrechtlich geschützt. Jede Verwertung,
die nicht ausdrücklich vom Urheberrechtsgesetz zugelassen ist, bedarf der vorherigen Zu-
stimmung des Verlags. Das gilt insbesondere für Vervielfältigungen, Bearbeitungen, Übersetzungen, Mikroverfilmungen und die Einspeicherung und Verarbeitung in elektronischen
Systemen.

Die Wiedergabe von Gebrauchsnamen, Handelsnamen, Warenbezeichnungen usw. in diesem Werk berechtigt auch ohne besondere Kennzeichnung nicht zu der Annahme, dass
solche Namen im Sinne der Warenzeichen- und Markenschutz-Gesetzgebung als frei zu betrachten wären und daher von jedermann benutzt werden dürften.

Übersetzung: Peter Bartelmus
Illustrationen: Arik Bartelmus
Lektorat: Stefanie Brich, Ingrid Kachel-Moosdorf

Gedruckt auf säurefreiem und chlorfrei gebleichtem Papier

Springer Gabler ist eine Marke von Springer DE. Springer DE ist Teil der Fachverlagsgruppe
Springer Science+Business Media
www.springer-gabler.de

*Für Lea,
die erben wird, was wir hinterlassen*

Vorwort

Vermeintliche ökonomische Rationalität ist ein Anreiz, ökonomische Analysen fast überall einzubringen. So behaupten die Autoren in dem Buch *Freakonomics* „die verborgene Seite von allem" aufzudecken (Levitt und Dubner 2005). Abgesehen von geschickten Formulierungen sind die praktischen Ergebnisse jedoch eher enttäuschend. Warum also eine Anwendung von Ökonomik auf Nachhaltigkeit? Drei Gründe lassen sich erkennen:

Der erste ist das populäre, aber überforderte Allheilkonzept der nachhaltigen Entwicklung: Es nutzt jedem und allem. Der Industrie eröffnet es Möglichkeiten der Umweltinnovation, Regierungen beschwichtigen damit Einwände der Umweltaktivisten und der Zivilgesellschaft hilft es, gegen Globalisierung zu argumentieren. Vage Ziele, wie die Befriedigung menschlicher Bedürfnisse, die Vermehrung des Wohlstands oder die Verbesserung der Lebensqualität machen nachhaltige Entwicklung zu einem bestechenden Konzept, für das niemand verantwortlich gemacht werden kann. Nachhaltigkeitsökonomik trimmt und quantifiziert die allgemeinen Konzepte durch ökonomische Analyse und Indikatoren.

Der zweite Grund ist eine deutliche Polarisierung zwischen Umweltschützern und Ökonomen, und insbesondere ökologischen Ökonomen und Umweltökonomen. Sie differieren in ihrer Ansicht zum Gegenstand der Nachhaltigkeit. Ökologische Ökonomen verlangen, dass angesichts der Umweltzerstörung Umweltschutz eine höhere Priorität als wirtschaftliche Anliegen haben sollte. Umweltökonomen sind optimistischer: Sie glauben an die Kraft der Märkte und menschliche Kreativität, wenn es darum geht, sowohl die Wirtschaft als auch die Umwelt nachhaltig zu gestalten. Nachhaltigkeitsökonomik überprüft die verschiedenen Ansätze und zeigt Möglichkeiten der Versöhnung oder zumindest Verbindung der beiden Seiten.

Der dritte und wahrscheinlich wichtigste Grund ist, dass Nachhaltigkeit bereits in den gängigen Modellen des Wirtschaftswachstums angewandt wird. Hicks definierte schon im Jahr 1939 Einkommen als ein Leitbild für umsichtiges Verhalten (Prudent Conduct), um Verluste an Konsum und Wohlergehen zu vermeiden.

Volkswirtschaftliche Gesamtrechner und Modellierer sehen ein Nichtabsinken von Einkommen und Konsum als eine Frage der Kapitalerhaltung in der Produktion von Gütern und Dienstleistungen. Von hier ist es ein relativ kleiner Schritt, den Begriff der Kapitalerhaltung auf knappe Umweltgüter und deren Leistungen auszudehnen. Ökonomische Nachhaltigkeit ist somit ein Maßstab für Umsicht in individuellem Verhalten und Umwelt- und Wirtschaftspolitik; sie ist die Grundlage einer neuen Disziplin der „Nachhaltigkeitsökonomik".

Mehr und mehr Stimmen, insbesondere von Unternehmern, sind aber zu hören, die nicht einsehen, warum gute Dinge wie Einkommen und Konsum lediglich aufrecht zu erhalten sind, wenn man mehr davon haben könnte. Sie sind auch der Meinung, dass die vorhandene Wirtschaftsanalyse durchaus in der Lage ist, Umwelt und Verteilungsprobleme effizient in Modelle der Output-, Einkommens- und Wohlstandsmaximierung einzubringen. Aus dieser Sicht erscheint eine Nachhaltigkeitsanalyse überflüssig zu sein. Umweltaktivisten bezweifeln aber die Relevanz von „Puzzlelösungen" (Funtowicz und Ravetz 1991) ökonomischer Modelle im Hinblick auf Umweltkatastrophen. In diesem Buch versuchte ich, eine gemeinsame oder zumindest mittlere Position einzunehmen. Der Schwerpunkt liegt auf dem, was messbar und vergleichbar ist, d. h. auf der umwelt- und produktivitätsbedingten Nachhaltigkeit der Wirtschaftsleistung und des Wirtschaftswachstums. Eng definierte Nachhaltigkeit der Wirtschaftstätigkeit hat eine bessere Erfolgschance als holistische Visionen der „Entwicklung".

Eine frühere Veröffentlichung zur quantitativen Methodik der Umweltökonomie und ökologischen Ökonomik liefert wichtige Argumente für eine Nachhaltigkeitsmessung (Bartelmus 2008). Das Buch geht über Messung hinaus, wenn es zahlreiche Meinungsverschiedenheiten ökologischer Ökonomen und Umweltökonomen unter die Lupe nimmt. Es prüft kritisch die Vor- und Nachteile verschiedener Ansätze mit dem Ziel, unterschiedliche Positionen aufzudecken und zu überbrücken. Die Brücken sind zugegebenermaßen nicht stabil. Es ist zu hoffen, dass sie dennoch den Dialog über eine Kombination ökologischer und ökonomischer Nachhaltigkeit erleichtern.

All dies klingt nicht nur komplex und schwierig, es ist auch so. Aber die Erhaltung unseres Lebensstandards in einer sicheren und gesunden Umwelt betrifft uns alle. Ich habe daher versucht, eine zugängliche, aber dennoch rigorose Einführung in einem knappen, nichttechnischen Text zu liefern. Hilfe kommt von zahlreichen Illustrationen; sie fassen Fragen zusammen, die in der Tat viele Worte benötigen würden, um ihnen gerecht zu werden. Erläuternde Literaturhinweise führen zu diesen Worten. Kürze und Zugänglichkeit haben allerdings ihren Preis: Die subjektive Verbannung von Themen in die Literaturhinweise kann Fragen treffen, die eine bessere Behandlung verdienen. Gezielte Diskussionspunkte am Ende jedes Kapitels verweisen auf mögliche Kritik.

Die prägnante Einführung in ein breites Themengebiet sollte ein Anreiz für Studierende der Wirtschafts- und Biowissenschaften sein, über die Grenzen ihrer traditionellen Lehrveranstaltungen hinauszuschauen. Es wäre schön, wenn das Buch auch die Regierungen und Nichtregierungsorganisationen erreichen würde, die wieder einmal in einem Weltgipfel in Rio de Janeiro zusammentrafen – diesmal mit einem Fokus auf eine „grüne" Wirtschaft (Green Economy). Sie wären gut beraten zu prüfen, was auf Fakten gestützte Nachhaltigkeitsökonomik für die Umsetzung ihrer Empfehlungen tun kann.

In Teil I und Teil II des Buches werden die wichtigsten Ansätze zur Zusammenführung der Messung und Analyse von Umwelt und Wirtschaft beschrieben und verglichen. Dies geschieht aus der Sicht der ökologischen Ökonomik und Umweltökonomik und deren Nachhaltigkeitskonzepten. In Teil III wird die Relevanz der allumfassenden nachhaltigen Entwicklung untersucht. In allen Teilen wird gefragt, was nachhaltig sein sollte, und was hierfür zu tun ist? Schlussbemerkungen stellen fest, dass Nachhaltigkeitsökonomik quantifizierbare Maßstäbe für umsichtiges ökonomisch-ökologisches Verhalten und Politik liefert.

Davao, Philippinen, August 2011   Peter Bartelmus
New York, März 2014

Danksagung

Ich habe dieses Buch als Gastprofessor an der Columbia Universität in New York geschrieben; der Zugang zu den Forschungseinrichtungen war besonders wertvoll in Anbetracht meines häufigen Pendelns zwischen den Philippinen und New York. Insbesondere danke ich Prof. Susan Elmes an der Wirtschaftsfakultät für die Unterstützung meiner Arbeiten. Zwei anonyme Gutachter gaben detaillierte Kommentare und wiesen auf Unstimmigkeiten und Verallgemeinerungen hin. Ich habe mich auch gefreut, wieder zu meinem Verlag, Routledge, zurückzukehren; seine Redakteure halfen effizient und brachten das Buch in Rekordzeit heraus. Wie immer hielten mich meine früheren Kollegen im Statistischen Amt der Vereinten Nationen, Eszter Horvath, Reena Shah und Alessandra Alfieri auf dem Laufenden zu neuen Entwicklungen in der Umweltstatistik und der umweltökonomischen Gesamtrechnung. Besonders erfreulich war die Kooperation von Kunst und Ökonomik: Mein Sohn Arik Bartelmus kreierte die Illustrationen und zeigte große Geduld für meine ständigen Wünsche nach weiteren Illustrationen und Abänderungen.

Ich bedanke mich auch für Erlaubnisse, Abbildungen und Diagramme zu reproduzieren, bei Stefan Bringezu; Elsevier; Eolss Publishers Co Ltd.; dem Intergovernmental Panel on Climate Change; Dennis Meadows; Bernd Meyer; der Netherlands Environmental Assessment Agency; Springer Science + Business Media B.V.; Taylor & Francis und der Bildstelle des Wuppertal Instituts für Klima, Umwelt und Energie.

Hinweise zur Übersetzung

Die ursprüngliche englische Ausgabe *Sustainability Economics, An Introduction* (Routledge 2012/13) wurde vom Autor übersetzt, aktualisiert und in einigen Fällen überarbeitet. Verschiedene Fachausdrücke und Redewendungen sind nicht eindeutig im deutschen Sprachgebrauch zu finden. So weit wie möglich wurde aber die Zitierung englischer Ausdrücke vermieden. Eine Liste der problematischeren Übersetzungen ist im Anhang gegeben. Die Korrekturen der Lektorinnen Frau Stefanie Brich und Frau Ingrid Kachel-Moosdorf verbesserten den Text erheblich. Alle Zitate wurden übersetzt und stimmen daher nicht immer wörtlich mit dem englischen Originaltext überein.

Inhaltsverzeichnis

1 EINFÜHRUNG: Was hat die Ökonomie damit zu tun? 1

Teil I Ökologische Nachhaltigkeit: Wie viel Natur brauchen wir?

2 Wie viel Natur haben wir? 13

3 Wie viel Natur brauchen wir? Können wir sie nachhaltig nutzen? 25

4 Was ist zu tun? 41

Teil II Ökonomische Nachhaltigkeit: Wie teuer ist (uns) die Natur?

5 Zum Wert der Natur 53

6 Messung der ökonomischen Nachhaltigkeit 67

7 Was ist zu tun? 81

8 Eine Brücke schlagen: von ökologischer Ökonomik zur Umweltökonomik 95

Teil III Nachhaltige Entwicklung: Was brauchen wir noch?

9 Ein Königsweg? 107

10 Was ist zu tun? 119

11 Einige Schlussfolgerungen: Was ist zählbar? Was zählt? Was ist zu tun? 131

Anhang 139

Literatur 153

Personenverzeichnis 167

Sachwortverzeichnis 171

Abbildungsverzeichnis

Abb. 1.1	Anthropozentrische (a) und ökozentrische (b) Betrachtung	2
Abb. 1.2	Ökonomisches Austauschsystem	3
Abb. 1.3	Interaktion von Umwelt und Wirtschaft	4
Abb. 1.4	Das Gleichgewicht finden	6
Abb. 1.5	Ökologisch-ökonomische Polarisierung	7
Abb. 2.1	Erderwärmung	16
Abb. 2.2	Ökologischer Fußabdruck 2007	18
Abb. 2.3	Stoffstromrechnung der Europäischen Union	20
Abb. 2.4	Globale Energiebilanz	21
Abb. 3.1	Wie schlimm ist es?	26
Abb. 3.2	Tragfähigkeit	28
Abb. 3.3	Substitution	30
Abb. 3.4	Ressourcenproduktivität und Wirtschaftswachstum in Deutschland	32
Abb. 3.5	Das Modell der Grenzen des Wachstums	33
Abb. 3.6	Trend des ökologischen Fußabdrucks	34
Abb. 4.1	Entkopplung des Ressourcenverbrauchs vom Wirtschaftswachstum	44
Abb. 4.2	μηδὲν ἄγαν, von nichts zuviel	46
Abb. 4.3	Corporate Social Responsibility	47
Abb. 4.4	Befehls- und Kontrollvorschriften	48
Abb. 5.1	Der Wert der Natur	54
Abb. 5.2	Umweltexternalität	55
Abb. 5.3	Wie teuer ist (uns) ein Elefant	58
Abb. 5.4	Der ökonomische Gesamtwert	59
Abb. 5.5	Diskontierung des Schadens eines Kernschmelzunfalls	60
Abb. 5.6	Wertvergleich: Natur – Wirtschaft	63

Abb. 5.7	Ökonomische Bewertung einer Umweltleistung	64
Abb. 6.1	GPI, BIP und individueller Konsum pro Kopf, USA 1950–2004	69
Abb. 6.2	SEEA: Einführung von Naturkapital in die volkswirtschaftliche Gesamtrechnung	71
Abb. 6.3	Ökonettoinvestition (ÖNI) in Weltregionen	75
Abb. 7.1	Instrumente der Umweltpolitik	84
Abb. 7.2	Optimale Ökosteuer	85
Abb. 7.3	Umwelt-Kuznets-Kurve (UKK)	88
Abb. 7.4	Ökonomische Abdiskontierung	89
Abb. 7.5	Technologie der Retter?	90
Abb. 7.6	Rentenabschöpfung und Wirtschaftswachstum	92
Abb. 8.1	Brückenschlag?	96
Abb. 8.2	Vereinfachte Struktur der NAMEA	99
Abb. 8.3	Hybrides Input-Output-Modell	100
Abb. 8.4	Lineare Programmierung ökologisch nachhaltiger und optimaler Wirtschaftsaktivitäten	102
Abb. 9.1	Nachhaltige Entwicklung – im Reduktionsmodus?	108
Abb. 9.2	Am wenigsten und am meisten entwickelte Länder	109
Abb. 9.3	Die vier Säulen der nachhaltigen Entwicklung	110
Abb. 9.4	Harmonie in den Wolken – Streit auf Erden	112
Abb. 9.5	Rang ausgewählter Länder in der nachhaltigen Entwicklung	114
Abb. 9.6	Globalisierung	115
Abb. 10.1	Denke global und handle lokal?	120
Abb. 10.2	Ökotechniken	121
Abb. 10.3	Prioritäten für nachhaltige Entwicklung, Niederlande	122
Abb. 10.4	Agenda 21	124
Abb. 10.5	Entglobalisierung	126
Abb. 10.6	Globaler Sozialvertrag	127
Abb. 11.1	Kategorien der Nachhaltigkeit	132

Tabellenverzeichnis

Tab. 1.1	Schulen der *Öko*–nomik	7
Tab. 2.1	Umweltindikatoren in ausgewählten Ländern	15
Tab. 2.2	Ökologischer Fußabdruck 2007, ausgewählte Länder	18
Tab. 3.1	Millenium-Entwicklungsziel 7, Nachhaltigkeit der Umwelt, Ziele und ausgewählte Indikatoren	35
Tab. 3.2	Business as usual: Wie viel Natur brauchen wir? Wie viel können wir erwarten?	37
Tab. 5.1	Nicht vermarktete Umweltwirkungen der Wirtschaftstätigkeit und -politik	55
Tab. 5.2	Globale Kosten des Klimawandels	61
Tab. 6.1	SEEA-Fallstudie: Deutschland 1990	74
Tab. 7.1	Kosten-Nutzen-Analyse der Entwaldung: El Nido, Philippinen	82
Tab. 7.2	Grenzkosten des Klimawandels	86
Tab. 8.1	Physische Input-Output-Tabellen (PIOT), Deutschland 1990	97
Tab. 11.1	Mikro- und Makrokonzepte der Nachhaltigkeit	133

EINFÜHRUNG: Was hat die Ökonomie damit zu tun?

- *Umwelt*: alle lebenden und nichtlebenden Dinge in unserer Umgebung
- *Wirtschaft*: System der Versorgung und Verwendung von Gütern und Dienstleistungen
- Positive und negative Effekte der *Interaktion von Umwelt und Wirtschaft*
- *Umweltökonomen* stützen sich auf Märkte und Technologie für die nachhaltige Versorgung mit Umweltleistungen und andauerndes Wirtschaftswachstum.
- *Ökologische Ökonomen* fordern die Begrenzung und Veränderung des Wirtschaftswachstums, dem sie die Schuld für den Niedergang der Umwelt geben.
- *Nachhaltigkeitsökonomik* umfasst Mikro- und Makroaspekte der Nachhaltigkeit in Wachstum und Entwicklung.

Mit „damit" sind die natürliche Umwelt und ihre Rolle in der Wirtschaft für die Schaffung von Wohlstand und Wohlbefinden gemeint. Das erste Kapitel untersucht daher das Zusammenspiel von Umwelt und Wirtschaft als Ursache von Umweltproblemen, die die dauerhafte Versorgung mit Umweltleistungen und Wirtschaftsprodukten gefährden. Finanzströme in Form von Krediten und Schulden können ebenfalls die Wirtschaftstätigkeit untermauern oder unterhöhlen (siehe weiterführende Literatur am Ende des Kapitels). Rein ökonomische und finanzielle Aspekte sind aber Gegenstand der Standardökonomik und werden daher hier nicht weiter verfolgt.

Zunächst stellt sich die Frage, was sich hinter den Grundbegriffen „Umwelt" und „Ökonomie" verbirgt. Der deutsche Biologe und Philosoph Ernst Haeckel (1866, S. 286) definierte im 19. Jahrhundert in seinem Werk „Generelle Morphologie der Organismen" „Oecologie" als „die gesamte Wissenschaft von den Beziehun-

a b Arik Bartelmus

Abb. 1.1 Anthropozentrische (a) und ökozentrische (b) Betrachtung der menschlichen Umwelt. Die Sicht (a) sieht Natur als Lieferant von natürlichen Ressourcen und Dienstleistungen der Erholung und Entsorgung. Sicht (b) verwirft die Dominanz des Menschen über die Natur und verlangt Gleichberechtigung aller Lebewesen

gen des Organismus zur umgebenden Außenwelt". Wenn wir „Organismus" durch „Menschen" ersetzen, erhalten wir eine Definition der **menschlichen Umwelt**: Sie umfasst die Natur, andere Menschen und deren Artefakte wie Straßen, Gebäude oder Computer. Unterschiedliche Ansichten zur Rolle der Menschen in ihrer natürlichen Umwelt charakterisieren zwei grundlegende Einstellungen zur Natur. Die populärere anthropozentrische Anschauung sucht nach dem Nutzen der Natur für die Menschen. Sie sieht die Natur als einen Lieferanten von Leistungen, die menschliches Leben und Wohlbefinden unterstützen. Anhänger der „Tiefenökologie" (Naess 1976) sehen dagegen die Menschen als einen Teil der Natur, gleichwertig mit anderen Lebewesen. Abbildung 1.1 stellt die zwei Weltanschauungen dar, die verschiedene Denkweisen zur Interaktion von Mensch und Umwelt hervorbrachten.

Abbildung 1.2 ist eine vereinfachte Darstellung des Austauschsystems von Gütern und Dienstleistungen in Märkten. Sie gibt einen ersten Eindruck darüber, was **Wirtschaft** ist. Haushalte arbeiten für Unternehmen, die die Arbeitsleistung mit Löhnen und Gehältern entgelten. Als Konsumenten verwenden die Haushalte ihre Einkommen zum Kauf von Gütern und Dienstleistungen, die von Unternehmen produziert wurden. Alternativ kann ein Teil der Einkommen auch für künftige

1 EINFÜHRUNG: Was hat die Ökonomie damit zu tun?

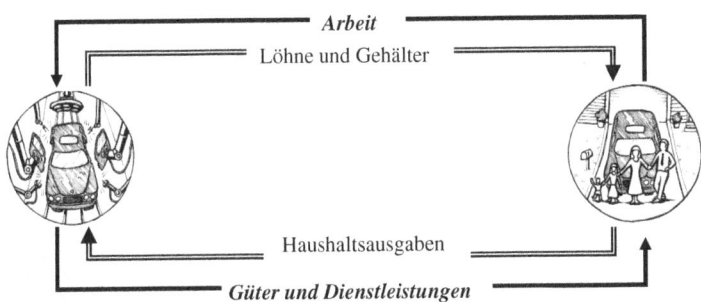

Abb. 1.2 Ökonomisches Austauschsystem. Unternehmen produzieren Güter und Dienstleistungen. Haushalte arbeiten in Unternehmen und geben ihr Einkommen für den Kauf von Gütern und Dienstleistungen aus

Käufe zurückgelegt (gespart) werden. Weitergehende Beschreibungen der Wirtschaftstätigkeit umfassen Regierungs- und Nichtregierungsorganisationen und finanzielle Einrichtungen. Die volkswirtschaftliche Gesamtrechnung definiert diese Wirtschaftsakteure genauer und misst ihre Transaktionen in Geldeinheiten. Die Wirtschaftstheorie versucht das Verhalten der Wirtschaftsakteure und dessen Wirkungen auf die Wirtschaft zu erklären und vorauszusagen.

Was ist also das Problem? Das Problem ist, dass Umwelt und Wirtschaft aufeinander einwirken und das nicht immer im positiven Sinne. Die Natur unterstützt das Leben auf der Erde mit Sauerstoff, Nahrung, Wasser, Energie und Lebensraum. Sie versorgt auch die Wirtschaft mit natürlichen Ressourcen wie Holz, Öl, Metallen, Mineralien, Nutztieren und landwirtschaftlichen Produkten. Außerdem entsorgt sie nicht nur ihre eigenen Abfälle, sondern auch die Abfälle und Schadstoffe der Wirtschaft. Naturkatastrophen und die Übernutzung/Überbeanspruchung von Naturleistungen schädigen andererseits Gesundheit und Wohlbefinden der Menschen. Abbildung 1.3 zeigt die Leistungen der Natur als Ströme von natürlichen Ressourcen von der Umwelt zur Wirtschaft und zurück in die Umwelt als Abfälle und Schadstoffemissionen. Die Nutzung und der Missbrauch von Umweltleistungen erzeugen gute und schlechte Wirkungen für menschliches Wohlbefinden. Ökonomen nennen die guten Wirkungen „Nutzen" und die schlechten „Schaden", wenn sie individuelles Wohlbefinden beeinträchtigen. Für die Gesellschaft oder den Staat bezeichnen sie die Gesamtheit der Wirkungen als wirtschaftliche „Wohlfahrt".

Die Fähigkeit der Natur, Umweltleistungen zu erbringen, ist begrenzt. Umweltaktivisten sind der Meinung, dass übermäßiges Wirtschafts- und Bevölkerungswachstum und damit verbundene Technologien viele, wenn nicht, die meisten natürlichen Ressourcen zerstören. Sie sehen das Wachstum der Bevölkerung und deren Konsum- und Produktionsverhalten als Hauptgrund des **Umweltverfalls**.

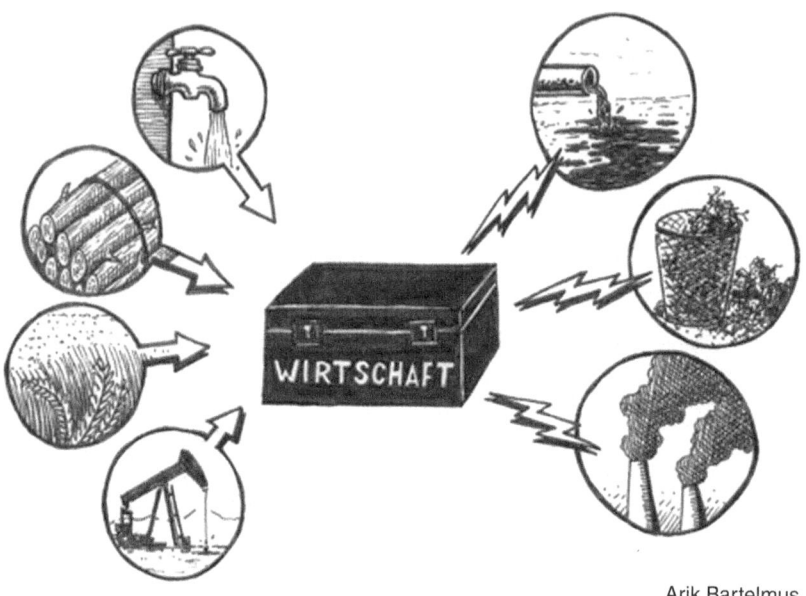

Arik Bartelmus

Abb. 1.3 Interaktion von Umwelt und Wirtschaft. Quellenfunktionen der Lieferung von natürlichen Ressourcen und Senkenfunktionen der Absorption von Schadstoffen und Abfällen sind die wichtigsten Umweltleistungen für die Wirtschaft. Umweltschützer sehen die Wirtschaft häufig als eine „Black Box", dessen Innenleben angesichts von Umweltkatastrophen weitgehend bedeutungslos ist (Kap. 2)

Die tautologische IPAT (Impact, Population, Affluence, Technology)-Gleichung (Ehrlich und Holdren 1971) fasst diese Ansicht zusammen:

$$U = B \times W \times T = B \times BIP/B \times U/BIP = U,$$

wobei
U = Umweltbelastung,
B = Bevölkerungsgröße,
W = Wohlstand = BIP/B = Bruttoinlandsprodukt pro Kopf und
T = U/BIP = Technologiewirkung.

Im dritten Kapitel wird später beschrieben, wie exponentielles Bevölkerungswachstum einen malthusischen Wohlstandsverlust erzeugen könnte. Bevölkerungswachstum und -konzentration in Stadtgebieten überlasten ferner den Planeten mit Abfall. Eine „volle Welt", voll mit Gebäuden, Infrastrukturen und Menschen mit ihren Abfällen, dürfte die Tragfähigkeit des Planeten für Menschen und ihre Artefakte übersteigen (Daly 1996). Die Wahrscheinlichkeit erscheint groß, dass eine derartige Welt zusammenbricht, es sei denn, wir finden einen Weg, die Nutzung der natürlichen Umwelt radikal zu reduzieren. Mainstream-Ökonomen bezweifeln, dass das Ende naht. Sie setzen auf menschlichen Findergeist und die Fähigkeit der Märkte, mit steigender Knappheit von Umweltleistungen umzugehen.

Wie auch immer die Prognose für die Zukunft lautet, es besteht kein Zweifel, dass der globale Bestand an natürlichen Ressourcen und an Senken für die Aufnahme unserer Abfälle letztlich begrenzt ist. Die Erkenntnis, dass diese Grenzen Wirtschaftswachstum und Entwicklung schwächen können, ist der Ausgangspunkt für ein neues Forschungsgebiet – die **Nachhaltigkeitsökonomik**. Umweltschützer und Ökonomen sind sich allerdings nicht einig, wann oder ob überhaupt, wir an diese Grenzen stoßen werden, welche Auswirkungen wir zu erwarten haben, und was wir dagegen tun sollten. Darum geht es in diesem Buch: Ob und wie die natürliche Umwelt die Wirtschaftstätigkeit unterstützt oder beschränkt – jetzt und in der Zukunft. Das Hauptziel der Nachhaltigkeitsökonomik ist, einen effizienten Ausgleich für dauerhafte Umweltleistungen und die Erzielung von Wohlstand zu schaffen (Abb. 1.4). Die Betonung liegt auf Effizienz, da diese meist bei der Befürwortung der generellen Ziele von nachhaltiger Entwicklung ignoriert wird.

Unterschiedliche und oft widersprüchliche Meinungen zu Messung und zum Management von Umweltproblemen und Nachhaltigkeit sind die Quellen verschiedener **Schulen der Interaktion von Umwelt und Ökonomie**. Tabelle 1.1 fasst deren Denkweisen unter verschiedenen Kategorien der „Öko–nomik" zusammen (Bartelmus 2008). Die vier Kategorien zeigen vermehrtes Eingreifen in die Wirtschaft zugunsten des Umweltschutzes. Konventionelle (neoklassische) Ökonomik zielt auf Einkommens- Nutzen- und Wohlfahrtsmaximierung; mögliche Umweltbelastungen werden hierbei ignoriert. Umweltökonomik berücksichtigt die Knappheit von Umweltleistungen als zusätzliche Kosten von ansonsten unbeschränkter Wirtschaftstätigkeit. Ökologische Ökonomen sind der Meinung, dass die kritische Situation einer „vollen Welt" die Reduktion oder zumindest die Änderung der Wirtschaftstätigkeit erfordert. Sie verlangen Regeln und Regulierungen gegenüber Marktinstrumenten, um das Wirtschaftswachstum zu verlangsamen oder zu beenden. Vertreter der Tiefenökologie zeigen wenig Interesse an der Knappheit und Effizienz; ihre egalitäre ökozentrische Sicht strebt eine symbiotische Beziehung von Mensch und Natur an. Ihrer Meinung nach kann nur die Rückkehr zu verringerter Produktion, niedrigerem Konsum und Bevölkerungsrückgang die Erde retten (siehe weiterführende Literatur am Ende des Kapitels).

Selbst weniger radikale ökologische und Umweltökonomen gehen getrennte Wege. Abbildung 1.5 zeigt eine deutliche **Polarisierung** in der Behandlung von Umweltproblemen und nachhaltiger Wirtschaft:

Arik Bartelmus

Abb. 1.4 Das Gleichgewicht finden: Nachhaltigkeitsökonomik untersucht die Synergismen und Zielkonflikte zwischen Produktion, Konsum und Umwelt

- Umweltökonomen kalkulieren und budgetieren die Kosten des Umweltverfalls (Teil a der Abbildung), um die Wirtschaftstätigkeit haftbar und nachhaltig zu machen
- ökologische Ökonomen warnen vor der Nichtnachhaltigkeit der aktuellen Wirtschaftstätigkeit, die von der physischen „Belastung" und deren Druck auf die Umwelt verursacht wird (Teil b der Abbildung)

Das Buch behandelt die Nachhaltigkeit der Wirtschaftstätigkeit und -entwicklung zum größten Teil auf nationaler Ebene. Die Kap. 9 und 10 gehen auch auf lokale und globale Fragen ein. Das mikroökonomische Verhalten der Haushalte spielt aber eine wichtige Rolle, wenn es darum geht, individuelle Präferenzen für ökonomische und ökologische Güter und Dienstleistungen zu erklären und zu beeinflussen. Die Kombination von Mikro- und Makroökonomik – an Stelle ihrer traditionellen Aufspaltung – bezweckt die Interaktion von Mikro- und Makroplanung und -politik auf allen regionalen Ebenen zu untersuchen. Man beachte auch, dass die grobe Unterscheidung von ökologischer Ökonomik und Umweltökonomik di-

1 EINFÜHRUNG: Was hat die Ökonomie damit zu tun?

Tab. 1.1 Schulen der *Öko*-nomik

Mainstream-Ökonomik	Umweltökonomik	Ökologische Ökonomik	Tiefenökologie
Maximierung von Gewinn, Nutzen und Wirtschaftswachstum	Maximierung von Gewinn, Nutzen (Wohlfahrt) und Wirtschaftswachstum	Reduziertes, Null- oder radikal verändertes Wirtschaftswachstum	Negatives Wirtschafts- und Bevölkerungswachstum
Freie Märkte bestimmen Produktion und Konsum von Gütern und Dienstleistungen	*Marktintervention* von Regierungen, um Wirtschaftsakteure für Umweltschäden zahlen zu lassen	*Kollektive Verantwortung und Politik* für Natur: Regeln und Regulierungen für die Nutzung von Umweltleistungen	Wiederherstellung der Umwelt für die *Symbiose* von Mensch und Natur

Umweltökonomik: wie teuer ist Natur? *Ökologische Ökonomik: wie viel Natur brauchen wir*

a b

Abb. 1.5 Ökologisch-ökonomische Polarisierung. Teil A illustriert die monetäre Analyse von Umweltökonomen; 30 Milliarden USD ist eine Schätzung der umweltökonomischen Gesamtrechnung für Westdeutschland im Jahr 1990 (Kap. 6). Teil B illustriert die physische Messung von Umweltbelastungen durch die Stoffstromrechnung; für Industrieländer beträgt die gesamte Belastung aus der Verwendung natürlicher Ressourcen ca. 80 Tonnen pro Kopf jährlich (Kap. 2). (Quelle: © VisLab/Wuppertal Institut für Klima, Umwelt, Energie, mit Erlaubnis des Urheberrechtsinhabers)

daktischen Zwecken dient. Verwandte Schulen der *Öko*-nomik modifizieren und kombinieren manchmal die Konzepte und Methoden der beiden Ansätze (siehe weiterführende Literatur am Ende des Kapitels). Der historische Zeitstrahl im Anhang gibt einen Überblick über die Hauptakteure der Integration von Umwelt- und Wirtschaftsanalyse. Er zeigt insbesondere die Verschmelzung von thermodynamischer Physik mit der Ökologie, was die ökologische Ökonomik hervorbrachte, und die Ausdehnung der vorherrschenden Ökonomik auf die Nutzung der Umwelt – die Grundlage der Umweltökonomik.

In den ersten beiden Teilen des Buches werden die grundlegenden Ansätze der ökologischen Ökonomik und der Umweltökonomik für die Definition, Messung und Politik der Nachhaltigkeit untersucht. In Teil I wird gefragt, „wie viele" Quellen- und Senkenfunktionen der Natur für ökologische Nachhaltigkeit benötigt werden. In Teil II wird untersucht, „wie teuer" die ökonomischen und ökologischen Kosten von nachhaltigem Wirtschaften und Wirtschaftswachstums sind; das Ergebnis ist ein ökonomisches Nachhaltigkeitskonzept. Der Begriff „Umweltnachhaltigkeit" (Environmental Sustainability) wird hier vermieden. Der Grund ist, dass sowohl die ökologische als auch die ökonomische Nachhaltigkeit auf die Erhaltung der Umwelt abzielen. In Teil III wird die Frage gestellt, „was noch" nachhaltig gebraucht wird, um eine allumfassende nachhaltige Entwicklung zu ermöglichen. Das übergreifende Ziel ist, diese Begriffe und ihre Messung und Analyse hinsichtlich der Umweltnutzung und Wirtschaftsproduktivität abzuschätzen.

Weiterführende Literatur

Lehrbücher der Umweltökonomie ignorieren normalerweise finanzielle Fragen, selbst wenn sie die Nachhaltigkeit von Wirtschaftswachstum und Entwicklung beeinflussen. Wie die letzte Finanzkrise zeigte, kann hohe individuelle und kollektive Verschuldung eine Rezession verursachen. Man könnte sich daher **finanzielle Nachhaltigkeit** als eine weitere „Säule" der nachhaltigen Entwicklung (Kap. 9) vorstellen. Jeucken (2004) weist darauf hin, dass „Nachhaltigkeit der Finanzwirtschaft" dem Bankensektor eine wichtige Rolle im Management von Wirtschaft und Umweltrisiken zuweist. Die Umweltwirkungen finanzieller Verantwortungslosigkeit sind jedoch unklar, da ein wirtschaftlicher Abschwung die Ausbeutung der Umwelt durchaus verringern könnte. Finanzielle Nachhaltigkeit ist daher nicht weiter in dieser Einführung behandelt. Fiskalische „Marktinstrumente" der Umweltpolitik werden dagegen in Kap. 7 untersucht.

Schon in vorindustriellen Zeiten warnte Malthus (1798), dass ungezügeltes exponentielles Bevölkerungswachstum auf begrenzte Nahrungszufuhr stoßen und damit die Bevölkerung auf ihr Existenzminimum reduzieren würde. Die Umweltbewegung brachte ähnliche **Katastrophenwarnungen** hervor: Carson (1965) sagte einen „stummen Frühling" (Silent Spring) voraus, und die Überschreitung der „Grenzen des Wachstums" (Meadows et al. 1972, 1992, 2004; siehe auch Kap. 3) könnte zum Zusammenbruch von Gesellschaft und Wirtschaft führen. Skeptische Worte finden Nordhaus (1973), Beckerman (1992) und Lomborg (2001). Kritik und Gegenkritik zu Lomborgs Skepsis sind unter < www.lomborg-errors.dk > und < www.lomborg.com > (zugegriffen: 20. März 2013) zu finden. Die berühmte Simon-Ehrlich-Wette veranschaulicht eine spielerische Version der Umweltdebatte zwischen Schwarzmalern und Schönfärbern (AAG Center for Global Geography Education 2011). Hurrikane,

1 EINFÜHRUNG: Was hat die Ökonomie damit zu tun?

auf Eisschollen treibende Eisbären und ausgetrocknete Flussbetten dokumentieren Al Gores „unbequeme Wahrheit" (Inconvenient Truth) über die katastrophalen Wirkungen der Erderwärmung (Gore 2006). In ähnlicher Weise setzt Lovelock (2009) seine GAIA-Metapher auf den Klimawandel an, mit der Warnung, dass die globale Erwärmung die meisten Orte der Erde unbewohnbar machen könnte.

Lehrbücher der **Umweltökonomik** beschreiben die Internalisierung vernachlässigter oder übersehener Umweltkosten in die Wirtschaftspläne von Unternehmen und Haushalten. Kosteninternalisierung bezweckt, Gewinn- und Nutzenmaximierung unter idealen Marktbedingungen beizubehalten (Kap. 7). Eine Kosten-Nutzen-Analyse wird generell für die Auswahl von Umweltschutzprogrammen empfohlen. Klare Einführungen geben unter vielen anderen Turner et al. (1993) und Tietenberg (2005). Bei Hanley et al. (2007) findet sich ein anspruchsvollerer Text für Studierende der Wirtschaftswissenschaften. Eines der neuesten Lehrbücher im deutschen Sprachraum ist die aktualisierte Neuauflage von Endres (2013).

Costanza et al. (1997a) geben eine knappe Beschreibung der **ökologischen Ökonomik**. Eine ausgezeichnete, engagierte Einführung bietet Daly (1996). Herman Daly ist einer der prominentesten Verfechter der ökologischen Ökonomik; sein Buch wird hier häufig herangezogen, um die Ablehnung der vorherrschenden Ökonomik sowie auch Teile der Umweltökonomik zu belegen. Bartelmus (2008) vergleicht beide Schulen als Teil eines breiteren Ansatzes der „Öko-nomik". Lawn (2007) folgt Daly und führt dessen stationäres (steady state) Gleichgewicht in die makroökonomische Gleichgewichtsanalyse ein. Eine sehr lesbare Einführung in die ökologische Ökonomik (Common und Stagl 2005) umfasst auch Umweltökonomik und nachhaltige Entwicklung. Söderbaum (2008) identifiziert Nachhaltigkeitsökonomik mit nachhaltiger Entwicklung aus der Sicht der ökologischen Ökonomik. Baumgärtner und Quaas (2010) sehen Nachhaltigkeitsökonomik als die Kombination von ökonomischer Effizienz mit gerechter Bedürfnisbefriedigung für Mensch und Natur.

Weitere Schulen der Öko-nomik: Eine Konzentration auf die Polarisierung von ökologischer Ökonomik und Umweltökonomik ist eine Vereinfachung. Sie reduziert eine Vielfalt von Ansätzen auf zwei Grundkategorien, die entweder die Natur um jeden Preis, d. h. unter Vernachlässigung der Kosten, zu erhalten suchen, oder die Umweltkosten voll in die Wirtschaftsrechnung und -analyse integrieren wollen. Die GAIA-Hypothese (Lovelock 1988, 1995) sieht die Erde als einen selbstregulierenden Organismus: Sie ist eine der extremen Ansichten, welche die Ökonomen weitgehend ignorieren. Am anderen Ende der Bandbreite befindet sich die neo-liberale *Laisser-faire*-Ökonomik, die die Umwelt ignoriert. Dazwischen finden wir Bioökonomen (European Association for Bioeconomic Studies 1997), welche die symbiotische Integration von Biologie und Ökonomik anstreben, und Industrieökologen (Industrial Ecologists), die nach ressourcensparender Ökoeffizienz in Unternehmen suchen (Ayres et al. 2002). Koevolutionäre Ökonomik (Norgaard 1994) wendet den ökologischen Begriff der Evolution auf die Gesellschaft an, um den sozialen Wandel in Werten, Wissen, Organisation und Umwelt zu erfassen (Kap. 9). Røpke (2005) beschreibt die Suche nach Identität von ökologischer Ökonomik – in Abgrenzung zu etablierter Ökonomik und Ökologie. Dies könnte der Grund sein, warum ökologische Ökonomen nach einer neuen Ökonomik der Wachstumsrücknahme (Degrowth Economics) suchen, wie insbesondere in der nächsten Internationalen Degrowth-Konferenz (Leipzig, 2.-6. September 2014) < http://leipzig.degrowth.org/en/threads/ > (zugegriffen: 29. November 2013). Atkinson et al. (2007)

sehen nachhaltige Entwicklung als Sammelbegriff für Veröffentlichungen zur Nachhaltigkeit in Wachstum und Entwicklung; sie sprechen viele Fragen dieses Buchs an.

Zur Diskussion
- Ist christlicher Glaube – „füllt die Erde und macht sie euch untertan" (Genesis 1, 28) – die Wurzel der anthropozentrischen Sicht (vgl. White 1967)?
- Überwiegen die Verluste an Umweltleistungen die Nutzen wirtschaftlicher Güter und Dienstleistungen? Möglicherweise kommen Sie später (Kap. 6 und 7) zu anderen Schlüssen.
- Sind menschliches Wohlbefinden und Wohlfahrt brauchbare Konzepte, um Umweltschäden und -nutzen zu erfassen? Untersuchen Sie die Wohlfahrts- und Glücksindikatoren des 6. Kapitels.
- Was ist Ihr Bauchgefühl (oder Ihre Vision): Laufen wir auf die Umweltkatastrophe zu? Überdenken Sie diese Frage nach jedem Teil des Buches.
- Einen Preis für unbezahlbare, aber kostbare und damit preislose Güter zu finden oder eine Gewichtung von Umweltleistungen durch das Gewicht natürlicher Ressourcen (vgl. Abb. 1.5) zu erreichen, reflektiert die Polarisierung von ökologischen und Umweltökonomen. Glauben Sie – wie auch viele Umweltschützer und Wirtschaftswissenschaftler –, dass dieser Antagonismus übertrieben ist? Beachten Sie auch den Versuch, die beiden Lager zu versöhnen (Kap. 8).
- Ökonomie: Teil des Problems und Teil der Lösung? Einige Schlussfolgerungen hierzu sind im letzten Kapitel zu finden.

Teil I
Ökologische Nachhaltigkeit: Wie viel Natur brauchen wir?

Wie viel Natur haben wir? 2

- *Umweltindikatoren* warnen uns vor Umweltschädigung und ihren Wohlfahrtseffekten.
- *Erderwärmung* ist ein großes Umweltproblem, aber kein Maßstab für die Umweltschädigung.
- Die *Stoffstromrechnung* misst potenzielle Belastungen für die Umwelt.
- *Energiekonten* erfassen den Energiegehalt von Materialien und Produkten als Indikator der Effizienz im Energieverbrauch und seiner ökologischen Auswirkungen.
- *Material- und Energieströme* messen nicht, wie viel Natur wir haben, außer sie werden mit dem Bestand an natürlichen Ressourcen verglichen.
- Der *ökologische Fußabdruck* verknüpft den Verbrauch von natürlichen Ressourcen mit Quellen- und Senkenkapazitäten; kontroverse „Landäquivalente" dienen als Maßeinheit.
- Der ökologische Fußabdruck schätzt, dass die menschliche Umweltnutzung die *Biokapazität* der Erde um 50 % *überschritten* hat.

Vertreter der Tiefenökologie wie die der GAIA-Schule könnten diese Frage so beantworten: „Wir *haben* keine Natur; wir sind vielmehr Gäste auf einem Planet, den wir unversehrt der nächsten Generation überlassen sollten." Etliche Umweltaktivisten und ökologische Ökonomen teilen diese ökozentrische Sicht. Die korrekte Frage ist für sie: **„Was haben wir der Natur angetan?"** Sie sehen die Welt mutwillig zerstört und nahe dem Abgrund:

- Die Welt ist in einem „Überschwang-und-Zusammenbruch-Modus" (Overshoot-and-Collapse Mode) (Brown 2006, S. 5).

- „Unsere Klimakrise ... hat sich zu einem wahren *planetarischen Notstand*" entwickelt (Gore 2006: Klappentext).
- „Zum ersten Mal in der Geschichte droht uns das Risiko eines globalen Niedergangs" (Diamond 2005, S. 23).

Ökonomische Bewertung und Präferenzen zählen kaum in diesen Fällen und könnten sogar die Rettung des Planeten verhindern (Kap. 3). Abbildung 1.3 beschrieb diese Situation als eine Black-Box-Wirtschaft, welche die Güter der Natur verschlingt und Abfälle und Schadstoffe in die Umwelt ausspeit. Der „Kernglaube" ökologischer Ökonomen ist, dass unsere Volkswirtschaften „bereits die maximale nachhaltige Größe erreicht oder überschritten haben" (Røpke 2005, S. 267). Zu einem großen Teil handelt die ökologische Ökonomik daher von dem Nachweis tatsächlicher oder drohender Umweltkatastrophen und folglich der Nichtnachhaltigkeit der derzeitigen Wirtschaftstätigkeit.

Umweltindikatoren (siehe weiterführende Literatur am Ende des Kapitels) messen den Zustand und Trend der Umweltmedien von Luft, Wasser und Boden. Sie warnen vor Umweltschäden und ihren Auswirkungen auf die menschliche Gesundheit und das Wohlbefinden. Ihre Themen umfassen den Klimawandel, den Abbau natürlicher Ressourcen, die zerstörerische Landnutzung, die Schadstoffbelastung und Naturkatastrophen. Die Erfassung dieser breiten Bereiche erfordert „repräsentative" Indikatoren. Indikatorenlisten sind daher zwangsläufig selektiv und wertend. Ferner erschwert die Verwendung von verschiedenen Maßeinheiten den Vergleich und die Zusammenfassung der Indikatoren. Wie sind also folgende Indikatoren zu verstehen, die typischerweise als Nachweis für globale, umweltbedingte Nichtnachhaltigkeit von Wirtschafts- und Bevölkerungswachstum vorgebracht werden (Bartelmus 2008):

- mehr als 2 °C globale Erwärmung in 2100 (gegenüber dem vorindustriellen Niveau),
- Nettoverlust in Bewaldung von 7,3 ha pro Jahr,
- Verlust von 68 Arten seit 1970,
- Degradation von 23 % nutzbarer Böden,
- Übernutzung von 27 % der Fischbestände,
- gravierende Wasserknappheit für 40 % der Weltbevölkerung,
- Abbau der Ozonschicht um 5–6 % in den mittleren Breiten der Erde?

Ein Blick auf die zugrunde liegenden Statistiken lässt Probleme der Datenverfügbarkeit und -qualität erkennen. Tabelle 2.1 zeigt Datenlücken einer Indikatorensammlung der Vereinten Nationen. Die Tabelle veranschaulicht auch die Problema-

2 Wie viel Natur haben wir?

Tab. 2.1 Umweltindikatoren in ausgewählten Ländern[a]. (Quelle: United Nations Statistics Division 2013)

	Australien	China	Deutschland	Südafrika	USA
Wasser					
Süßwasserversorgung pro Kopf (m³)	563 (2004)	–	55 (2007)	–	–
Bevölkerung mit Abwasserentsorgung (%)	87.0 (2004)	45.7 (2004)	96.0 (2007)	60.0 (2007)	71.4 (1996)
Luftverschmutzung (2008)					
SO_2-Emission pro Kopf (kg)	125,3	–	6,0	–	33,3
SO_2-Emission seit 1990 (%)	67.4	–	−90.7	–	−50.5
Klimawandel					
Treibhausgasemission pro Kopf (t)	26,1 (2008)	3,4 (1994)	11,7 (2008)	9,4 (1994)	22,2 (2008)
Treibhausgasemission seit 1990 (%)	31.4 (2008)	–	−22.2 (2008)	9.4 (1994)	13.3 (2008)
Abfall					
Kommunale Entsorgung pro Kopf (kg)	–	–	587[b] (2009)	–	736 (2005)
davon: wiederverwertet (%)	30.3 (2003)	–	46.6 (2009)	–	23.8 (2005)
Sondermüll (Millionen t)	–	14,3 (2009)	22,3 (2008)	–	34,8 (2005)
Landnutzung					
Veränderung der Waldfläche seit 1990 (%)	−3.4	31.6	3.1	0.0	2.6
Bewertung[c]					
Veränderung der Treibhausgasemission seit 1990	☹	–	☺	☹	☹
Veränderung der SO_2-Emission (seit 1990)	☹☹	–	☺☺	–	☺
Wasserversorgung der gesamten Bevölkerung (letztes Jahr)	☺☺	–	☺☺	☺	☺
Sondermüll (letztes Jahr)	☺☺	☹	☹	–	☹☹
Veränderung der Waldfläche (seit 1990)	☺	☺☺	☺	☺	☺

[a] Erfassungsjahr in Klammern
[b] Abfallaufkommen
[c] entsprechend der Farbkodierung in Karten

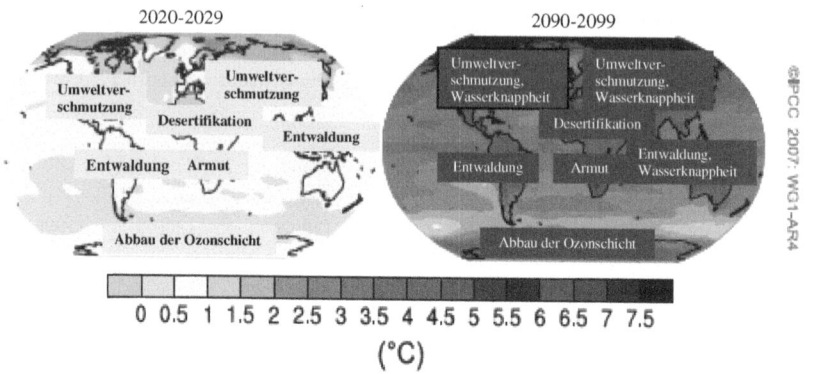

Abb. 2.1 Erderwärmung: Prognose des Temperaturanstiegs im 21. Jahrhundert; Vergleich der dritten mit der letzten Dekade. Globale Erwärmung kann andere ökologische und soziale Anliegen verdecken. (Quelle: IPCC (2007a), Abb. SPM. 6 (überarbeitet))

tik, den Trend von Umweltqualität zu erfassen. Was sagt die Menge von heiteren, indifferenten und betrübten Gesichtern zur Nachhaltigkeit der Umweltnutzung, Wirtschaftstätigkeit und Wohlfahrt?

Die einfachste Methode ein Gesamtbild zu erhalten, ist die Wahl eines vorrangigen Anliegens und repräsentativen Indikators. Seit längerer Zeit ist die **globale Erwärmung** die Verkörperung des Umweltproblems. Sollte aber *ein* Thema im Rampenlicht andere ökologische und soziale Anliegen wie Abholzung, Wassermangel, Umweltverschmutzung, Risiken der Kernenergie und Armut überschatten (Abb. 2.1)? Selbst wenn wir den Anstieg der globalen Durchschnittstemperatur als *den* Umweltindikator akzeptieren, bleibt es unklar, in welchem Umfang und wann und wo die Erwärmung menschliches Wohlbefinden beeinträchtigt (Kap. 5). Die wohl verlässlichste Untersuchung schätzt, dass die globale Erwärmung im 21. Jahrhunderts sich im Bereich von 1,0 °C und 3,7 °C (IPCC 2013, S. 18, Mittelwerte) befinden wird.

Der gleiche Bericht präsentiert auch „sehr wahrscheinliche" Schätzungen für die Abnahme der Schneedecke und des Meereises und den Anstieg des Meeresspiegels, sowie „wahrscheinliche" Schätzungen der Zunahme tropischer Zyklone und der Zu- und Abnahme des Niederschlags in verschiedenen Erdregionen. Man kann dies wohl kaum als genaue Messungen des Umweltzustands oder der Umweltnachhaltigkeit ansehen, selbst wenn man den Ernst potenzieller Auswirkungen der Erderwärmung nicht leugnen will. Eine ausgeglichene Beurteilung sollte den Klimawandel im Zusammenhang mit anderen ökologischen und sozioökonomischen Anliegen sehen. Umfassende physische und monetäre Indikatoren und Gesamtrechnungen behaupten, dass sie diesen Zusammenhang liefern können. Dieses

Kapitel behandelt kurz ausgewählte biophysische Messungen. In Kap. 6 werden die monetären Ansätze diskutiert.

Der **ökologische Fußabdruck** misst die Nachfrage nach bioproduktivem Land und Wasser. Die Nachfrage nach erneuerbaren natürlichen Ressourcen verursacht deren Belastung durch übermäßige Nutzung und Aufnahme von Abfällen. Nachfrage wiederum ist durch die „Fläche" repräsentiert, „welche benötigt wird, um alle Ressourcen für eine Person, die Bevölkerung oder eine Aktivität zu produzieren und deren Abfälle zu absorbieren" (Ewing et al. 2010, S. 8). Eine weitergehende Analyse vergleicht den Fußabdruck mit der „Biokapazität" der Natur, d. h. der für Ressourcennutzung und Abfallaufnahme verfügbaren Fläche. Das Ergebnis ist ein Maß des ökologischen Defizits, wenn ein Land seine Fähigkeit, Umweltleistungen zu liefern, übersteigt, oder ein ökologischer Kredit, wenn es ungenutzte Kapazitäten für potenzielle Leistungen bereithält. Die Grundidee ist, die Nachhaltigkeit der Nutzung von Umweltleistungen zu erfassen unter Berücksichtigung der Grenzen ihrer Verfügbarkeit. Global errechnete sich für 2007 eine durchschnittliche Biokapazität von 1,8 ha pro Person und ein durchschnittlicher Fußabdruck von 2,7 ha. Die Welt ist demgemäß einem ökologischen Defizit von 50 % ihrer Biokapazität ausgesetzt. Abbildung 2.2 zeigt die Fußabdrücke und entsprechenden ökologischen Defizite oder Kredite für die Großregionen der Welt.

Tabelle 2.2 zeigt die Größe und Rangfolge ausgewählter nationaler Fußabdrücke. Die USA führt, übertroffen nur von den Vereinigten Arabischen Emiraten, mit einer durchschnittlichen Pro-Kopf-Nutzung von acht Hektar der Natur. Arme Länder verursachen weit geringere Fußabdrücke als reiche Länder. Offensichtlich erfordern Niveau und Technik der Produktion und des Konsums von Industriestaaten mehr Inputs an natürlichen Ressourcen und erzeugen entsprechend höheren Abfall und Schadstoffe. Aufgrund von Unterschieden in der vorhandenen Biokapazität korreliert die Größe der Fußabdrücke nicht notwendigerweise mit der Höhe des ökologischen Defizits oder Kredits. Schweden, Deutschland und Großbritannien haben ähnliche Fußabdrücke. Die unterschiedliche Versorgung mit Umweltleistungen macht Schweden aber zu einem ökologischen Gläubiger, wogegen Deutschland und Großbritannien ihre Biokapazitäten überschreiten.

Der ökologische Fußabdruck berechnet die nationale Biokapazität als das globale Flächenäquivalent (Pro-Kopf-Durchschnitt) der Bevölkerung eines Landes. Kritiker des Fußabdrucks weisen darauf hin, dass der Index die Möglichkeit von Biokapazitätsimporten aus anderen Ländern übersieht. Die neueste Version des Fußabdrucks berücksichtigt daher nun die Fußabdrücke von ein- und ausgeführten Waren. Eine weitere Verbesserung ist die offene Diskussion von Berechnungs- und Interpretationsproblemen wie vor allem die Auslassung von nichterneuerbaren Ressourcen und Abfällen. Das Hauptproblem ist aber die Umrechnung von

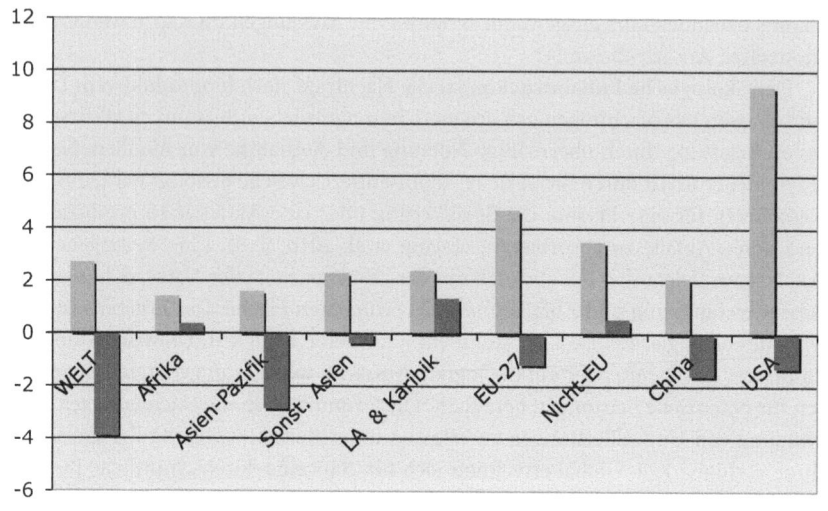

■ Ökol. Fußabdruck pro Kopf (ha)   ■ Ökol. Defizit/Kredit pro Kopf (ha)

Abb. 2.2 Ökologischer Fußabdruck 2007, Hauptregionen der Welt. Die Welt überschritt ihre verfügbare Biokapazität von 18 Mrd. ha (1,8 ha pro Kopf) mit einem ökologischen Defizit von mehr als 6 Mrd. ha (0,9 ha pro Kopf. Die USA haben einen der größten Fußabdrücke von 8 ha pro Kopf. Freie Biokapazitäten in Ozeanien und Lateinamerika übertreffen die Fußabdrücke dieser Regionen. (*Datenquelle*: Ewing et al. (2010). *Anmerkung*: EU 27, ohne Zypern, Luxemburg and Malta; Asien-Pazifik, einschließlich Ozeanien; Sonstiges Asien: Nahost und Zentralasien; Nicht-EU: andere europäische Länder)

Tab. 2.2 Ökologischer Fußabdruck 2007, ausgewählte Länder. (Quelle: Ewing et al. (2010))

Land	Rang	Größe (ha pro Kopf)	Defizit/Kredit (ha pro Kopf)
Vereinigte Arabische Emirate	152	10,7	−9,8
USA	148	8,0	−4,1
Schweden	140	5,9	3,9
Deutschland	127	5,1	−3,2
Großbritannien	122	4,9	−3,6
Russland	113	4,4	1,3
Brasilien	97	2,9	6,1
China	79	2,2	−1,2
Irak	42	1,4	−1,1
Philippinen	38	1,3	−0,7
Kenya	28	1,1	−0,5
Timor-Leste	1	0,4	0,8

2 Wie viel Natur haben wir?

potenziellen Umweltbelastungen in Flächenäquivalente. Die Anwendung einer gemeinsamen Maßeinheit ermöglicht es, verschiedene Belastungen in einem einzigen Index aufzuaddieren. „Äquivalenzfaktoren" schätzen hierfür die bioproduktive Fläche, welche für die Produktion von Nahrungsmitteln und Holz, die Urbanisierung und die Absorption von CO_2-Emissionen benötigt wird. Jedoch taugt die Maßeinheit Hektar kaum zur Messung von vielfältigen Ressourcennutzungen und Schadstoffen sowie deren letztendlichen Auswirkungen.

Physikalische Gesetze der Erhaltung von Energie und Materie sowie der Dispersion nach Gebrauch ermöglichen eine „bilanzierte" Messung. **Stoffstromrechnungen** (siehe weiterführende Literatur am Ende des Kapitels) ermitteln die Bilanz der Stoffströme für Materialinputs (MI) (einschl. der Importe) in die Wirtschaft, die Akkumulation (Akk) von Materialien, die in der Wirtschaft verbleiben, und Materialoutputs (MO) von Abfällen, Schadstoffen und Exporten:

$$MI = Akk + MO$$

Abbildung 2.3 zeigt die Stoffstromrechnung der Europäischen Union (EU). Im Prinzip sind alle Flüsse von natürlichen Ressourcen in die EU-Wirtschaft erfasst, einschließlich derjenigen, die in Importen enthalten sind. Auf der Output-Seite findet man den endgültigen Ausstoß von „Residuen" (Abfälle und Schadstoffemissionen) in die Umwelt und Nicht-EU-Länder. Das wichtige Maß des gesamten Materialinputs wird auch „gesamter Materialaufwand" (Total Material Requirement) genannt, da er ungenutzte Materialien von Erde und Biomasse enthält. Es handelt sich hierbei um „versteckte Flüsse" (Eurostat 2001, S. 15), die im Baugewerbe, Bergbau und der Landwirtschaft bewegt und entsorgt werden. Sie sind auch ein Teil der festen Abfallstoffe im Materialoutput. Die Wassernutzung ist nicht berücksichtigt, da, wegen ihres Umfangs, alle anderen Stoffströme buchstäblich in ihr untergehen würden. In den Industriestaaten scheint sich der gesamte Materialaufwand auf jährlich 80 t pro Kopf einzupendeln. Lediglich Japans 40 t sind eine Ausnahme, die auf einem relativ sparsamen Energieverbrauch beruht (Bringezu 2002).

Energiekonten (siehe weiterführende Literatur am Ende des Kapitels) könnten eine Alternative zur Stoffstromrechnung sein. Dies wäre der Fall, wenn man Energiewerte als gemeinsame Maßeinheit für Materialinputs und Emissionen verwenden könnte. Energieökonomen und -bilanzierer behaupten, dass die Produkte der Wirtschaft und ihre Umweltwirkungen in der Tat mittels ihres Energiegehalts bewertet werden können. Sie sind auch der Meinung, dass die Verfügbarkeit von nützlicher Energie („Exergie") ein Nachhaltigkeitsindikator ist, da alles Leben auf der Erde letztlich von Energie abhängt (Slesser 1975; Costanza 1980).

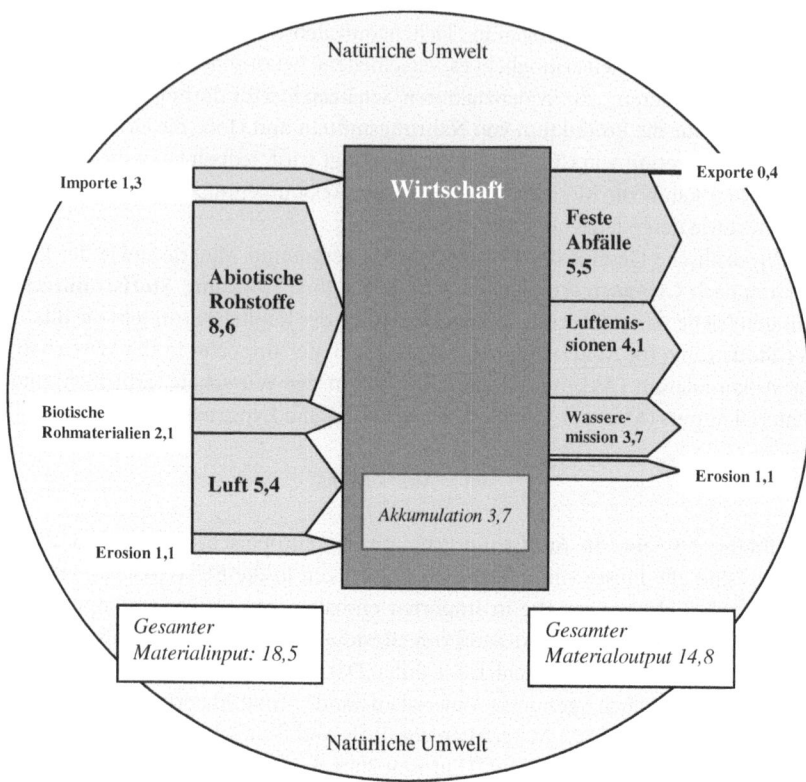

Abb. 2.3 Stoffstromrechnung der Europäischen Union (EU-15, 1996). Die gesamte Masse von primären Materialinputs (18,5 Mrd. t) ist gleich der Masse von Akkumulation in der Wirtschaft (3,7 Mrd. t) plus der Masse des gesamten Materialoutputs (14,8 Mrd. t). Die Stoffstromrechnung sieht die Wirtschaft immer noch als eine „Black Box" (vgl. Abb. 1.3), außer einiger Akkumulation von Materialien. (Quelle: Bringezu 2002, mit Erlaubnis des Urheberrechtsinhabers, S. Bringezu)

Auf planetarischer Ebene können Zufluss und Abfluss von Solarenergie direkt in Watt oder Joule gemessen werden. Globale Energiebilanzen (Abb. 2.4) zeigen die steigende Konzentration von Treibhausgasen in der Atmosphäre, welche die Erderwärmung seit Beginn der industriellen Revolution im 18. Jahrhundert verursacht hat. Die Messprobleme nehmen zu, wenn die Verwendung von Energie und deren Emissionen den verschiedenen Produktions- und Konsumprozessen zugeordnet werden soll. Der Grund ist ein Mangel an zuverlässigen Daten zum Exergieinhalt von Energieträgern wie Öl, Erdgas oder Holz sowie von Mineralien, Metallen und Schadstoffen.

2 Wie viel Natur haben wir?

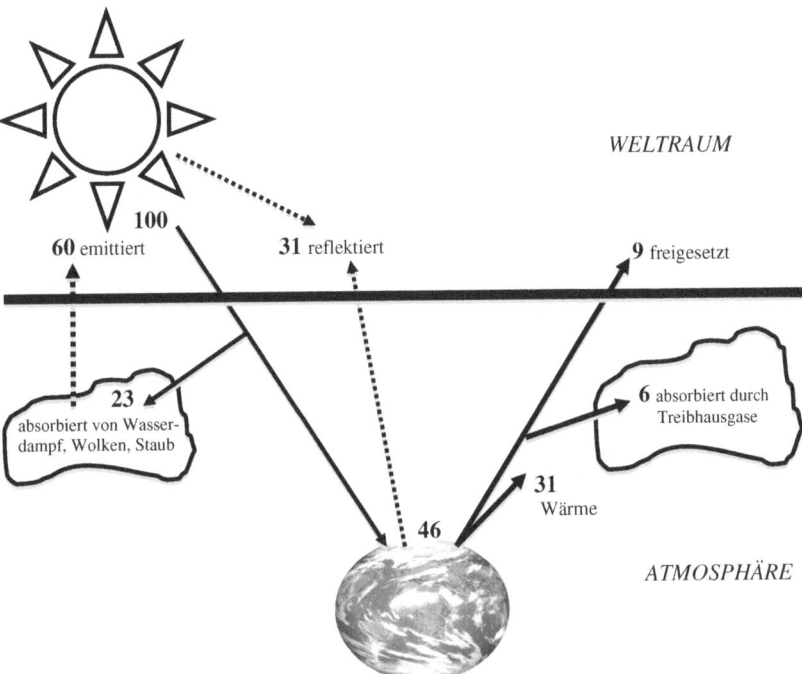

Abb. 2.4 Globale Energiebilanz. Die gesamte einfallende Solarenergie (100%) wird wieder in den Weltraum abgegeben: 60% von (vorher absorbierten Strahlungen) aus den Wolken und Wasserdampf, 31% als unmittelbare Reflektion von der Erde und 9% freigesetzt nach Absorption. Eine andere Bilanz erzeugt die Gleichgewichtstemperatur der Erde von ungefähr 27 °C durch Absorption von 46% der einfallenden Solarenergie und Freisetzung in den Weltraum (9%) und in die Atmosphäre als Wärme (31%) und durch Absorption in Wolken, Wasserdampf und Treibhausgasen (THG) (6%). Die „Wärmefalle" durch THG, insbesondere CO_2 und Methan, ist für den Treibhauseffekt verantwortlich, der die Erdtemperatur auf erträglichem Niveau hält. Steigende THG-Emission in Produktion und Konsum hat die Gleichgewichtstemperatur erhöht mit der Folge von globaler Erwärmung und Umweltbelastungen. (Quelle: U.S. National Weather Service 2010)

Alles in allem sind Stoffstromrechnungen praktischer als Berechnungen des Fußabdrucks und Energiekonten. Sie messen direkt das Gewicht der Materialinputs und -outputs und benötigen keine Schätzungen von Flächenäquivalenten oder des Energieinhalts von natürlichen Ressourcen und Residuen. Allerdings ist das Gewicht verschiedener Ströme von Roh- und Schadstoffen kein Maß für den Abbau natürlicher Ressourcen und Umweltschädigung, noch kann es deren Bedeutung für Mensch und Natur wiedergeben. Indikatoren des Materialinputs und -outputs deuten nur auf potenzielle Belastungen hin.

Ein Vorteil des ökologischen Fußabdrucks ist der Vergleich (wenn auch in fragwürdigen Flächeneinheiten) von Umweltbelastungen mit verfügbaren Biokapazitäten. Die Frage, wie viel Natur wir haben und haben werden, kann offensichtlich nur durch eine gemeinsame Bestands- und Flussrechnung beantwortet werden. Dies ist der Ansatz von **umweltökonomischen Gesamtrechnungen**, wie sie insbesondere auf internationaler Ebene entwickelt wurden. Das System der umweltökonomischen Gesamtrechnung (System of Environmental-Economic Accounting: SEEA) (European Commission et al. 2012) legt seinen Schwerpunkt auf physische und monetäre Bestände und Bestandsänderungen von natürlichen Ressourcen. Im Gegensatz zu den Stoffstrom- und Energierechnungen können diese Ressourcen in den physischen Konten nicht über die durch verschiedene Maßeinheiten (von Gewicht, Volumen und Energie) gesetzten Grenzen hinaus aggregiert werden. Sie dienen daher eher dem Management verschiedener Ressourcen als einer umfassenden nationalen Nachhaltigkeitspolitik. Diese Aufgabe ist in der Tat besser durch das monetäre SEEA (Kap. 6) zu lösen.

Zunächst bleiben wir aber im physischen Bereich, um herauszufinden, wie viel Belastung ein Land oder der Planet ertragen kann, d. h. ab welcher Höhe Materialinputs und -outputs nicht nachhaltig sind.

Weiterführende Literatur

Die Zusammenfassung verschiedener Umweltbelastungen in einem umfassenden Maß der Umweltqualität oder der Nachhaltigkeit stellt ein schwieriges Aggregationsproblem dar. Die meisten Regierungen und internationalen Organisationen verwenden daher weiterhin detaillierte Statistiken und Indikatoren. Konzeptuelle Rahmen definieren den Geltungsbereich von **Umwelt- und Nachhaltigkeitsindikatoren** und bringen Ordnung in lange Indikatorenlisten. Am bekanntesten ist wahrscheinlich der Belastung-Zustand-Reaktion-Rahmen (Pressure-State-Response Framework) (United Nations 1984; OECD 1993) und seine Weiterentwicklungen (United Nations 1996; European Environment Agency 2007). Rahmenwerke und selbst relativ kurze „Kernlisten" von Indikatoren (United Nations 2001; OECD 2003; European Environment Agency 2005) können umfassende Umweltqualität und Nachhaltigkeit nicht abbilden. Emoticons oder Farbcodes helfen bei einer derartigen Zusammenfassung der Indikatorenergebnisse (European Environment Agency 2002, Kap. 2, S. 16; European Environment Agency 2010, S. 18–19). Eine Anknüpfung an internationale Ziele wie die der Millennium-Entwicklungsziele (Kap. 9) hilft, ist aber subjektiv und immer noch weit von einem Gesamtmaß der Umweltnachhaltigkeit entfernt.

Die **Stoffstromrechnungen** wurden in Europa entwickelt und angewandt (Steurer 1992; Bringezu 1993; Eurostat 2001). Sie basieren auf den – auf Stoffströme angewandten – thermodynamischen Prinzipien der Energieerhaltung und Dispersion (Georgescu-Roegen 1979). Diese Ausweitung unterstellt, dass die Verwendung von Materie ähnlichen Erhaltungs- und Dispersionsgesetzen folgt wie die der Energienutzung. Das Sustainable Europe Research Institute (SERI 2011) führt eine Datenbank für weltweite Stoffströme.

Energiekonten erfassen die Effizienz der Energienutzung in Produktion und Konsum. Hierfür definieren sie „Exergie" als potenziell für Arbeit nutzbare und verfügbare Energie

2 Wie viel Natur haben wir?

(Szargut 2005; Wall 2008). Verschiedene Beiträge zu der *Encyclopedia of Life Support Systems* (Tolba 2001) diskutieren die Fähigkeit der Exergierechnung, Nachhaltigkeit von Energienutzung und Residualexergie in Schadstoffen zu messen. Für ähnliche Zwecke erfassen ambitioniertere Bilanzen von „E*m*ergie" die gesamte direkte und indirekte Energie, die in Produkten und Energieträgern verkörpert ist (Odum 1996, 2002; Brown und Ulgiati 1999). Die Herausforderungen einer umfassenden Messung des energetischen Wertes aller Materialinputs und Residuen verhinderte, dass die Energiebilanzierung ebenso populär wurde wie die leichter zu messende Stoffstromrechnung.

Zur Diskussion
- Wie schlimm ist es? Beweisen Indikatoren der Umwelt und nachhaltigen Entwicklung die Nichtnachhaltigkeit unserer Wirtschaft? Können die Indikatoren Nachhaltigkeit definieren? Siehe auch Kap. 3.
- Ist der Klimawandel die „unbequeme Wahrheit" (Inconvenient Truth) einer drohenden Katastrophe oder die aufgebauschte Übertreibung potenzieller Umweltrisiken? Siehe auch Kap. 5 zu den Kosten des Klimawandels.
- Ist der Klimawandel die Ursache für den Supertaifun Haiyan in den Philippinen?
- Ist die globale Erwärmung eine Ersatzgröße für Umweltzerstörung?
- Ist die Überschreitung der globalen Biokapazität ein Maß für nichtnachhaltiges Bevölkerungs- und Wirtschaftswachstum? Oder ist dies die Botschaft der Input- und Outputindikatoren der Stoffstromrechnung?
- Was bedeutet „globale Energiebilanz"?
- Wozu dienen Stoffstrom- und Energierechnungen?
- Wie viel Natur haben wir? Können wir es wissen? Müssen wir es wissen?

Wie viel Natur brauchen wir? Können wir sie nachhaltig nutzen? 3

- Anhänger der Tiefenökologie glauben, dass *natureigene Überlebens- und Reproduktionswerte* – im Gegensatz zu menschlicher Voreingenommenheit – die Nutzung von Umweltleistungen bestimmen sollten.
- Energieökonomen und -bilanzierer sind der Ansicht, dass die Natur Energie in alles investiert und damit den Wert von allem bestimmt.
- *Ökologische Nachhaltigkeit* bezieht sich auf die Tragfähigkeit einer Region und auf die Widerstandsfähigkeit von Ökosystemen gegenüber menschlichen Einflüssen.
- *Starke Nachhaltigkeit* erfordert die Erhaltung von kritischem Naturkapital.
- Modelle mit unterschiedlichen Annahmen zu Umweltgrenzen lassen erkennen: *Wir wissen nicht, wie viel Natur wir benötigen.*

Im Kap. 2 wurden die Indikatoren und physische Bilanzen analysiert, die explizit oder implizit versuchen, Nichtnachhaltigkeit der Wirtschaftstätigkeit nachzuweisen. Es ist vielleicht überraschend, dass diese Ansätze nicht mit einer klaren roten Linie oder einem Schwellenwert aufwarten konnten, um Nachhaltigkeit und Nicht-Nachhaltigkeit voneinander abzugrenzen. Auf den ersten Blick scheint der ökologische Fußabdruck mit der Überschreitung von Biokapazitäten eine Ausnahme zu sein. Dieses Kapitel möchte mehr über die Nachhaltigkeitsbegriffe herausfinden, die der Nachhaltigkeitsmessung und -analyse zugrunde liegen oder zugrunde liegen sollten. Anstatt zu fragen, wie viel Belastung die Umwelt ertragen musste, untersuchen wir, wie viel Natur wir benötigen, um unseren Lebensstandard aufrechtzuerhalten, mit dem Ziel, von ersten Eindrücken der Nichtnachhaltigkeit zu einem quantifizierbaren Konzept der Nachhaltigkeit und der dazugehörigen Ökonomik zu gelangen.

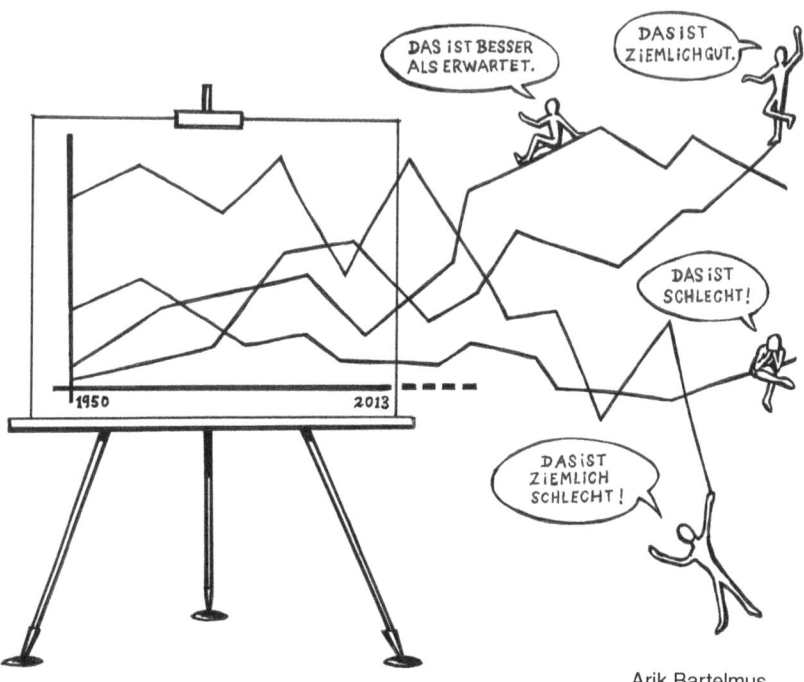

Arik Bartelmus

Abb. 3.1 Wie schlimm ist es? Die Bewertung zukünftiger Umweltbelastungen erfordert die Modellierung der Trends und ihrer Auswirkungen auf Wirtschaft und Wohlfahrt. Konsens zu den unterschiedlichen Ergebnissen und ihrer Auslegung ist kaum zu erreichen

Unser Bedarf an Natur hängt erstens davon ab, wie viel Natur wir haben werden, und zweitens davon, wie hoch wir Natur bewerten. Die erste Frage ist Gegenstand von Prognosen, die, wie im zweiten Kapitel beschrieben, davon ausgehen, wie viel Natur wir hatten und haben. Die zweite Frage der Bewertung kann sich entweder auf individuelle Präferenzen oder Normen und Standards von Experten, Regierungen und Nichtregierungsorganisationen stützen (Abb. 3.1). Beide Fragen werden in Definitionen und Messungen der Nachhaltigkeit unserer Ansprüche und Bedürfnisse berücksichtigt. In Teil II wird untersucht werden, wie Märkte und Marktpreise individuelle Präferenzen für Produkte und Leistungen der Natur berücksichtigen können. Hier schauen wir in die eher subjektive Bewertung durch diejenigen, die es „wissen wollen".

Die meisten ökologischen Ökonomen lehnen die Vermarktung und Preisbewertung der Natur ab. Sie sehen den Grund für Nichtnachhaltigkeit in der Expansion der Wirtschaft, die eine Komponente oder ein „Subsystem" eines „endlichen und nichtwachsenden Ökosystems" darstellt (Daly 1996, S. 27). Wie wir in den

3 Wie viel Natur brauchen wir? Können wir sie nachhaltig nutzen?

vorhergehenden Kapiteln gesehen haben, hat die Wirtschaftsexpansion ihrer Meinung nach nunmehr die Grenzen des globalen Ökosystems erreicht und bedroht alle Lebensformen der Erde. Unter diesen Umständen sollten die **Überlebens- und Reproduktionswerte der Natur** selbst und nicht die „menschliche Voreingenommenheit" für Nutzenmaximierung die Beanspruchung der Natur bestimmen (Brown und Ulgiati 1999). Energieökonomen und -bilanzierer behaupten, dass Energieflüsse den Wert sowohl der Natur als auch der Wirtschaft bestimmen können, da Energie die Voraussetzung für alle Prozesse und Aktivitäten auf der Erde ist (Kap. 2). Natur investiert Energie in alles, was wiederum den Wert von allem bestimmt. Probleme der Konvertierung von Energieträgern und -quellen in eine gemeinsame Maßeinheit und die Verwerfung menschlicher Präferenzen für Naturbewertung verhindern eine breite Akzeptanz und Anwendung von Energiewerten und ihrer Bilanzierung.

Pragmatischere ökologische Ökonomen lassen den Menschen wieder ins Spiel kommen. Sie untersuchen, wie viele Menschen ein Gebiet (Ökosystem, Land, Planet) (er)tragen kann. Das Ergebnis ist ein Konzept der **ökologischen Nachhaltigkeit** als Tragfähigkeit einer Region (Abb. 3.2). Zum einen hängt die Tragfähigkeit von der Versorgung mit Ökosystemleistungen (siehe weiterführende Literatur am Ende des Kapitels) ab. Diese Leistungen umfassen, abgesehen von Quellen- und Senkenfunktionen der Umwelt, Lebenserhaltung und Erholung sowie ästhetische und kulturelle Werte der Natur. Zum anderen hängt die Tragfähigkeit auch von menschlichen Ansprüchen und Bedürfnissen ab, die üblicherweise als Lebensstandards beschrieben werden. Das Streben nach wünschenswerten Lebensstandards verursacht die Übernutzung und den Missbrauch von Ökosystemleistungen. Ökologische Ökonomen identifizieren daher häufig ökologische Nachhaltigkeit mit der Widerstandsfähigkeit von Ökosystemen (siehe weiterführende Literatur am Ende des Kapitels) gegenüber menschlichen Störungen ihres Gleichgewichts (Perrings 1995, 2006). Sichere Mindeststandards dienen dazu, die Nutzung von Ökosystemleistungen innerhalb der Grenzen der Widerstandsfähigkeit zu halten (Kap. 4).

Die beiden Konzepte der ökologischen Nachhaltigkeit – Tragfähigkeit und Widerstandsfähigkeit – reflektieren verschiedene Ansichten zum Gegenstand der Nachhaltigkeit. Ist es die Qualität der natürlichen Umwelt, unbeeinflusst von menschlicher Voreingenommenheit, oder ist es die Gesundheit und Qualität menschlichen Lebens? Oder ist es beides mit der unscharfen Begründung: „Was gut für die Natur ist, ist auch gut für den Menschen."? Ökologische Ökonomen scheinen Letzterem zu folgen, wenn sie zur Erhaltung von **kritischem Naturkapital** (siehe weiterführende Literatur am Ende des Kapitels) auffordern. Die „Kritikalität" des Naturkapitals bezieht sich in der Tat auf beides: die Erhaltung von Umweltqualität sowie die Nachhaltigkeit von Produktion und Konsum in der Wirtschaft. Definitionen beschreiben kritisches Naturkapital als verletzlich und unersetzbar und seinen Abbau als irreversibel.

Arik Bartelmus

Abb. 3.2 Tragfähigkeit von Menschen und ihrer Tätigkeiten. Ökologische Nachhaltigkeit einer Region ist die Zahl der Menschen, die von den Ökosystemen der Region bei Erhaltung eines minimalen Lebensstandards ertragen werden kann

Die Bedeutung von Irreversibilität verschwimmt jedoch im Zwielicht von Gegenmaßnahmen und Prozessen, die schwierig zu bestimmen sind; sie umfassen

- die natürliche Erneuerung von nachwachsenden biologischen Ressourcen und die Wiederauffüllung von zirkulierenden Ressourcen wie Grundwasser,
- die Wiederherstellung von Naturkapital durch Investition in Instandsetzung oder Erneuerung,
- die Substitution von nichterneuerbaren natürlichen Ressourcen wie Mineralien oder fossile Brennstoffe durch erneuerbare oder reproduzierbare Ressourcen und
- die Entdeckung von Beständen an natürlichen Ressourcen wie Erdöl- oder Naturgaslager.

Die Unterscheidung von erneuerbaren und nichterneuerbaren Ressourcen ist nicht eindeutig, da anhaltende Übernutzung von einigen erneuerbaren Ressourcen –

über ihren höchstmöglichen Dauerertrag (siehe weiterführende Literatur am Ende des Kapitels) hinaus – sie erschöpflich macht. Unbeschränkter Zugang zu erneuerbaren Ressourcen, wie Fische im Meer oder Holz und Artenvielfalt in der unberührten Natur, ist die Ursache für die „Tragik der Allmende" (siehe weiterführende Literatur am Ende des Kapitels): Unkenntnis über nachhaltige Ressourcennutzung verursachte Ressourcenabbau und Verlust von Erwerbsfähigkeit. Außerdem können hohe Sanierungskosten die Erneuerung von Ökosystemen nichtpraktikabel machen. Substitution ist eine mögliche Lösung für bestimmte Nutzungen einer natürlichen Ressource, wie beispielsweise das Baden in Gewässern. Wenn andere Eigenschaften wie die Qualität unberührter Seeküsten berücksichtigt werden, bringt Substitution häufig keine brauchbare Lösung (Abb. 3.3). Es ist fraglich, ob technischer Fortschritt (Kap. 7) es ermöglichen kann, die Nutzung von nicht ersetzbaren Ressourcen zu umgehen. Neu-Entdeckungen und verbesserte Abbautechniken haben allerdings die Verfügbarkeit von erschöpfbaren Ressourcen verlängert – sehr zur Überraschung sowohl von Ökonomen als auch von Umweltschützern.

Ökologische Ökonomen fordern nach wie vor die volle Erhaltung von kritischem Naturkapital als das Ziel **starker Nachhaltigkeit**. Befürworter starker Nachhaltigkeit neigen dazu, die Bedeutung von Erneuerung, Entdeckung, Sanierung und Substitution abzuwerten. Ihre Begründung ist, dass unsere Gesellschaft nicht bereit ist, auf übermäßigen Ressourcenverbrauch zu verzichten oder ausreichend in Ressourcensanierung zu investieren. Sie weisen auch darauf hin, dass Substitution von unersetzlichem kritischen Naturkapital per Definition nicht möglich ist, zumindest bei dem gegenwärtigen Stand unseres Wissens und unserer Technologie (Costanza et al. 1991; Daly 1996). Umweltökonomen setzen dagegen auf Kapitalerträge und deren potenzielle Wohlstandserzeugung. Dieses Potenzial erlaubt es, einen monetären Wert für jede Art von – natürlichem oder produziertem – Kapital zu berechnen. Den monetären *Wert* des gesamten Kapitals zu erhalten, statt eine bestimmte Art von kritischem Naturkapital, ist das Ziel *schwacher* Nachhaltigkeit (Kap. 6). Die Stärke von Nachhaltigkeit charakterisiert und differenziert ökologische Ökonomik und Umweltökonomik.

Die Indikatoren der **Stoffstromrechnung** reflektieren relativ starke Nachhaltigkeit; sie erlauben die Substitution für verschiedene primäre Rohstoffe, ignorieren aber die mögliche Substitution durch andere Produktionsfaktoren. Stoffstromindikatoren zeigen nicht, wie viel Natur wir haben und wie viel davon wir nachhaltig oder nichtnachhaltig genutzt haben. Der Grund ist, dass die Stoffstromrechnung weder die Verwendung von kritischen natürlichen Ressourcen noch die Verbindung der Ressourcenströme zu Ressourcenbeständen erfasst. Es bleibt die Frage, um wie viel wir den Zufluss von Stoffströmen reduzieren müssen, um Nachhaltigkeit zu erzielen. Die Antwort wird der Einschätzung von Experten überlassen. Am

Abb. 3.3 Substitution. Können wir verschmutzte Strände und Gewässer durch saubere Schwimmbäder ersetzen?

besten bekannt ist wahrscheinlich die Faktor-4-Regel, wonach der Materialinput zu halbieren ist, aber gleichzeitig eine Verdopplung der Produktion (Bruttoinlandsprodukt: BIP) in den nächsten 20-30 Jahren erreicht werden kann. Innovative ressourcensparende Technologien können angeblich eine Vervierfachung der natürlichen Ressourcenproduktivität (BIP pro Einheit des Materialinputs) erreichen (von Weizsäcker et al. 1997). Die Begründung für die Faktor-4-Regel ist der „Glaube", dass diese Regel „die Erde wieder ins Gleichgewicht bringen kann" (ibid.: xv).

Ein **Input-Output-Modell** beurteilt die materiellen Anforderungen der deutschen Wirtschaft (Meyer 2005). Abbildung 3.4 zeigt eine steigende Ressourcenproduktivität. Das Modell zeigt allerdings auch, dass Business as usual es nicht erlaubt, das deutsche Regierungsziel von Faktor 2,5 oder gar Faktor 4 zu erreichen. Die Abbildung weist auch auf die Problematik der Prognose hin: Der globale Wirtschaftsabschwung von 2008/09 wirft die Vorhersage eines fortdauernden BIP-Wachstums und des entsprechenden Materialaufwands um.

Modellprobleme vervielfachen sich auf globaler Ebene und für langfristige Prognosen bis zum Ende des Jahrhunderts. Starke Kritik traf daher den populären **Bericht der „Grenzen des Wachstums"** (siehe weiterführende Literatur am Ende des Kapitels) des Club of Rome. Seine komplexen Simulationen prophezeien den Zusammenbruch der Gesellschaft, wenn die gegenwärtigen demografischen und ökonomischen Trends andauern. Der Bericht behandelt sowohl die Vorhersage von Umweltbelastungen als auch ihre Bewertung in Form von Wohlfahrtseffekten. Eine angenäherte Version des ökologischen Fußabdrucks misst die Umweltbelastung. Der Index der menschlichen Entwicklung (UNDP 2013) misst Wohlfahrt als einen Durchschnitt von Bildung, Bruttovolkseinkommen pro Kopf und Lebenserwartung.

Abbildung 3.5 zeigt das Business-as-usual-Szenario für beide Indizes. Der Abbau natürlicher Ressourcen löst den Rückgang der Produktion aus, insbesondere von Nahrungsmitteln und Gesundheitsleistungen. Die Folge ist ein Absinken der menschlichen Wohlfahrt. Am Ende des Jahrhunderts kommt es zum gesellschaftlichen Zusammenbruch: die Rückkehr zum Lebensstandard im Jahr 1900. Nichtnachhaltigkeit in Form von absinkender Wohlfahrt könnte in der nahen Zukunft beginnen. Dies würde kurz vor dem, durch negatives Bevölkerungs- und Wirtschaftswachstum hervorgebrachten Wendepunkt der Umweltbelastung geschehen. Die Autoren erklären aber, dass das Business-as-usual-Szenario nicht notwendigerweise das wahrscheinlichste Ergebnis sein muss, da es nur das vergangene Verhalten aufzeigt. Individuelles Verhalten und Regierungsreaktionen auf drohende Katastrophen könnten zu den in den anderen Szenarien gezeigten Ergebnissen führen. Kritische Stimmen bezweifeln jedoch die Geltung des datenarmen Modells sowie der zugrunde liegenden Annahme exponentieller Trends (siehe weiterführende Literatur am Ende des Kapitels).

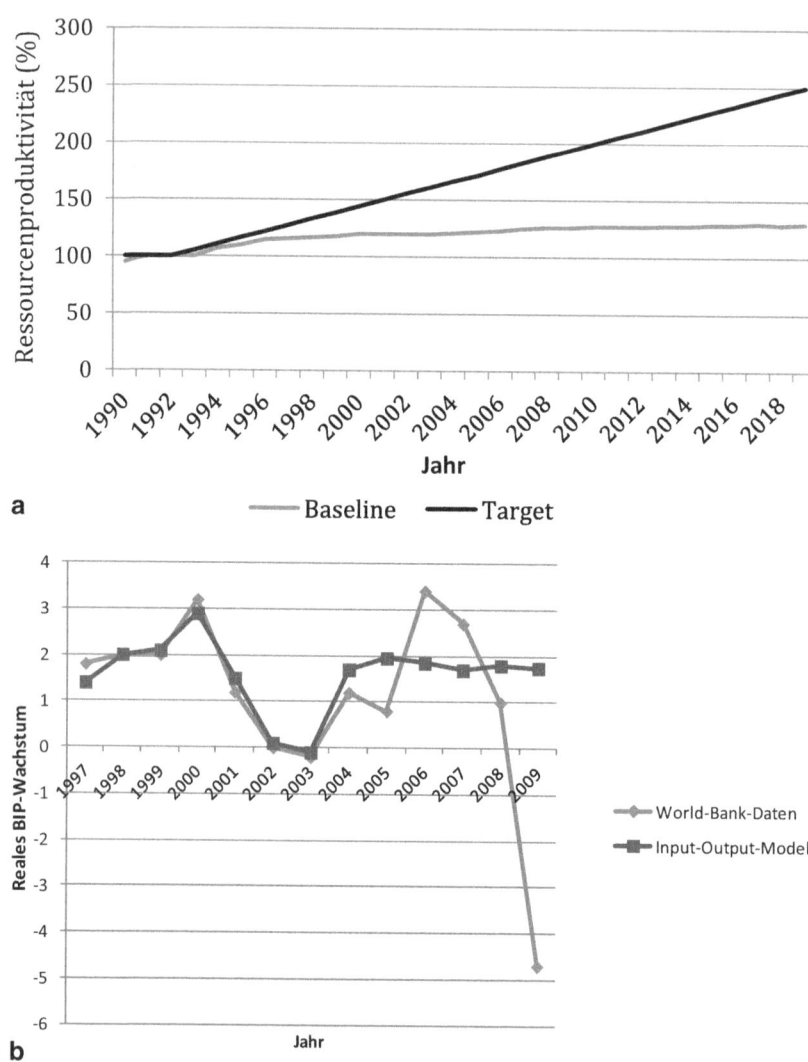

Abb. 3.4 Ressourcenproduktivität und Wirtschaftswachstum in Deutschland, ein Input-Output-Modell. Teil (a) zeigt, dass die Ressourcenproduktivität (BIP pro Materialaufwand) im Basisszenario (*Baseline*: Business as usual) vom Indexniveau 100 in den frühen 1990er-Jahren auf 130 in 2020 steigen wird. Dieser Anstieg um einen Faktor von 1,3 ist weit entfernt von dem von der Regierung angestrebten Faktor 2,5 (*Target* in 2020). Teil (b) illustriert die Probleme einer Prognose durch den Vergleich des tatsächlichen (Weltbankdaten) mit dem modellierten BIP-Wachstum: man beachte die Wirkung der Rezession von 2008/09. (Quellen: *Input-Output-Modell*: Meyer (2005), mit Erlaubnis des Urheberrechtsinhabers B. Meyer; Weltbank: *World Bank* 2011b)

3 Wie viel Natur brauchen wir? Können wir sie nachhaltig nutzen?

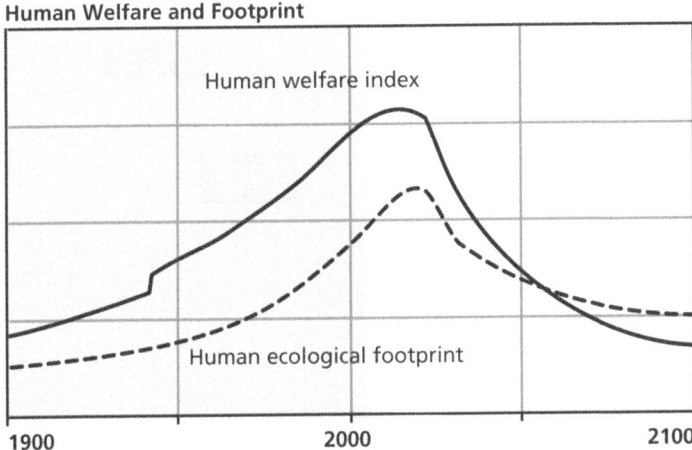

Abb. 3.5 Das Modell der Grenzen des Wachstums, Business-as-usual-Szenario. Menschliche Wohlfahrt (*Human Welfare Index*) und Umweltbelastungen (*Human Ecological Footprint*) steigen bis zu einem Wendepunkt in der ersten Hälfte des 21. Jahrhunderts. In 2100 könnte die Wohlfahrt auf das Niveau von 1900 herabsinken mit Umweltbelastungen in Höhe der 1970er-Jahre. (Quelle: Meadows et al. (2004, S. 169), Szenario 1, mit Erlaubnis des Urheberrechtsinhabers D. Meadows)

Das Ziel des **ökologischen Fußabdrucks** ist es, die durchschnittliche territoriale Umweltnutzung zu erfassen (Kap. 2). Man kann daher den Fußabdruck als ein umgekehrtes Maß der Tragfähigkeit ansehen. Die Ermittlung des Fußabdrucks ist in der Tat der einzige Versuch, ökologische Nachhaltigkeit regelmäßig auf verschiedenen regionalen Ebenen zu messen. Künftige Nachhaltigkeit muss aber prognostiziert werden. Abbildung 3.6 stellt eine Trendextrapolation des globalen Fußabdrucks dar. Der World Wide Fund for Nature et al. (2010) erklärt, dass der Trend auf internationalen Prognosen über Bevölkerungswachstum, Landnutzung, Flächenproduktivität, Energieverbrauch, Ernährung und Klimawandel beruht. Im Falle von unverändertem „Business as usual" werden wir die verfügbare Biokapazität um 100 % in den 2030er-Jahren überziehen. Mit anderen Worten: Wir werden einen weiteren Planeten benötigen, um die Bedürfnisse unseres gegenwärtigen Lebensstils zu befriedigen. In 2050 zeigt das Business-as-usual-Szenario einen Bedarf von zwei weiteren Planeten.

Da wir kaum andere Planeten in nächster Zeit besiedeln werden, müssen wir wohl unseren Verbrauch auf die vorhandene Biokapazität von 18 Mrd. Hektar beschränken (Kap. 2). Dennoch haben wir diese Kapazität seit den 1980er-Jahren überschritten, ohne eine größere planetarische Katastrophe auszulösen. Können

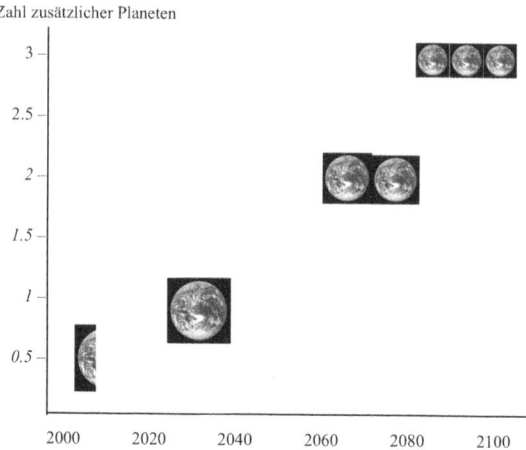

Abb. 3.6 Trend des ökologischen Fußabdrucks. Mit Business as usual und andauerndem Bevölkerungswachstum würden wir zwei Planeten in den 30iger Jahren und drei Planeten in den 70igern benötigen, um unseren Lebensstil aufrecht zu erhalten. (Quellen: bis 2050: World Wide Fund for Nature et al. (2010); danach: eigene lineare Extrapolation)

wir dies künftig weiter so machen? Oder werden Natur und Gesellschaft zusammenbrechen? Und wann? Die Experten des World Wide Fund for Nature et al. (2010, S. 86) vermerken lakonisch, dass „unser gegenwärtiger Kurs nicht nachhaltig ist", aber eine Änderung der Modellannahmen hinsichtlich des Energieverbrauchs und der Ernährung die globale Entwicklung nachhaltiger gestalten würde.

Modelle der fernen Zukunft leiden unter unsicheren Annahmen und Datenmängeln. Die Schwächen dieser Modelle sind wohl der Grund, warum Umweltstrategien und -politik auf wertende Zielsetzungen zurückgreifen. Tabelle 3.1 zeigt die Indikatoren für die spezifischen Ziele des breiteren Hauptziels der Umweltnachhaltigkeit in den **Millennium-Entwicklungszielen** der Vereinten Nationen (Kap. 9). Mit Ausnahme des Ozonabbaus sind die Aussichten für eine Zielerreichung innerhalb des vorgeschriebenen Zeitrahmens ungünstig. Die politisch motivierte Zielvorgabe und die Schwierigkeiten, passende Indikatoren zu finden und zu vergleichen, stellen den Wert dieser Bemessung der globalen Nachhaltigkeit infrage.

Kap. 2 zeigte die Probleme der Verwendung von Indikatoren vergangener Umweltwirkungen für die Messung potenzieller Nichtnachhaltigkeit. Dieses Kapitel definiert ökologische Nachhaltigkeit treffender mit einem direkten Blick auf die

3 Wie viel Natur brauchen wir? Können wir sie nachhaltig nutzen? 35

Tab. 3.1 Millenium-Entwicklungsziel 7, Nachhaltigkeit der Umwelt, Ziele und ausgewählte Indikatoren.[a] (Quelle: United Nations 2010b)

NACHHALTIGKEIT DER UMWELT

Ziel 7A: Umkehrung des Verlustes an Umweltressourcen

	2000	2006-2010
Waldfläche (% der Landfläche)	31.4	31.0[b]
CO_2-Emission (Milliarden t)	24.0	30.0[c]
Ozon abbauende Stoffe (Millionen t)		
Verbrauch in Entwicklungsgebieten	212.5	44.7[d]
Verbrauch in entwickelten Gebieten	24.1	−1.8[d e]
Fischbestand (% innerhalb sicherer biologischer Grenzen)	72	72[f]
Wassernutzung (% von erneuerbarem Wasser)[g]		
Entwicklungsgebiete	6.7	
Entwickelte Gebiete	9.3	

Ziel 7B: Wesentliche Reduktion des Verlusts an Artenvielfalt bis 2010

	1994/96	2008
Arten, deren Aussterben nicht in der nahen Zukunft erwartet wird (% der Gesamtzahl der Arten)		
Vögel	93.5[h]	93.1
Säugetiere	86.0[i]	85.3

Ziel 7C: Halbierung bis 2015 des Anteils von Menschen ohne beständigen Zugang zu sicherem Trinkwasser und sanitärer Grundversorgung

	1990	2008
Bevölkerung mit verbesserter Trinkwasserversorgung (% der Gesamtbevölkerung)	77	87
Bevölkerung mit verbesserten sanitären Einrichtungen (% der Gesamtbevölkerung)	54	61

Tab. 3.1 (Fortsetzung)

NACHHALTIGKEIT DER UMWELT

Ziel 7D: Wesentliche Verbesserung bis 2020 des Lebensstandards von mindestens 100 Mio. Slumbewohner

	2000	2010
In Slums wohnende städtische Bevölkerung von Entwicklungsländern (Millionen)	39.3	32.7

[a] Sofern nicht anders angegeben: Weltdaten
[b] Jahr 2010
[c] Jahr 2007
[d] Jahr 2008
[e] Exporte plus Vernichtung übersteigender Verbrauch (Produktion plus Importe)
[f] Jahr 2006
[g] Nahe bei 2000
[h] Jahr 1994
[i] Jahr 1996

Zukunft. Tabelle 3.2 illustriert mit einigen Beispielen die Vielfalt unterschiedlicher **Modelle** der Nachhaltigkeit **und deren Annahmen**. Ökologische Nachhaltigkeit hängt daher nicht nur von der Modellierung der Zukunft, sondern auch von impliziten und expliziten Umweltzielen ab, vor allem, wenn sie die Wirtschaftstätigkeit begrenzen sollen. Leider besteht keine Einigkeit über Umweltgrenzen, sei es auf lokaler, nationaler oder globaler Ebene. Die Millenniumserhebung zu Ökosystemen (Millennium Ecosystem Assessment 2005, S. 102) findet, dass „es an Theorien und Modellen mangelt, die Schwellenwerte antizipieren, deren Überschreitung fundamentale Systemänderungen oder sogar Zusammenbrüche verursachen". Folglich begnügt sich die Erhebung mit Pfeilrichtungen, um Verbesserung ↑, Konstanz ←→, und Verschlechterung ↓ von Ökosystemleistungen zu prognostizieren (ibid.: 77). Die Frage ist folglich, ob die Bestimmung von Zielen und Standards den kollektiven Willen, eine „expertokratische" Bewertung oder den Einfluss der Umweltlobby widerspiegelt.

Dass die Ergebnisse kaum vergleichbar sind, ist daher nicht überraschend. Bis zum Ende dieses Jahrhunderts

- brauchen wir möglicherweise mehrere Planeten,
- könnte Wohlstand auf das vor hundert Jahren vorherrschende Niveau absinken, wenn auch mit drastisch verringerten Umweltproblemen,
- ist eine dematerialisierte Weltwirtschaft unwahrscheinlich und
- dürften die meisten der Millennium-Entwicklungsziele genauso unerreichbar sein wie die der vorhergehenden Entwicklungsdekaden der Vereinten Nationen (Kap. 9).

Tab. 3.2 Business as usual: Wie viel Natur brauchen wir? Wie viel können wir erwarten?

Indikator/Modell		Ergebnisse	Grenzen/Ziele	Annahmen
Ökologischer Fußabdruck		Jetzt: 1,5 Planeten Ab 2030: 2 Planeten Ab 2070: 3 Planeten	Biokapazität	Flächenäquivalente für die Nutzung natürlicher Ressourcen Lineare Extrapolation des Trends des ökologischen Fußabdrucks
Modell der Grenzen des Wachstums	Ökologischer Fußabdruck	Um 2020: maximaler Fußabdruck Um 2100: Fußabdruck wie in 1970	Verfügbarkeit von natürlichen Ressourcen Tragfähigkeiten	Exponentielles Bevölkerungs- und Wirtschaftswachstum Kein Einfluss von Technologie und Märkten
	Wohlfahrts-index	Um 2020: absinkende Wohlfahrt 2100: Wohlfahrt wie um 1900		
Gesamter Materialinput (Input-Output-Modell, Deutschland)		2100: Faktor 1,3 der Ressourcenproduktivität von 1992	Faktor 2,5: Regierungsziel Faktor 4: Expertenurteil	Auf Kosten basierende Preisbestimmung und technischer Fortschritt Stabiles Wirtschaftswachstum nach 2005
Millennium-Entwicklungsziel: „Nachhaltigkeit der Umwelt"		In 2008: Ziel für Ozonabbau erreicht Andere Ziele: Erreichung unwahrscheinlich	Ziele und Zeitpläne der Vereinten Nationen	Politisch ausgehandelte Ziele repräsentieren den kollektiven Willen der Staaten

Wir wissen wohl nicht, wie viel Natur wir brauchen, um ökologische Nachhaltigkeit zu erhalten. Unkenntnis entbindet aber nicht von Verantwortung. Was ist also zu tun? Das ist die Frage für das nächste Kapitel.

Weiterführende Literatur

Die Millenniumserhebung zu Ökosystemen (Millennium Ecosystem Assessment 2005, S. v) definiert **Ökosystemleistungen** als „Nutzen von Ökosystemen für Menschen". Die weite Definition öffnet die Tür zu einer Vielzahl von Gütern und Dienstleistungen der Natur, welche die Menschen in Anspruch nehmen könnten, tatsächlich beanspruchen oder lediglich hoch einschätzen wie zum Beispiel populäre Tierarten (Kap. 5). Zusammenfassende Ergebnisse der Millenniumserhebung bleiben daher allgemein und qualitativ (ibid., S. 1). Die umfassende Bilanzierung von Ökosystemleistungen (vgl. Kap. 6) bleibt problematisch.

Die Widerstandsfähigkeit von Ökosystemen spielt eine zentrale Rolle in der ökologischen Ökonomik. Ökosysteme sind auf die Erhaltung eines relativ stabilen Gleichgewichts für ihre Populationen und deren Metabolismus angelegt. Ihre Widerstandsfähigkeit beruht auf ihrer „homöostatischen" (selbstregulierenden) Eigenschaft, die es einem Ökosystem ermöglicht, nach einer begrenzten Störung wieder in sein ursprüngliches Gleichgewicht zurückzukehren (z. B. Odum 1971). Menschliche Fertigkeit und Technologie können die Widerstandsfähigkeit gegen Gleichgewichtsstörungen von Ökosystemen überwältigen. Eine starke Störung oder ein Schock können zu einem neuen akzeptablen Gleichgewicht führen oder auch zu einem inakzeptablen Gleichgewicht, das die Wohlfahrt der menschlichen Bevölkerung drastisch beeinträchtigt (Brand 2009).

Ökologische Ökonomen definieren **kritisches Naturkapital** als diejenigen Komponenten der natürlichen Umwelt, die wichtige und unersetzbare ökologische Funktionen ausüben (de Groot et al. 2003). Diese Funktionen tragen zur menschlichen Wohlfahrt bei und sind unerlässlich für die Erreichung ökologischer Nachhaltigkeit (Ekins et al. 2003). Nachhaltigkeitsstandards und -indikatoren operationalisieren kritisches Naturkapital hinsichtlich seiner Bedeutung und Vulnerabilität/Widerstandsfähigkeit (de Groot et al. 2003; Brand 2009). In einer Sonderausgabe von *Ecological Economics* (44, 2003) werden die Ergebnisse eines europäischen Forschungsprojekts zu kritischem Naturkapital und starker Nachhaltigkeit beschrieben. Vage Definitionen von kritischem Naturkapital sind die Gründe, dass seine Indikatoren nur wenig mehr als Warnungen vor ökologischer Nichtnachhaltigkeit liefern können.

Das natürliche Populationswachstum in einem Ökosystem, wie beispielsweise von Fischen in einem klar definierten Fischgrund, folgt einer logistischen Kurve. Die Population wächst schnell auf niedrigem Niveau, da ihr reichliche Ressourcen und genügend Raum zur Verfügung stehen. Ab einer bestimmten Populationsgröße verlangsamen Nahrungsknappheit und begrenzter Lebensraum die Wachstumsrate bis diese schließlich zu sinken beginnt. Der Wendepunkt der maximalen Wachstumsrate markiert den **höchstmöglichen Dauerertrag**. Dieser Ertrag stellt den maximalen Überschuss dar, der andauernd abgeschöpft (gefangen) werden kann, ohne die Population (den Fischbestand) zu vermindern. Höhere andauernde Nutzungen führen zu geringeren Erträgen und letztlich zum Abbau der Ressource. Ökologische Restriktionen beenden das natürliche Wachstum der Population, wenn das Ökosystem seine Tragfähigkeit erreicht. Die Website des UNEP/GEF South China Sea Project (Paterson 2008) liefert eine anschauliche Beschreibung des nachhaltigen Ertragsmodells und seiner Anwendungsgrenzen.

Gewinnorientierte Fischereiflotten haben oft erneuerbare Ressourcen über ihr Nachhaltigkeitsniveau hinaus ausgebeutet. Die Gründe waren individuelle Unkenntnis oder Missachtung des Risikos, Ressourcenabbau kollektiv auszulösen. Diese unbeabsichtigte Abnahme einer natürlichen Ressource wurde als die **Tragik der Allmende** bekannt (Hardin 1968). Die Bezeichnung „Tragik der Allmende" ist häufig irreführend, da die meisten traditionellen Gemeinschaften ihre Gemeingüter durchaus nachhaltig bewirtschaften. „Frei zugängliche Ressource" ist eine bessere Bezeichnung für erneuerbare Ressourcen, die in Gefahr sind, durch unkontrollierte Ausbeutung erschöpft zu werden (Turner et al. 1993). Fische im Meer, Holz in tropischen Wäldern und Senken für Schadstoffe in der Atmosphäre sind Ressourcen, für die Regierungen oder andere Wirtschaftsakteure keine Eigentumsrechte besitzen oder geltend machen.

3 Wie viel Natur brauchen wir? Können wir sie nachhaltig nutzen?

Der erste **Bericht der „Grenzen des Wachstums"** löste eine hitzige Debatte vor allem um seine malthusische Warnung aus: „Die Grenzen des Wachstums werden irgendwann innerhalb der nächsten 100 Jahre erreicht werden. Das wahrscheinlichste Ergebnis wird ein ziemlich abrupter und unkontrollierbarer Rückgang sowohl der Bevölkerung als auch der Industriekapazität sein" (Meadows et al. 1972, S. 29). Der neueste Bericht (Meadows et al. 2004) bestätigt diese Vorhersage. Die Autoren legen aber auch alternative Szenarien mit zunehmend positiven Ergebnissen vor. Im optimistischsten Szenario erzeugen Ersparnisse im Verbrauch natürlicher Ressourcen, Umweltschutz und Nullwachstum von Bevölkerung und Wirtschaft in 2100 eine geringe Zunahme der menschlichen Wohlfahrt zusammen mit einem stabilen und nachhaltigen ökologischen Fußabdruck. Die Kritik verweist auf (1) die Annahme von exponentiellem Bevölkerungs- und Wirtschaftswachstum und entsprechenden Umweltschäden, (2) Datenmängel und (3) die Missachtung von Marktkräften und technischem Fortschritt sowie der Veränderung gesellschaftlicher Werte (Cole et al. 1973; Nordhaus 1973; Beckerman 1992). Die Autoren der „Grenzen des Wachstums" verteidigen ihren Ansatz in Cole et al. (1973).

Zur Diskussion
- Reflektiert Tragfähigkeit – das Maß ökologischer Nachhaltigkeit – unsere Präferenzen für Güter und Dienstleistungen der Umwelt und Wirtschaft?
- Sollten die Werte der Natur (welche?) Vorrang vor menschlichen Werten haben?
- Was sollte nachhaltig sein in der ökologischen Nachhaltigkeit: Natur, Wohlfahrt, Wirtschaft?
- Bestätigen Prognosen der Überschreitung der globalen Biokapazität und der Grenzen des Wachstums Ihr „Bauchgefühl" (vgl. Kap. 1) für drohende Katastrophen? Kann die lineare Trendextrapolation künftige ökologische Fußabdrücke vorhersagen?
- Können „expertokratische" oder politische Ziele, wie Dematerialisierungsfaktoren oder die Millennium-Entwicklungsziele, überzeugend vorschreiben, wie viel Natur für eine nachhaltige Nutzung verfügbar sein sollte?
- Wie können wir feststellen, ob Ressourcenbestände kritisches Kapital darstellen? Kritisch wofür? Wie kritisch?
- Was ist der Unterschied zwischen einem Gemeingut und einer frei zugänglichen Ressource?
- Ist die Technologie unser Retter (vgl. Kap. 7)? Wie realistisch ist die Faktor-4-Annahme, dass die Halbierung des Materialinputs Wirtschaftswachstum nachhaltig machen wird?
- Wie viel Natur brauchen wir? Können wir es erkennen? Müssen wir es kennen?

Was ist zu tun? 4

- *Umweltmanagement-Regeln* sind Grundsätze der nachhaltigen Nutzung von Umweltleistungen; *adaptives Management* behandelt Unsicherheit im Ökosystem-Management.
- Maße und Indikatoren von Nichtnachhaltigkeit vermitteln unterschiedliche und häufig widersprüchliche *Ratschläge für die Politik*.
- *Suffizienz* im Konsum und *Ökoeffizienz in* der Produktion sind mikroökonomische Strategien der ökologischen Nachhaltigkeit.
- *Corporate Social Responsibility* reagiert auf Forderungen von Interessengruppen.
- Die *Entkopplung* von Umweltbelastungen vom Wirtschaftswachstum ist die makroökonomische Strategie ökologischer Nachhaltigkeit.
- *Standards, Regeln und Vorschriften* sind die bevorzugten Politikinstrumente ökologischer Ökonomik.
- Der ökologischen Ökonomik fehlt ein *Rahmenwerk* für eine integrative ökonomisch-ökologische Analyse und Politik.

Unkenntnis über unseren Bedarf an Natur ist kein guter Einstieg in die Formulierung von Nachhaltigkeitspolitik. **Umweltmanagement-Regeln** oder Grundsätze sind eine erste Reaktion auf Symptome der Nichtnachhaltigkeit (Daly 1990; Sachs et al. 1998; Lawn 2007). Die Regeln fordern

- die Nutzung erneuerbarer Ressourcen innerhalb ihrer Regenerationskapazität,
- die Verwendung von nichterneuerbaren Ressourcen nur, soweit ihr Verbrauch durch Investition in erneuerbare Ersatzstoffe kompensiert werden kann,
- die Begrenzung von Abfällen und Schadstoffen auf die Absorptionskapazitäten natürlicher Senken und
- die Erhaltung oder Sanierung von kritischem Naturkapital.

Unsicherheit und Uneinigkeit hinsichtlich der Verfügbarkeit und die Nutzung natürlicher Ressourcen und Umweltleistungen beeinträchtigen die Anwendung der Regeln. Inwieweit sind natürliche Ressourcen, einschließlich kritischer Ressourcen, zu bewahren, wenn künftige Generationen möglicherweise keine Verwendung für sie haben? Sind befristete Überschreitungen der Quellen- und Senkenkapazitäten gerechtfertigt, wenn sie es ermöglichen, die Grundbedürfnisse armer Länder zu befriedigen? Laut **Vorsorgeprinzip** des ersten Rio-Gipfels ist ein „Mangel an voller wissenschaftlicher Sicherheit" bei drohenden „ernsten und irreversiblen Schäden" kein „Grund, kosteneffiziente Maßnahmen der Verhinderung von Umweltschäden aufzuschieben" (United Nations 1994: principle 15) – einfacher ausgedrückt: Vorsicht ist besser als Nachsicht!

Eine Antwort auf diese Ermahnung ist die Festlegung sicherer Mindeststandards (siehe weiterführende Literatur am Ende des Kapitels), die ernsthafte Umweltschäden mittels der Widerstandsfähigkeit der Ökosysteme vermeiden könnten. Die Vielfalt von Ökosystemen und ihrer Leistungen erschwert jedoch die Anwendung gemeinsamer Standards auf große Gebiete wie Länder oder gar den Planeten. In der Praxis wurde ökologische Nachhaltigkeit daher meist auf das Management bestimmter Ökosysteme und die lokale Landwirtschaft angewandt. Das Ziel des iterativen **adaptiven Managements** (Holling 1978) ist, Unsicherheiten in der Nutzung, Erhaltung und Sanierung von Ökosystemen anzugehen. Die Idee ist „Lernen durch Praxis und Anpassung an das Gelernte" (U.S. Department of the Interior 2010).

Für nationale und internationale Politik können wir **Politikempfehlungen** von Indikatoren und Modellen untersuchen. Der allgemeine Rat: „Visionen entwickeln, Netzwerke aufbauen, die Wahrheit sagen, Lernen und Lieben" der Autoren des Grenzen-des-Wachstums-Modells soll eine „Nachhaltigkeitsrevolution" hervorbringen (Meadows et al. 2004, S. 269). Die zunehmend optimistischen – aber auch gleichzeitig „weniger wahrscheinlichen" – Modellszenarien sollen zeigen, wie Vision in Aktion umgesetzt werden kann. Geburtenkontrolle, Änderung unseres Lebensstils und Technologien der Ressourcenersparnis und Schadstoffreduzierung würden es ermöglichen, innerhalb der planetarischen Umweltgrenzen zu leben. Die Frage ist natürlich, ob und wie diese allgemeinen Empfehlungen in konkrete Politik umgesetzt werden können.

Der *Living Planet Report* (World Wide Fund for Nature et al. 2010, Kap. 3) verbindet die Ergebnisse eines Biodiversitätsindex, des Living-Planet-Index, mit dem ökologischen Fußabdruck, um eine Reihe von Empfehlungen für eine „grüne Wirtschaft" abzugeben. Die Empfehlungen sind detaillierter als die oben beschriebenen Managementregeln; sie umfassen:

4 Was ist zu tun? 43

- die Ergänzung der Indizes des Berichts mit anderen Indikatoren, die das tun könnten, was das BIP nicht kann, nämlich Wohlbefinden messen,
- die Investition in Naturkapital,
- den Schutz von „Biomen" des Waldes, Süßwassers und des Meeres, wobei zumindest 15 % der Gesamtflächen hierfür abgestellt werden sollten,
- die gerechte Verteilung von Energie, Nahrungsmitteln und anderen Ressourcen mittels „nationaler Budgets" für die wichtigsten Ressourcen,
- die Förderung lokaler Regierungsformen, internationaler Aktionen und öffentlich-privater Zusammenarbeit.

All dies klingt wie die Agenda einer Konferenz der Vereinten Nationen, und so ist es auch: Die Absicht ist es, die im Bericht aufgeworfenen Fragen zu einem Kernstück der Rio + 20 Gipfelkonferenz zu machen. Die meisten Vorschläge, wie vor allem die Thematik einer grünen Wirtschaft, wurden in der Tat in das Ergebnisdokument der Konferenz aufgenommen. Die Umsetzung der meist altbekannten Empfehlungen unter einem neuen Etikett ist eine andere Frage (siehe Kap. 10).

Organisationen reicher Länder plädieren für die „Dematerialisierung" der Wirtschaft durch **Entkopplung von Schadstoffbelastung und Ressourcenverbrauch vom Wirtschaftswachstum** (OECD 2002; Commission of the European Communities 2005). Abbildung 4.1 beschreibt die Entkopplung von Rohstoffinputs, bevor sie in den Wirtschaftstunnel (die Black Box der Abb. 1.3) gelangen. Das Umweltprogramm der Vereinten Nationen (UNEP 2011a, S. 30) sucht den Anschluss mit der Aufforderung, den jährlichen Ressourcenverbrauch in den Industrieländern „stark", d. h. um einen „Faktor 3 bis 5", zu reduzieren. Empfehlungen, unseren Lebensstil zu ändern und umweltfreundliche Technologien zu fördern, erstreben zumindest eine relative Entkopplung; Materialinputs wachsen hierbei immer noch, aber mit einer geringeren Rate als die der Wirtschaft. Die Frage ist: Wie viel Dematerialisierung sollten wir erreichen und für welchen Zeitraum? Ist es Dalys (1996, 2005) konstanter nachhaltiger „Durchsatz" (von Stoffströmen durch die Wirtschaft) oder ist es die Reduktion der Stoffströme um die Faktoren 3, 4, 5 (wie vorgeschlagen im Nachfolgeband zu Faktor 4: von Weisäcker et al. 2010) oder sogar 10 (Factor 10 Club 1994)? Wird das Ergebnis Nachhaltigkeit des Wirtschaftswachstums oder Nachhaltigkeit der „Entwicklung" (Kap. 9) sein?

Die Strategie für natürliche Ressourcen der Europäischen Union erkennt, dass Unkenntnis und Datenmangel eine quantitative Zielsetzung für eine absolute Entkopplung verhindern (Commission of the European Communities 2005). Ihre Strategie der relativen Entkopplung ist ferner ein Hinweis darauf, dass die Mitgliedsstaaten nicht bereit sind, Wirtschaftswachstum abzuschwächen oder aufzugeben (vgl. Kap. 10). In ähnlicher Weise gibt die OECD (2002, S. 5) zu, dass ihr

Arik Bartelmus

Abb. 4.1 Entkopplung des Ressourcenverbrauchs vom Wirtschaftswachstum – ein Tunnelblick? Kann die Halbierung des Stoffstroms in die Wirtschaft mit einer Verdoppelung des Wohlstands verbunden werden? Finden wir Nachhaltigkeit am Ende des Tunnels? Nachhaltigkeit wovon: Umwelt, Wirtschaft oder Entwicklung?

„Entkopplungskonzept keine automatische Verbindung zu Umweltkapazitäten erstellt – Kapazitäten, die es erlauben verschiedene Belastungsarten zu ertragen, absorbieren oder ihnen zu widerstehen". Die Strategie greift folglich auf eine konventionelle Umweltpolitik der Überwachung von Zielerfüllung und der Empfehlung von Folgemaßnahmen zurück. Für ihre Mitgliedsstaaten und für die Zeitperiode 1980–2008 fand die OECD insgesamt eine relative Entkopplung des Materialverbrauchswachstums vom BIP-Wachstum (OECD, ohne Datum). Die Organisation setzt zwar keine Entkopplungsziele für ihre Mitglieder, listet aber diejenigen Länder auf, die derartige Ziele verfolgen.

Vorschläge, wie mit ökologischen Grenzen umzugehen ist, sind zahlreich und häufig widersprüchlich. Die Unterscheidung von vier **Grundstrategien** (Bartelmus 2008) kann Ordnung in die vielfältigen Ziele und Politikempfehlungen bringen. Die Strategien reflektieren unterschiedliche Einstellungen gegenüber Umweltgrenzen in Produktion und Konsum durch:

4 Was ist zu tun?

- *Ignorierung* der Grenzen, wobei es dem Markt überlassen wird, knappe Umweltleistungen wie auch immer zu bewerten oder zu übersehen,
- *Akzeptanz* der Grenzen mittels Suffizienz im Konsum und Corporate Social Responsibility (unternehmerische Sozialverantwortung) in der Produktion,
- *Verschiebung* der Grenzen für Produktion mithilfe von Ökoeffizienz (Technologie),
- *Verordnung* von Grenzen mittels Standards, Regeln und Regulierungen für Produzenten und Verbraucher.

Mainstream-Ökonomen ignorieren typischerweise Umweltbelastungen als externe Effekte, die nicht von den Standardmodellen des Angebots und der Nachfrage sowie des Wirtschaftswachstums erfasst werden. Umweltökonomen ziehen ebenfalls die unsichtbare Hand des **Markts** dem groben Ellbogen der Regulierung vor. Ihre Budgetierung von (externen) Umweltkosten erlaubt aber, dass Marktpartner die effiziente Nutzung von Umweltleistungen aushandeln können (Kap. 5, 7). Ökologische Ökonomen akzeptieren im Prinzip Marktanreize und -hemmnisse, wenn sie zu Änderungen des Lebensstils und der Produktionsmuster führen. Allerdings erachten sie die Schätzung von Grenzkosten und Grenzwerten für diese Anreize bestenfalls als ein ergänzendes Hilfsmittel. Einige sehen die Setzung von ökonomischen Anreizen sogar als eine Art Denksport (Puzzle Solving: Funtowicz and Ravetz 1991). Marginale Anpassungen des Marktverhaltens können ihrer Meinung nach nicht der Bedeutung von Umweltbelastungen und ihrer Auswirkungen auf die Menschen gerecht werden. Vielmehr brauchen wir einen profunden Wandel von Herz und Verstand durch Weitblick, Erziehung und Information (Meadows et al. 2004; Daly 2005; IUCN 2006).

Eine neue Umweltethik (siehe weiterführende Literatur am Ende des Kapitels) könnte Genügsamkeit im Verbrauch von Gütern und Dienstleistungen herbeiführen. **Suffizienz** ist die Antwort auf Habgier und „demonstrativen Konsum" (Veblen 1899; Frank 1999) und könnte zu Nachhaltigkeit führen (Linz 2004). Die Belohnung eines einfacheren „guten Lebens" wäre physisches Wohlbefinden und ideelle Genugtuung aus Solidarität mit den Armen und künftigen Generationen (Sachs 1995; Segal 1999). Aber wer sollte Überkonsum überwachen und regeln? Genügsamkeit und Mäßigung (Abb. 4.2) waren schon immer ein beliebtes Thema von Predigten, allerdings ohne großen Erfolg. Zügellose Habgier verursachte in der Tat die Wirtschaftskrise von 2008/09. Aber wollen wir wirklich, dass Regierungen, Kirchen und Aktivisten bestimmen, was gut für uns ist?

Ökologische Ökonomen wollen ebenfalls unternehmerisches Verhalten verändern. Dies soll durch das Hervorrufen eines Problembewusstseins, durch Information und Überzeugungsarbeit gelingen. Einige Unternehmen propagieren nun Corporate Social Responsibility (siehe weiterführende Literatur am Ende des Kapi-

Abb. 4.2 μηδὲν ἄγαν, von nichts zuviel: Angeblich eine Inschrift am Apollo-Tempel in Delphi

Arik Bartelmus

tels) für ihre Umweltbelastungen in ihrer Umgebung, aber auch manchmal darüber hinaus (Abb. 4.3). Sie werden darin von internationalen Organisationen bestärkt. Wollen wir aber wirklich, dass Vorstände und Aufsichtsräte Umwelt- und Sozialpolitik betreiben? Tatsächlich dürfte die Unterstützung von Umweltbelangen auf Kosten der Aktionäre wohl nur in Zeiten hohen Profits oder für die Imagepflege funktionieren.

Der Business Council for Sustainable Development, ein Vorläufer des World Business Council for Sustainable Development (WBCSD, ohne Datum), prägte **Ökoeffizienz** als eine praktikable Umweltstrategie für Unternehmen. Ökoeffizienz ist hauptsächlich eine Frage der Anwendung umweltfreundlicher Technologien. Diese Technologien würden es erlauben, den Output eines Unternehmens aufrechtzuerhalten oder sogar zu steigern, aber mit geringerer Umweltbelastung. Ökoeffizienz, Corporate Social Responsibility und Suffizienz bilden zusammen das mikroökonomische Gegenstück zur makroökonomischen Dematerialisierungsstrategie. Auch das Faktor-4-Ziel der Vervierfachung von Ressourcenproduktivität (Kap. 3) setzt auf Beispiele verbesserter Technologien, die eine „Effizienzrevolution" (von Weizsäcker et al. 1995, S. 15) in Gang bringen könnten.

Eine ehrgeizigere Version der Ökoeffizienz ist metabolische Konsistenz (siehe weiterführende Literatur am Ende des Kapitels). Konsistente Produktions- und Konsumtechniken sollten hierbei harmonisch in den Metabolismus der Natur eingebaut werden. Einige Argumente behaupten sogar, dass diese Harmonie zu Null-

4 Was ist zu tun?

Arik Bartelmus

Abb. 4.3 Corporate Social Responsibility. Der Neugrün-Konzern kümmert sich nunmehr um die Umwelt. Wenn er den Ausstoß von Schadstoffen reduziert (und dabei Kostensteigerungen in Kauf nimmt), wird das seinen Gewinn schmälern?

Emissionen führt, da die Natur angeblich nichts vergeudet. Die meisten ökologischen Ökonomen sehen aber Technologie nicht als die Retterin, da sie auch für viele Umweltsünden verantwortlich ist (vgl. Kap. 7). Sie verweisen auch auf Rebound-Effekte von Ressourcenersparnissen, die Produktion und Konsum und folglich Umweltbelastungen wieder erhöhen. So könnte beispielsweise der Gebrauch von kraftstoff- und kostensparenden Fahrzeugen die Fahrzeiten verlängern und Autokäufe vermehren. Jevons (1865) wird nachgesagt, als Erster auf dieses Problem für eine verbesserte Brennstoffproduktion in Großbritannien hingewiesen zu haben.

Wohl am wenigsten wirksam sind moralische Appelle wie zum Beispiel Aufrufe zur Änderung unserer Lebensstile. Derartige Überzeugungsstrategien könnten aber die Akzeptanz stärkerer Maßnahmen von Regeln und Regulierungen erleichtern. Die Bedrohung durch irreversible und potenziell katastrophale Umweltbelastungen würde eine derartige proaktive Reaktion rechtfertigen. Eine Politik von **Befehls- und Kontrollvorschriften** setzt und vollstreckt Umweltstandards und -regulierungen. Typisch sind Maßnahmen des Verbots von gefährlichen Schad-

Arik Bartelmus

Abb. 4.4 Befehls- und Kontrollvorschriften. Rechtsvorschriften und Regeln verbieten umweltschädliche Produktions- und Konsumpraktiken wie unkontrollierte Brandrodung von Wäldern. Um wirksam zu werden, müssen Regeln und Regulierungen von Organen der Exekutive durchgesetzt werden. Ihre Reaktion auf Umweltzerstörung kommt oft zu spät oder wird zu früh aufgegeben

stoffen und Produktionsprozessen, Vorschriften für besondere Produktionsverfahren einschließlich Wiederverwendung und Wiederverwertung von Abfällen, eine Zwangsversicherung für potenzielle Umweltschäden und die Landnahme im Sinne des Naturschutzes.

Befehls- und Kontrollvorschriften ermöglichen eine schnelle und transparente Durchsetzung, müssen aber rechtzeitig durchgeführt werden, um die Situation der Abb. 4.4 zu vermeiden. Sie müssen auch die Legislaturperiode überleben, in der sie erlassen wurden. Politik kann daher durchaus die Laufzeit von Regeln und Regulierungen, die ursprünglich auf langfristige Nachhaltigkeit ausgerichtet waren, verkürzen. Ferne Verwaltungen, die mit der Umsetzung von Vorschriften beauftragt sind, sind im Allgemeinen auch weniger sachkundig und leistungsfähig als Vor-Ort-Verbraucher und -Produzenten (vgl. Kap. 7). Generell ist regulative Umweltpolitik meist das Ergebnis politischer Verhandlungen und daher anfällig für Lobbyismus.

Die **Umsetzung** obiger Strategien befasst sich mit einer Vielzahl von Umweltschutzmaßnahmen. Umweltstandards, Regulierungen, fiskalische Anreize, Erziehung, Information und Überzeugungsarbeit reflektieren unterschiedliche und häu-

4 Was ist zu tun?

fig widersprüchliche Prioritäten und Politiken. Das Grundproblem ist das Fehlen eines gemeinsamen Rahmens für ökologische Ökonomik. Ein derartiger Rahmen könnte integrierende Nachhaltigkeitsanalyse und -politik erleichtern. Den vorhandenen Messmethoden und Modellen der ökologischen Ökonomik gelingt es aber nicht, eine klare Verbindung zwischen Umweltgrenzen und Wirtschaftsaktivitäten herzustellen. Noch können sie zeigen, welche Kombinationen von Umwelt- und Wirtschaftspolitik am wirksamsten Umwelt- *und* Wirtschaftsziele erreichen würden. Integration ist in der Tat der Schlüssel zu Nachhaltigkeit. Teil II untersucht was Ökonomik und volkswirtschaftliche Gesamtrechnungen hierzu beitragen können.

Weiterführende Literatur

Die Schwellenwerte der Widerstandsfähigkeit von Ökosystemen sind schwer zu bestimmen. Ciriacy-Wantrup (1952) und Bishop (1978) schlugen daher vor, bei der Ausweitung konventioneller Kosten-Nutzen-Analysen (Kap. 5) auf Umweltprobleme, **sichere Mindeststandards** (Safe Minimum Standards: SMS) festzulegen. Die Absicht ist, sich gegen unsichere, irreversible und inakzeptable Belastungen abzusichern. Crowards (1996) überprüfte kritisch die relativ unklaren Vorstellungen von Unsicherheit, Irreversibilität und Akzeptanz für die Bestimmung der SMS. Ökologische Ökonomen griffen dennoch die SMS-Idee auf, um die Normen der ökologischen Nachhaltigkeit und der nachhaltigen Entwicklung (Kap. 9) zu operationalisieren.

Im Gegensatz zu relativ objektiven Einschätzungen der gegenwärtigen und künftigen Verfügbarkeit von Natur (und vielleicht auch unseres Bedarfs) fallen Vorschriften darüber, was wir tun *sollten*, in die Gebiete der Moral und Ethik. Ökologische Ökonomen verwerfen die utilitaristische Anschauung des *Homo oeconomicus*, den sie als unwürdig eines *Homo sapiens* ansehen (Faber et al. 2002). Andauernder Raubbau an den Ressourcen des Planeten erfordert ihrer Meinung nach Konsumverzicht und, wenn notwendig, Regulierung (Rennings et al. 1999). Eine neue **Umweltethik** liegt diesen Aufrufen und Vorschriften zugrunde. Umweltethik geht über Konsumverzicht hinaus; sie anerkennt den „Eigenwert" der Natur und insbesondere von nichtmenschlichem Leben (Elliot 2001). Darüber hinaus wirft die Verfügbarkeit von Naturleistungen Verteilungsfragen innerhalb und zwischen Generationen auf. Teil III behandelt diese soziale Dimension der nachhaltigen Entwicklung. Die Schwierigkeit, Konsens in diesen philosophischen Fragen zu erreichen, ist der Grund, warum der erste Rio-Erdgipfel die Idee einer Erdcharta zugunsten einer schwächeren, bedarfsorientierten Rio-Erklärung aufgab (United Nations 1994). Nichtstaatliche Organisationen setzen sich weiterhin für eine Erdcharta-Initiative ein <http://www.earthcharter.org/> (zugegriffen: 29. Juli 2013).

Gewinnmaximierende Unternehmen sind die institutionelle Verkörperung des *Homo oeconomicus*. Es ist daher wohl etwas überraschend, dass eine zunehmende Anzahl von Unternehmen sich **Corporate Social Responsibility** zu eigen macht. Möglicherweise geschieht das unter dem Druck internationaler Organisationen (Crook 2005). Die Vereinten Nationen befürworten Corporate Social Responsibility als Teil öffentlich-privater Partnerschaft (United Nations 2003) und für einen „Global Compact" (United Nations Procurement Division 2004). Die European Commission, Enterprise and Industry (2011) verpflichtete sich, „Corporate Social Responsibility als ein wesentliches Element langfristigen Vertrauens von Arbeitnehmern und Verbrauchern zu fördern". Es wird sich zeigen, ob die letzte Rezession und ihre Folgen Corporate Social Responsibility untergraben haben. Wirtschaftsprüfer und

Umweltgutachter sind skeptisch (Gray und Bebbington 2007): Trotz Nachhaltigkeitsrhetorik sind Unternehmen eher ihren Aktionären als Umweltschutzaktivisten verpflichtet.

Der Reiz **metabolischer Konsistenz** (Huber 2004), manchmal auch Biomimetik genannt (Biomimicry Institute 2007–2011), ist die Idee, die Produktionsprozesse der Natur zu kopieren. Die Zero Emissions Research and Initiative (ZERI 2011) behauptet, dass vollständige Wiederverwendungs- oder Wiederverwertungsmöglichkeiten von Abfällen und Schadstoffen die vorherrschende Mentalität der Märkte verändern können; Armutsminderung und Nachhaltigkeit wären das Ergebnis. Die begrenzte Zahl von meist landwirtschaftlichen Fallstudien erlaubt es allerdings nicht, Konsistenz als die Lösung aller Umweltprobleme der Wirtschaft anzusehen.

Cradle-to-cradle (von der Wiege bis zur Wiege)-Produktionsverfahren, die den Materialfluss von dem ersten Materialinput bis zum erneuerten Input der Rückstände umfassen, haben ähnliche Ziele. Sie sind aber wahrscheinlich zu optimistisch in ihrem Glauben an die „Transformation" der Cradle-to-grave (von der Wiege bis zur Bahre)-Ökonomie (McDonough und Braungart 2003). Einige industrielle Ökologen bezweifeln auch das Argument einer abfallfreien Natur (Ehrenfeld und Chertow 2002).

> **Zur Diskussion**
> - Brauchen wir die Ökonomik für die visionäre Veränderung von Herz und Verstand oder für Regeln, uns umweltfreundlich zu verhalten?
> - Wie nützlich sind Aufrufe zur Suffizienz im Konsum und zu Corporate Social Responsibility in der Produktion? Sind sie die Vorboten einer neuen Umweltethik?
> - Befehls- und Kontrollvorschriften sind wirksame Umsetzungsinstrumente der Politik; sie neigen aber zu Werturteilen. Wer sollte die Urteile abgeben?
> - Ist die Entkopplung der Umweltbelastung vom Wirtschaftswachstum die Hauptstrategie für ökologische Nachhaltigkeit? Wie praktikabel ist die Strategie?
> - Was ist der Zweck eines umfassenden Rahmens oder einer Theorie der ökologischen Ökonomik? Kann Nachhaltigkeitsökonomik den Rahmen liefern (vgl. Kap. 8)?

Teil II
Ökonomische Nachhaltigkeit: Wie teuer ist (uns) die Natur?

Zum Wert der Natur 5

- Vertreter der Tiefenökologie (und einige ökologische Ökonomen) befürworten die eigenen Werte der Natur anstelle von ökonomischen Bewertungen.
- Umweltökonomen gehen von der Knappheit der Umweltleistungen aus; sie bestimmen einen Preis für Umweltexternalitäten, um Marktversagen zu korrigieren.
- Techniken der Kosten-Nutzen-Analyse können für die ökonomische Bewertung von Umweltgütern und -diensten herangezogen werden.
- Die Diskontierung künftiger Umweltkosten und -nutzen bestimmt ihren gegenwärtigen Wert.
- Kostenschätzungen der globalen Erwärmung variieren.
- Der globale Wert von Naturleistungen könnte den des globalen BIP übertreffen.

Nach Oscar Wilde ist ein Zyniker „ein Mensch, der von allem den Preis und von nichts den Wert kennt". Für Umweltschützer könnte dies die Definition der Ökonomen sein (Abb. 5.1); aber kennen *diese* den Wert der Natur?

Stoffstromrechnungen zeigen das Wirtschaftssystem eingebettet in die physische Welt – eine Welt, die endgültige Grenzen für die Versorgung mit Gütern und Dienstleistungen von Wirtschaft und Umwelt setzt. Ökologische Ökonomen sind der Meinung, dass wir diese Grenzen bereits überschritten haben. Überleben und Fortpflanzung, die eigenen Werte der Natur, sollten daher menschliche Präferenzen überstimmen (Kap. 3). Die Ablehnung ökonomischer Preisbestimmung für Naturleistungen veranlasst Umweltschützer und ökologische Ökonomen, auf Ethik oder Visionen für die Setzung von Umweltnormen und -standards zurückzugreifen (Kap. 4). Die Umsetzung der Standards durch Regeln und Regulierungen lässt

Arik Bartelmus

Abb. 5.1 Der Wert der Natur – kennen ihn die Ökonomen?

kaum Raum für Wahlfreiheit, die Grundlage der Wirtschaftstheorie. Die Zügelung von Bevölkerungswachstum und Wirtschaftstätigkeit scheint demnach die einzige Möglichkeit zu sein, die Erde zu retten.

Umweltökonomen sind optimistischer hinsichtlich des Einflusses von globalen Umweltgrenzen. Sie sehen keine eindeutigen Anzeichen für eine Umweltkatastrophe, geben aber zu, dass verfügbare **Umweltleistungen knapper** geworden sind. In diesem Fall haben wir in der Tat Wahlmöglichkeiten. Wir können für die Nutzung knapper Güter und Dienstleistungen zahlen – gemäß ihren Kosten und unseren Präferenzen. Das Problem ist, dass für viele Umweltleistungen, trotz deren Knappheit, kein Rationalisierungsinstrument (wie der Marktpreis) zur Verfügung steht: Die Leistungen der Natur werden im Allgemeinen nicht, oder nicht korrekt, in Märkten gehandelt und bewertet. Tabelle 5.1 unterscheidet beabsichtigte und unbeabsichtigte Umwelteffekte, die nicht von Märkten erfasst werden; sie zeigt ferner den Ursprung dieser Effekte durch und auf Produzenten, Verbraucher und Regierung.

Abbildung 5.2 beschreibt das klassische Beispiel einer nicht-preisbewerteten Umweltbelastung: Der Rauch einer Fabrik verschmutzt frische Wäsche ungestraft,

Tab. 5.1 Nicht vermarktete Umweltwirkungen der Wirtschaftstätigkeit und -politik

Wirtschafts-akteure	Unbeabsichtigte Externalitäten			Beabsichtigte Wirkungen		
	Produzenten	Verbraucher	Regierung	Produzenten	Verbraucher	Regierung
Produzenten	Umweltverschmutzung, Ressourcenabbau	Umweltverschmutzung, Beeinträchtigung von Ökosystemleistungen		Illegale Marktkontrolle	Corporate Social Responsibility, Recycling	Umweltlobby, Korruption
Verbraucher	Umweltverschmutzung	Umweltverschmutzung, Prestigekonsum			Recycling	Umweltlobby, Korruption
Regierung	Politikversagen (Irrtümer, Ineffizienz)	Politikversagen (Irrtümer, Ineffizienz)		Umweltschutz	Umweltschutz	

Arik Bartelmus

Abb. 5.2 Umweltexternalität: Pigous (1920) Schornstein-und-Wäsche-Beispiel. Wer trägt den Schaden der Verschmutzung? Wer sollte die Kosten übernehmen?

d. h. kostenlos, da Märkte und Politik die Schäden der Umweltverschmutzung ignorieren. Ökonomen nennen derartige unberücksichtigte Wirkungen „Externalitäten". Externalitäten sind unbeabsichtigte Auswirkungen von Produktion und Konsum auf andere Produktions- und Konsumtätigkeiten. **Umweltexternalitäten** sind die Wirkungen von Schadstoffen und Abfällen auf die Produktionskosten von Unternehmen und auf Gesundheit und Wohlbefinden von Verbrauchern. Der Abbau von natürlichen Ressourcen könnte eine Externalität sein, wenn er unbeabsichtigt ist, wie im Fall der „Tragik der Allmende" (Kap. 3, weiterführende Literatur). Staatliche Misswirtschaft kann ebenfalls externe Effekte hervorrufen, wenn die Wirkungen durch Unkenntnis oder bürokratische Ineffizienz verursacht werden. Ein externer Effekt von Konsumenten auf andere Konsumenten kann durch demonstrativen „Prestigekonsum" ausgelöst werden: Anpassungsdruck kann zu unnötigem und möglicherweise ungesundem Überkonsum führen – das „Keeping-up-with-the-Joneses-Phänomen" (Mithalten mit der Jones-Familie). Umweltexternalitäten können auch positiv sein. Landwirtschaft schafft häufig ansprechende Landschaften und Habitate für Tierarten und kann auch zur Erhaltung von genetischen Ressourcen beitragen.

Beabsichtigte Nichtmarkteffekte in Tab. 5.1 können nützlich oder schädlich sein. Regierungen versorgen uns mit **öffentlichen Gütern und Leistungen** („Public Goods") wie Sicherheit und Umweltschutz. Märkte können oder sollten nicht mit solchen Gütern und Leistungen handeln, da ihre Verwendung keinen Einfluss auf das Angebot hat und niemand von ihrem Nutzen ausgeschlossen werden kann oder sollte. Die – zum Markt – vergleichsweise ineffiziente Regierung muss daher über die Versorgung der Gesellschaft mit öffentlichen Gütern entscheiden. Die Frage ist: Wie viel des Guten brauchen wir? In Ermangelung von Märkten hilft die Kosten-Nutzen-Analyse, Regierungsprogramme und -projekte zu bewerten (Kap. 7). Sozial verantwortliche Unternehmen (Kap. 4) und Personen können ebenfalls absichtlich positive Nichtmarkteffekte erzeugen. Ihre Aktionen schützen oder verbessern die Umwelt in ihrer Nachbarschaft, einschließlich der Wiederverwendung oder -verwertung ihrer Abfälle.

Eine „unzivile" Gesellschaft von Verbrauchern und Produzenten kann andererseits öffentliche Schäden („Public Bads") verursachen. Tabelle 5.1 verweist auf Korruption und nichtkriminelles, aber dennoch wettbewerbsverzerrendes Lobbying, wodurch Produzenten und Verbraucher die Regierungspolitik manipulieren wollen. Einflussreiche Öl- und Kohlekonzerne sind zum Beispiel dafür bekannt, Regierungen dazu zu bewegen, ihre Produktion auf Kosten der Umwelt zu subventionieren.

Die Vernachlässigung von Umweltexternalitäten ist ein wichtiger Grund für ein **Marktversagen**. Märkte verfehlen ihren Zweck, wenn es ihnen nicht gelingt, die

5 Zum Wert der Natur

richtigen Knappheitswerte der Externalitäten den verursachenden Wirtschaftsaktivitäten zuzurechnen. Elementare Wirtschaftstheorie macht klar, dass die Vernachlässigung dieser Effekte durch diejenigen, die für sie verantwortlich sind, zur Fehlallokation von knappen Ressourcen führt. Die Wirtschaft erzeugt in diesem Fall weniger Wohlfahrt als wenn die Wirtschaftsakteure die Kosten von anderen zugefügten Schäden und Nutzen einkalkulieren würden. Das gilt auch für öffentliche Güter und Dienstleistungen. Grobe Kosten-Nutzen-Vergleiche von spezifischen Programmen und Projekten können daher nicht Optimalität in wettbewerbsorientierten Märkten darstellen (Kap. 7).

Verschiedene **Bewertungsmethoden**, darunter auch die der Kosten-Nutzen-Analyse, können Knappheitswerte bestimmen. Je nachdem, ob sich die Umweltexternalitäten auf Konsumenten oder Produzenten auswirken, kann man folgende Methoden unterscheiden:

- nachfrageseitige Bewertungen, die den Gewinn an menschlichem Wohlbefinden (Nutzen) oder dessen Verlust (Schaden) aus verringerter oder erhöhter Umweltbelastung abschätzen und
- angebotsseitige Bewertungen, welche die Kosten der Nutzung von Umweltleistungen in der Produktion und der Minderung von Umweltbelastungen im Umweltschutz messen.

Nachfrageseitige Bewertungen umfassen Interviews, Marktsimulationen, Schätzung der Reisekosten zu Naturparks und Erholungsgebieten und den Vergleich von Immobilien mit unterschiedlichen Umweltqualitäten. Umfragen zur Zahlungsbereitschaft für die Nutzung von Umweltgütern oder zur Akzeptanz von Verlusten von Umweltleistungen sind bevorzugte Methoden, Nutzen- oder Schadenswerte zu schätzen (Abb. 5.3). Nachfrageseitige Bewertungen sind aber umstritten. Sie leiden an den bekannten Problemen der Nutzenmessung und -aggregation, vor allem, da der Nutzenbegriff die kaum messbare Konsumentenrente (siehe Abb. 5.7) mit einschließt. Weitere Verzerrungen entstehen durch Trittbrettfahrer und mangelndes Verständnis von Umweltproblemen in Umfragen. Angebotsseitige Bewertungen der Schätzung von Vermeidungs- oder Reduzierungskosten der Umweltbelastungen sind weniger kontrovers. Sie sind Bestandteil der häufig angewandten Kosten-Wirksamkeits-Analyse und können sich auf die Buchführung von Unternehmen und die umweltökonomische Gesamtrechnung (Kap. 6) stützen. Der Exkurs (am Ende des Kapitels) beschreibt die theoretischen Grundsätze ökonomischer Bewertungen für nicht-vermarktete Umweltleistungen und -belastungen.

Abb. 5.3 Wie teuer ist (uns) ein Elefant: Umfragen zur Zahlungsbereitschaft leiden an Unkenntnis über die Kosten und Nutzen der Erhaltung von Umweltgütern und an Trittbrettfahrer-Einstellung der Befragten. Wer ist befugt, den Wert unserer „Lebensgefährten" festzulegen?

Arik Bartelmus

Abbildung 5.4 zeigt die verschiedenen Kategorien des **ökonomischen Gesamtwerts** eines Umweltguts oder einer Umweltleistung. Ökonomen definieren diesen Wert, beispielsweise für einen Wald oder Strand, als Nutzen oder Wohlfahrt, die aus der tatsächlichen oder möglichen Verwendung oder sogar Nichtverwendung gewonnen werden. Nichtverwendung kann eine Quelle von Wohlbefinden sein, wenn sie Genugtuung über die Erhaltung von Natur und ihrer Arten schafft. Die Grundidee ist, Angebot und Nachfrage in fiktiven Marktmodellen für Umweltleistungen zu verbinden. Unter idealen Wettbewerbsbedingungen bestimmen die Marktpreise die optimale Nutzung von Umweltgütern und -leistungen (siehe Exkurs am Ende des Kapitels).

Die Messung der langfristigen Nachhaltigkeit des Angebots und der Verwendung von Wirtschafts- und Umweltgütern und -leistungen erfordert die Bestimmung der erwarteten Kosten und Nutzen. Für ökologische Ökonomen ist dies eine Frage der Ethik. Solidarität mit künftigen Generationen verlangt, dass wir ihnen eine unversehrte Umwelt hinterlassen (Kap. 4). Diese Forderung könnte auf dem eigenen Wert der Natur aufbauen; sie enthält aber immer noch ein menschliches Werturteil von denen, die Natur besonders hoch einschätzen. Sollten ihre Meinun-

5 Zum Wert der Natur

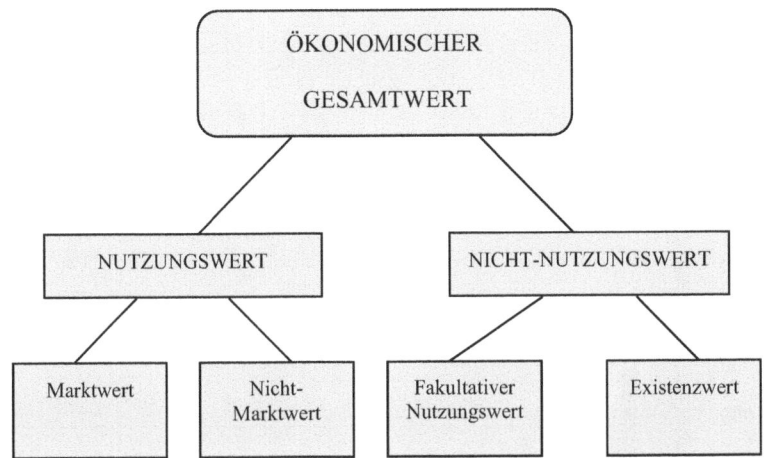

Abb. 5.4 Der ökonomische Gesamtwert eines Umweltgutes stammt zum Großteil aus direkter Nutzung, z. B. aus Fischfang und Fischverkauf oder nichtvermarkteter Freizeit und Erholung in der Natur. Fakultative Nutzung und Nicht-Nutzung schaffen Wohlfahrt durch Freude über die Bewahrung von natürlichen Ressourcen für künftige Generationen oder durch Wahrnehmung der Existenz beliebter Arten wie Elefanten oder Delfine

gen und Standards ökonomische Präferenzen überstimmen, wenn diese Meinungen künftigen und unsicheren Kosten und Nutzen eine geringere Bedeutung als den gegenwärtigen einräumen?

Ökonomen verneinen dies. Sie weisen darauf hin, dass die Märkte den Wert langlebiger Kapitalgüter **diskontieren**, da deren Renditen nicht sofort verdient werden, sondern in der Zukunft anfallen. Trotz der Abwesenheit von Märkten für viele Umweltgüter wenden Umweltökonomen und umweltökonomische Gesamtrechner daher ihre Zeitpräferenzen und entsprechende Diskontierung auf den Wert von „Naturkapital" (siehe weiterführende Literatur am Ende des Kapitels; siehe auch Kap. 6 und 7). Die Abzinsung künftiger Schäden auf ihren gegenwärtigen Wert ist relativ optimistisch, wenn sie niedrigere Beträge jetzt zurückhält, um zukünftige Schäden zu behandeln. Man beachte, dass auf diese Weise gesparte Geldmittel Zinsen und Renditen aus anderen Investitionen einbringen können.

Die Anwendung eines niedrigeren *sozialen* Diskontsatzes reflektiert die pessimistische Sicht einer bevorstehenden Umweltkatastrophe. Insbesondere die Nulldiskontierung behandelt künftigen Schaden als ob er unmittelbar bevorstände. Die Kosten der Verhinderung oder Minderung künftiger Schäden müssten in diesem Fall voll zum gegenwärtigen Zeitpunkt veranschlagt werden. Die Forderung nach Gerechtigkeit zwischen den Generationen verstärkt dieses Argument. Das Aufad-

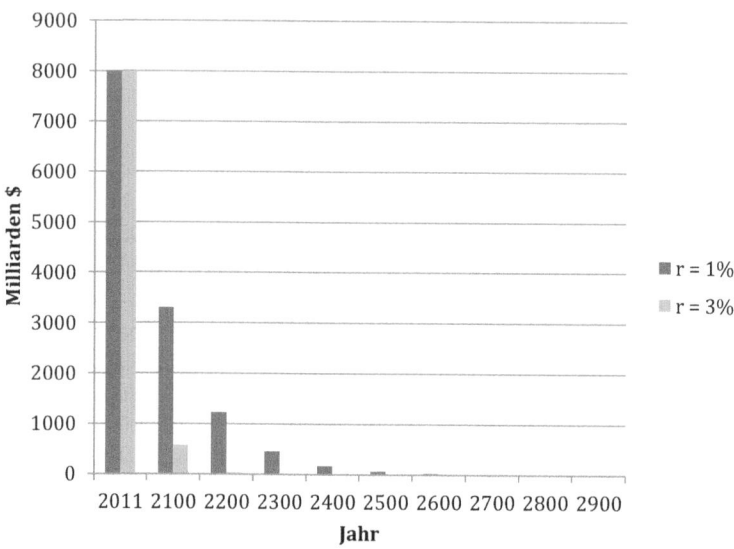

Abb. 5.5 Diskontierung des Schadens eines Kernschmelzunfalls. Der Schaden aus einem größten anzunehmenden Unfall (GAU) kann bis zu 8 Billionen USD betragen (Hennicke und Welfens 2012). Die Anwendung eines relativ niedrigen Diskontsatzes von 1 % verringert den Gegenwartswert (in 2011) des Schadens und entsprechender Investitionskosten auf weniger als die Hälfte; die Annahme hierbei ist, dass der Unfall zum Jahrhundertsende geschehen wird. Ein höherer, häufig angewandter Zinssatz von r = 3 % ergibt nur 7 % des Schadenswerts. Eine Schadenserwartung nach 600 Jahren diskontiert den Gegenwartswert des erwarteten Schadens auf vernachlässigbare Höhe, selbst für den niedrigen Diskontsatz

dieren künftiger Schadenskosten zu den gegenwärtigen unterstellt dabei, dass die gegenwärtige Generation den Schmerz der künftigen Generationen wie ihren eigenen empfindet. Abbildung 5.5 wendet die Diskontierung auf den Fall des „größten anzunehmenden nuklearen Unfalls" an. Ein derartiger, unmittelbar bevorstehender Unfall würde die Bevölkerung mit enormen Schadenskosten von bis zu 8 Billionen USD belasten. Eine marginale Kostenanalyse wird hierbei irrelevant. Andererseits zeigt die Abbildung, dass die Abzinsung künftiger Schäden die ökonomische Analyse vor Irrelevanz bewahrt: Selbst niedrige Diskontsätze reduzieren dramatisch den Gegenwartswert des Umweltschadens und seiner Minderungskosten.

Der Klimawandel ist ein gutes Beispiel, um die Wirkungen und Gültigkeit von Diskontierung und Schadensbewertung zu illustrieren. Kapitel 2 beschrieb globale Erwärmung als Surrogat für Umweltverfall. Eine Schlussfolgerung war, dass nur der Vergleich mit anderen ökologischen und sozioökonomischen Anliegen die re-

5 Zum Wert der Natur

Tab. 5.2 Globale Kosten des Klimawandels

	Schadenskosten ($, % des globalen BIP)	Vermeidungskosten ($, % des globalen BIP)	Nettogewinn ($, % des globalen BIP)
IPCC (2007b)	1–5 %[a]	0,2–2,5 %[b]	
Stern (2006)	5–20 %[c] $2,5–9,8 Billionen[d]	1 % (−2 to 5 %)[e]	$2,5 Billionen[f] 0,13 %[g]
Nordhaus (2008)	$22,6 Billionen[h] 2,5 %[i]	$2,2 Billionen[j]	$3,1 Billionen[k] 0,16 %[l]

[a] Globaler durchschnittlicher BIP-Verlust für 4 °C globale Erwärmung bis 2050–2099
[b] In 2030 für die Stabilisierung von Treibhausgaskonzentration in der Atmosphäre in Höhe von 535–590 ppm CO_2-Äquivalenten (CO_2-eq) in 2100 oder später; das Ergebnis ist ein globaler Temperaturanstieg von 2,8–3,2 °C über vorindustrielle Temperaturen; Kosten in Prozent des Baseline-BIP
[c] Durchschnittlicher Wohlfahrtsverlust (in Prozent des pro-Kopf-Konsums „jetzt und für immer") unter der Annahme von 5–6 °C globaler Erwärmung in 2100
[d] In 2006
[e] In 2050, jährliche Kosten der Stabilisierung in Höhe von 500–550 ppm CO_2-eq
[f] Gegenwärtiger (2006) Nettowert des Gewinns durch entschiedenes Handeln jetzt (Null-Zeitpräferenz-Diskontierung)
[g] Prozent des gesamten abdiskontierten künftigen Welteinkommens, geschätzt auf $2000 Billionen (Nordhaus 2008)
[h] Gegenwartswert (2005, Diskonsatz 4 %) bei Abwesenheit von Emissionskontrollen und bei globaler Erwärmung auf 3,1 °C (seit 1900 und bis 2100)
[i] "Beste Vermutung" für 2100
[j] Gegenwartswert optimaler Politik mit einer von $7,4 (in 2005) auf $55,1 (in 2100) ansteigenden CO_2-Steuer
[k] $5,3 Billionen Schadensreduzierung (nicht in der Tabelle ausgewiesen) minus $2,2 Billionen (Vermeidungskosten), womit die globale Erwärmung auf 2,6 °C in 2100 begrenzt wird
[l] Prozent des abdiskontierten globalen künftigen Einkommens ($2000 Billionen)

lative Bedeutung des Klimawandels abschätzen kann. Mangels eines gemeinsamen physischen Maßstabs ist die wohl beste Lösung, ökonomische Werte für diesen Vergleich heranzuziehen. Tabelle 5.2 weist mit einigen maßgeblichen Beispielen auf die weite Bandbreite der **Kostenschätzungen für den Klimawandel** hin. Die Kosten sind entweder Schäden aufgrund von Untätigkeit oder Kosten der Schadensbewältigung.

Der Bericht von Nicholas Stern (2006) zur Ökonomie des Klimawandels wurde weltweit diskutiert. Stern warnte, dass Untätigkeit eine globale Erwärmung von 5–6 °C in 2100 erzeugen könnte. Ein derartiger Temperaturanstieg würde Schäden in Höhe von mindestens 5 % des globalen Pro-Kopf-Konsums „jetzt und für immer" mit sich bringen (ibid., S. x). Investitionen von ca. 1 % des globalen BIP bis 2050 könnten andererseits die Treibhausgaskonzentration stabilisieren und die globale Erwärmung auf maximal 3 °C beschränken. Strikte Maßnahmen „jetzt" würden einen hohen gegenwärtigen Nettogewinn von 2,5 Billionen USD (unter Verwendung von ziemlich unklaren, relativ niedrigen Diskontsätzen) erzielen. Dieser Gewinn scheint von ähnlicher Größe zu sein wie die drei Billionen Nettogewinn des Nordhaus (2008) Modells der optimalen Klimapolitik. In diesem Modell sind die Gewinne das Ergebnis der Verwendung eines optimalen Kohlenstoffpreises (und einer optimalen Kohlenstoffsteuer) für die Weltwirtschaft (Kap. 7). Nordhaus verwirft jedoch das Stern-Modell als „extrem teuer" (ibid., S. 87). In einem speziellen Modelllauf wendet er Sterns „Fast-Null"-Diskontsatz auf Klimainvestitionen an, verwendet aber eine realistischere Realverzinsung von ca. 5,5 % für den Rest der Wirtschaft. Ein Verlust von 14 Billionen USD anstatt eines Gewinns ist dann die Folge von Sterns hoher und teurerer frühen Emissionsminderung. Stern rechtfertigt seine niedrige Diskontierung mit der Notwendigkeit, Generationengerechtigkeit zu berücksichtigen.

Die vielen Fußnoten der Tab. 5.2 deuten an, dass die Kosten- und Nutzenbeträge recht unterschiedlich und grob geschätzt wurden. Die Schätzwerte variieren, obwohl sowohl Stern als auch Nordhaus sich beide auf die allgemein anerkannten physischen und monetären Daten des Intergovernmental Panel on Climate Change (IPCC 2007a, b) verlassen. Unterschiede in Konzepten, Zeitrahmen, Bewertungen, Annahmen, Modelltechniken und im Umfang der Erfassung von Klimabelastungen beeinträchtigen die Vergleichbarkeit dieser und anderer (siehe auch Kap. 7) Kostenschätzungen. Die unbequeme Wahrheit („Inconvenient Truth", der Titel von Vizepräsident Al Gores Kampagne und Film zur Erderwärmung) ist: Es gibt keine eindeutige Bewertung der Bedeutung des Klimawandels.

Einige ökologische Ökonomen setzten sich über die Probleme der globalen Wohlfahrtsmessung hinweg und bestimmten den **Wert der globalen Ökosystemleistungen** (Costanza et al. 1997b). Ihre Schätzung von 33 Billionen USD für 1994 ist um 6 Billionen USD größer als der Wert des globalen BIP im gleichen Jahr (Abb. 5.6). Die Menschen auf der Erde scheinen daher bereit zu sein – entsprechend der angewandten „Willingness-to-pay"-Bewertung – mehr für Natur auszugeben als sie verdienen; die Wahrscheinlichkeit dieser Unterstellung kann bezweifelt werden. Abgesehen von der Schwierigkeit, unzählige Ökosysteme und deren Leistungen zu erfassen, leidet die Studie an der Messung des Nichtmessbaren, nämlich des Grenznutzens und der globalen Wohlfahrt.

Eine Studie des Umweltprogramms der Vereinten Nationen ist vorsichtiger (UNEP 2011b). Sie baut auf der Millenniums-Bewertung von Ökosystemen (Millennium Ecosystem Assessment 2005, S. 6) auf, die zu dem Schluss kommt, „dass über 60 % der weltweiten Ökosystemprodukte und -leistungen … beeinträchtigt

5 Zum Wert der Natur

Abb. 5.6 Wertvergleich: Natur – Wirtschaft. Costanza et al. (1997b) schätzten den Wert der globalen Ökosystemleistungen in 1994 auf 33 Billionen USD mit einem Konfidenzintervall von 16 bis 54 Billionen. Das Welt-BIP belief sich im gleichen Jahr auf 26,9 Billionen USD in laufenden Preisen

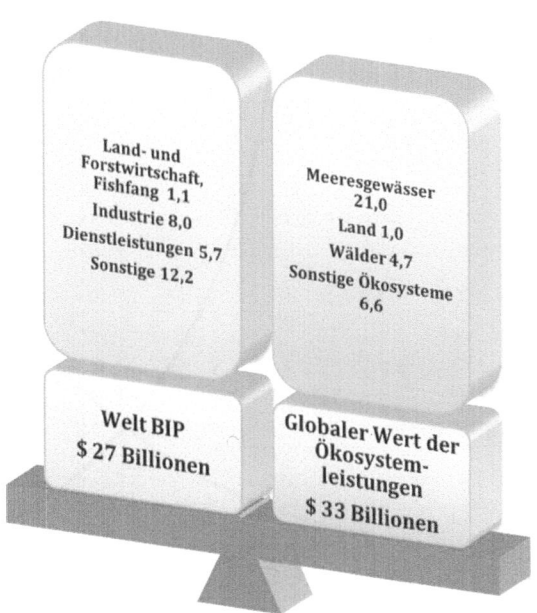

oder nichtnachhaltig genutzt wurden". Der UNEP-Bericht folgert, dass „die ökonomischen Werte für diese Ökosystemleistungen … erheblich sind" (UNEP 2011b, S. 18). Als Beleg dienen illustrative Beispiele des Nettogegenwartswerts der Absorption von Treibhausgasemissionen (3,7 Billionen USD), der Bestäubung von Nutzpflanzen(190 Mrd. USD pro Jahr) und der Verwendung von genetischen Ressourcen im Pharmamarkt (bis zu 320 Mrd. USD).

Das verwirrende Spektrum monetärer Werte für die Auswirkungen des Klimawandels und der Leistungen der Natur zeigt zumindest die Existenz von beträchtlichen Umweltkosten. Konventionelle Wirtschaftstheorie und -politik ignorieren („externalisieren") diese Kosten. Für ein genaueres Bild der Wirtschaftsleistung müssen die Kosten des Ressourcenabbaus und der Umweltschäden erfasst werden – vorzugsweise in einem allgemein akzeptierten System oder Rahmenwerk. Ein derartiger Rahmen sollte klare Konzepte, kompatible Umwelt- und Wirtschaftsklassifikationen und vergleichbare Indikatoren vermitteln. Das nächste Kapitel strebt genau dies an, wenn es die weit verbreiteten Wirtschaftsrechnungen und Bilanzen auf die Umwelt ausweitet.

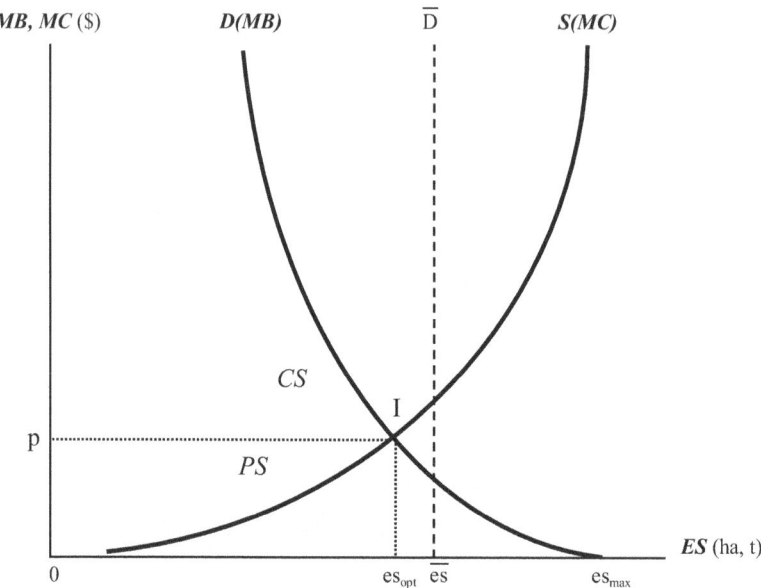

Abb. 5.7 Ökonomische Bewertung einer Umweltleistung

Exkurs: Ökonomische Bewertung von Umweltleistungen und Naturkapital

Marktversagen aufgrund von Externalitäten ist elementare Lehrbuchökonomik. Umweltexternalitäten verhindern zusammen mit anderen externen Effekten die Erzielung von maximaler Wohlfahrt. Ökonomische Analyse beschreibt Wohlfahrtsmaximierung unter perfekten Wettbewerbsbedingungen als **Pareto-Optimalität**. In einer pareto-optimalen Situation kann das Wohlbefinden einer Person nicht mehr durch Änderung der Produktions- und Konsumstrukturen verbessert werden, ohne dass das Wohlbefinden einer anderen Person vermindert wird. Der Grund ist, dass in Wettbewerbsmärkten die Preise von Gütern und Dienstleistungen gleich den Grenzkosten der Produktion und dem Grenznutzen des Konsums sind. An diesem Punkt ist die Wirtschaft in einem Zustand des allgemeinen Gleichgewichts. Allerdings schließt Pareto-Optimalität Verteilungseffekte wie Wohlfahrtsgewinne aus Armutsbekämpfung aus. Armut ist ein soziales Anliegen, das insbesondere von dem Paradigma der nachhaltigen Entwicklung angesprochen wird (Kap. 9). Weite Definitionen der ökonomischen Wohlfahrt schließen derartige Verteilungseffekte mit ein.

Nachfrage und Angebot in tatsächlichen oder modellierten Märkten (unter den oben erwähnten Bedingungen) bestimmen den **Preis einer Umweltleistung** als den optimalen Wert der Nutzung einer Leistungseinheit; er reflektiert die effizienteste Verwendung von natürlichen Ressourcen und Umweltsenken. Abbildung 5.7 zeigt die Nachfragekurve D (Demand) für eine Umweltleistung (Environmental Service: ES) als eine Funktion des Grenznutzens (Marginal Benefit: MB) aus der Verwendung der Umweltleistung. Mit steigender Knappheit lebensnotwendiger Ressourcen wie Wasser, Luft oder fruchtbare Böden könnte der Wert des Grenznutzens (und die Zahlungsbereitschaft hierfür) unendlich groß werden. Die An-

5 Zum Wert der Natur

gebotskurve S repräsentiert die Grenzkosten (Marginal Costs: MC) der Versorgung mit der Umweltleistung. Der nahezu senkrechte Teil der Angebotskurve zeigt die begrenzte Verfügbarkeit der Leistung, vor allem, wenn es sich um eine erschöpfliche Ressource handelt. Wenn sich das Angebot der Versorgungsgrenze annähert, tendieren die Grenzkosten dazu, unendlich groß zu werden. Die Angebots- und Nachfragekurven kreuzen sich am Punkt I, wo Angebot und Nachfrage in einem wirklichen oder simulierten Markt einen Konsenspreis p aushandeln. Der Preis p bestimmt wiederum die optimale Verwendung es_{opt} der Umweltleistung. Die Abbildung zeigt auch das suboptimale Überangebot $\overline{es}$, das bestehen könnte, wenn in der Kosten-Effektivitäts-Analyse die Grenzkostenkurve D durch einen festen Standard $\overline{D}$ für die maximale Verwendung der Umweltleistung ersetzt würde.

Abbildung 5.7 illustriert auch die verschiedenen **ökonomischen Werte**, welche die Kosten und Nutzen der Umweltleistungen bestimmen:

- Das Produkt von es_{opt} und p ist der tatsächliche (beobachtete) oder hypothetische (geschätzte oder modellierte) *Marktwert* der Umweltleistung.
- Wenn wir die – höchstwahrscheinlich unbestimmte (kein Schnittpunkt zwischen D und der Ordinate) – *Konsumentenrente* (Consumer Surplus: CS), unter der Nachfragekurve D und oberhalb der $\overline{pI}$-Strecke, zum Marktwert addieren, erhalten wir den ebenso unbestimmten *wirtschaftlichen Gesamtwert* (Wohlfahrtswert) der Umweltleistung (siehe Dziegielewska 2009 für einen Überblick). Die Begründung ist, dass die Konsumentenrente die Bereitschaft der Verbraucher ausdrückt, einen höheren Preis als p für jede Leistungshöhe zu zahlen, die geringer als es_{opt} ist.
- Für nichtvermarktete (freie) Güter und Dienstleistungen, für die keine Preise vorliegen, repräsentiert die *Konsumentenrente CS* deren wirtschaftlichen Gesamtwert.
- Die *Produzentenrente* (Producer Surplus: PS), oberhalb der Angebotskurve bis zur Marktpreisstrecke $\overline{pI}$, stellt für den Anbieter einer natürlichen Ressource oder Umweltleistung, die einen Marktpreis besitzen, deren Nettowert dar. Da die Angebotskurve die Grenzkosten des Angebots repräsentiert, ist dieser Wert der kurzfristige Gewinn (ohne Berücksichtigung der Fixkosten) aus dem Verkauf der Umweltressource oder -leistung.

Weiterführende Literatur
Der abgezinste Wert aller Nettoeinkommen (Renten), die während der Lebensdauer der Ressourcen gewonnen wurden, ist ein **Schätzwert des Naturkapitalbestands** (vgl. Kap. 6). Wenn es einen Markt für Umweltgüter gäbe, würden diese Güter zu diesem Wert gehandelt werden. Allerdings sind diese Schätzungen angesichts notwendiger Wirtschaftsprognosen und neuer Ressourcenfunde, insbesondere von Öl- und Gasvorkommen und damit verbundenen Preisschwankungen, höchst unsicher. Die Anwendung eines sozialen Diskontsatzes sucht mehr als ökonomische Rentabilität; der normalerweise niedrigere – im Vergleich zur Marktverzinsung von Investitionen – Diskontsatz soll das gesellschaftliche Anliegen der Erhaltung eines Umweltguts für künftige Generationen ausdrücken. Hepburn (2007) untersuchte die Verwendung von Diskontsätzen für Zwecke der ökonomischen Effizienz oder alternativ für die Erzielung von Generationengerechtigkeit; sinkende Diskontsätze könnten seiner Meinung nach „die Spannung [zwischen den beiden philosophischen Positionen] reduzieren" (ibid., S. 120).

Zur Diskussion

- Warum ignorieren Märkte die Umweltprobleme? Sollten die Märkte alle Bestände und Leistungen der Umweltgüter (be-)handeln?
- Brauchen wir einen Markt für Umweltschutz?
- Ist das Setzen von Preisen für preislose Güter ein Oxymoron? Wie können wir die Quellen- und Senkenfunktionen der Natur messen und mit Wirtschaftsgütern und -leistungen vergleichen? Wozu?
- Was ist der Wert eines Elefanten (Abb. 5.3)? Ist es sinnvoll, einen Durchschnittswert zu berechnen?
- Was sind die Kosten von Handeln und Nichthandeln in Bezug auf den Klimawandel (Tab. 5.1)? Ist die Abzinsung von zukünftigen, aber möglicherweise katastrophalen Wirkungen des Klimawandels eine gute Idee?
- Wie groß ist der ökonomische Wert der Natur (Abb. 5.6)? Müssen wir ihn kennen?
- Wie hoch sind die Schadenskosten des Klimawandels?
- Ist das Aufsummieren des Gewichts (der Masse) von Materialinputs ein besserer Ansatz, um die Bedeutung der Umwelt für Wohlbefinden und ökonomische Nachhaltigkeit zu ermessen?

Messung der ökonomischen Nachhaltigkeit 6

- Ökonomische Nachhaltigkeit kann theoretisch als *nichtabsinkende ökonomische Wohlfahrt* definiert werden.
- Der *echte Fortschrittsindikator* versucht ökonomische Wohlfahrt zu messen.
- Das *System der integrierten umweltökonomischen Gesamtrechnung* bringt Naturkapital in das System der volkswirtschaftlichen Gesamtrechnung.
- Die *Erhaltung von produziertem und natürlichem Kapital* ist ein praktikables Konzept der ökonomischen Nachhaltigkeit.
- Die Erhaltung des Wertes von produziertem und natürlichem Kapital reflektiert *schwache Nachhaltigkeit*.
- Positive Ökonettoinvestition zeigt die *Nachhaltigkeit der Weltwirtschaft* an.
- Negative Ökonettoinvestition in afrikanischen und lateinamerikanischen Ländern zeigt die *Nichtnachhaltigkeit* von deren Wirtschaft.

Die in Kap. 5 beschriebenen Bewertungsmethoden dienen dazu, die ökonomische Bedeutung von Umweltgütern und deren Leistungen abzuschätzen. Ihre Werte lassen aber nicht erkennen, ob diese Güter nachhaltig sind oder wie sie die Nachhaltigkeit der Wirtschaft beeinflussen. Mit den Erkenntnissen der Wohlfahrtsmaximierung definieren Wirtschaftswissenschaftler **ökonomische Nachhaltigkeit** als nichtabsinkende ökonomische Wohlfahrt (Pezzey 1989). Für praktische Anwendungen greifen sie auf das BIP oder den privaten Konsum als Ersatz für Wohlfahrtsmaße zurück, auch wenn das internationale System der volkswirtschaftlichen Gesamtrechnung vor der Verwendung dieser Indikatoren für eine Wohlfahrtsmessung warnt (European Commission et al. 2009, S. 12). Dennoch wird das BIP weiterhin beschuldigt, die ökonomische Wohlfahrt und das „Glück" (Happiness) der Gesellschaft falsch darzustellen (siehe weiterführende Literatur am Ende des Kapitels).

Die Ökonomen Nordhaus und Tobin (1973) versuchten, das Nettosozialprodukt in ein praktisches **Maß der ökonomischen Wohlfahrt** umzuwandeln. Sie fügten den Wert wohlfahrtssteigernder Haushaltsleistungen und Freizeit hinzu und zogen den Wert von „bedauerlichen" Externalitäten und Ausgaben ab. Die weitere Veranschlagung einer „Kapitalerweiterungsgröße" (ibid., S. 514) soll den Pro-Kopf-Konsum einer wachsenden Bevölkerung aufrecht erhalten. Bedauerliche Ausgaben laufen auch unter dem Namen „Defensivausgaben", von denen man glaubt, dass sie die menschliche Wohlfahrt lediglich erhalten, aber nicht vermehren. Defensive Ausgaben schließen die Kosten des Umweltschutzes und andere Ausgaben für die Reduzierung der Risiken aus Transport, Krankheit und sinkender Sicherheit ein (Leipert 1989).

Einige ökologische Ökonomen erkannten, dass ihrem Konzept der ökologischen Nachhaltigkeit (Kap. 3) die Verbindung zur Wirtschaftstätigkeit fehlt. Sie griffen die Idee auf, den privaten Konsum für die Wohlfahrtsmessung zu korrigieren. Das Ergebnis war ein **Indikator der nachhaltigen ökonomischen Wohlfahrt** (Indicator of Sustainable Economic Welfare: ISEW). Es überrascht nicht, dass der ISEW zu einer Überbetonung der negativen Wohlfahrtswirkungen neigt (Daly und Cobb 1989). Offensichtlich ist die Absicht, die so genannte „Schwellenhypothese" (Max-Neef 1995) nachzuweisen. Nach dieser Hypothese erreicht die steigende Wohlfahrt eines Landes einen Wendepunkt aufgrund der Auswirkungen von Wirtschaftswachstum auf hohem Niveau. Erste Schätzungen des modifizierten ISEW, nunmehr „echter Fortschrittsindikator" (Genuine Progress Indicator: GPI) genannt, scheinen die Hypothese für die USA zu bestätigen (Cobb et al. 1995). Die revidierten Berechnungen der Abb. 6.1 verwässern die Hypothese: Sie zeigen stagnierende Wohlfahrt seit den 1970er-Jahren bei weiterhin steigendem BIP (zumindest bis zur 2008/09-Rezession).

Verschiedene Mängel beeinträchtigen die Gültigkeit des GPI als ein Maß der nachhaltigen Wohlfahrt; sie umfassen insbesondere

- die subjektive Auswahl und Unterscheidung von bedauerns- und wünschenswerten Ausgaben: Sollten wir wirklich Ausgaben für Umweltschutz, Naturkatastrophen, Verteidigung, Sicherheit und Unfälle als bedauerlich ansehen, wenn es uns ohne sie in den meisten Fällen schlechter gehen würde? Wie sieht es bei Nahrungsmitteln und Getränken mit gesundheitsschädlichen Wirkungen aus?
- die unklare Vermischung von Marktwerten für natürliche Ressourcen mit kontroversen Wohlfahrtswerten (Schäden) für Ökosystemleistungen und Umweltexternalitäten sowie
- die Vermengung von nicht vergleichbaren und möglicherweise überlappenden Nachhaltigkeitskonzepten der nichtabsinkenden Wohlfahrt und der Kapitalerhaltung.

6 Messung der ökonomischen Nachhaltigkeit

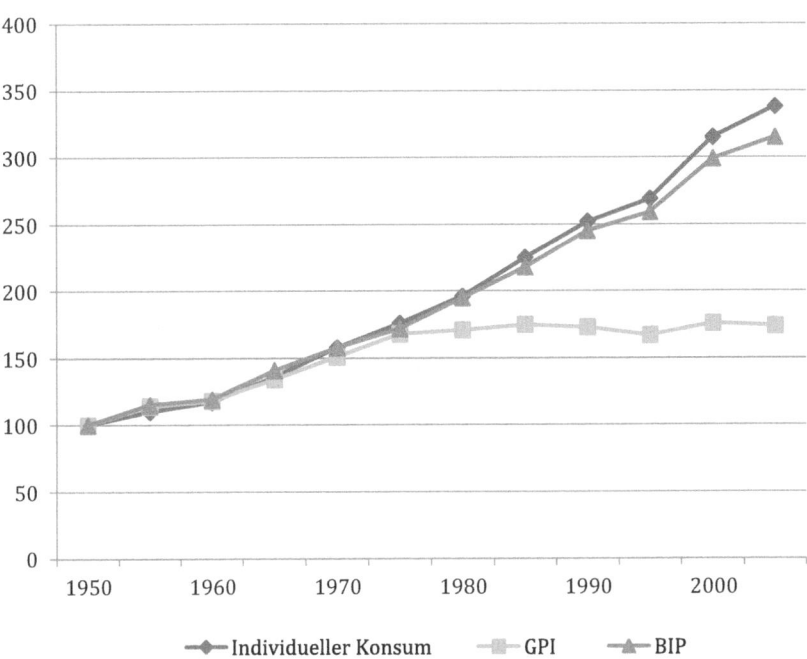

Abb. 6.1 GPI, BIP und individueller Konsum pro Kopf, USA 1950–2004 (zu konstanten Preisen: 1950 = 100). BIP und individueller Konsum verliefen gemeinsam mit dem GPI bis in die 1970er-Jahre. Danach trennten sie sich in einer Scherenbewegung: Ökonomische Wohlfahrt (GPI) stagnierte, während die Wirtschaft stetiges Wachstum verzeichnete (bis 2004). (Datenquelle: Talberth et al. 2007)

Der Verdienst des GPI ist es, auf den Missbrauch des BIP als ein Wohlfahrtsmaß hinzuweisen. Die Autoren scheinen aber durch ihren Antagonismus gegenüber der Mainstream-Ökonomik verblendet zu sein: Sie wünschen sich, dass der GPI „die finstere Wachstumspolemik und die sie begleitende abwegige Politik zerschlagen würde" (Cobb et al. 1995, S. 72) (siehe weiterführende Literatur am Ende des Kapitels). Leider schütten sie das Kind mit dem Bade aus, wenn sie die Möglichkeit ignorieren, die Indikatoren der volkswirtschaftlichen Gesamtrechnung (VGR) zu verändern. Inhärente Kontroll- und Bilanzierungsmechanismen der VGR erlauben es, die Wirtschaftsindikatoren konsistent und quantifizierbar zu korrigieren (siehe unten).

Die Weltbank (World Bank 2011a, S. xi, 4) sieht die Wirtschaftsentwicklung als „einen Prozess der Vermögensbildung", der seinerseits gegenwärtiges und künftiges Wohlbefinden und nationale Wohlfahrt produziert. Es sieht daher so aus, als ob man in der Tat **Vermögensindizes** für die Wohlfahrtsmessung verwenden könnte. Indizes des „umfassenden Vermögens" (ibid.) und des „inklusiven Vermögens" (Dasgupta und Duraiappah 2012) bauen jeweils auf Modellen der Wohlfahrt auf. Sie unterscheiden sich aber in der Bewertung der Wohlfahrtsbeiträge der verschiedenen Vermögenskategorien. Der Weltbank-Index des umfassenden Vermögens schätzt das Gesamtvermögen als abgezinsten nachhaltigen Konsum und zieht hiervon den direkt gemessenen Wert des produzierten und natürlichen Kapitals ab, um den Wert des „immateriellen" menschlichen, sozialen und institutionellen Kapitals als Restwert zu bestimmen. Der vom Umweltprogramm und von der Universität der Vereinten Nationen entwickelte Index des inklusiven Vermögens bewertet dagegen direkt die marginalen Beiträge der verschiedenen Kapitalkategorien mithilfe der Methode der Zahlungsbereitschaft von Wirtschaftsakteuren. Die Indizes helfen bei der Konzeptualisierung von Wohlfahrt und sie weisen auf die Notwendigkeit hin, Kapital für fortdauerndes Wirtschaftswachstum zu erhalten.

Das **System für integrierte umweltökonomische Gesamtrechnungen** (System for integrated Environmental and Economic Accounting: SEEA) der Vereinten Nationen übernahm so weit wie möglich die Regeln des weltweit angewandten Systems der volkswirtschaftlichen Gesamtrechnung (System of National Accounts: SNA) an. Der grundsätzliche Ansatz des SEEA ist, Naturkapital zu definieren, klassifizieren und in das SNA einzubringen. Der Exkurs am Ende des Kapitels liefert weitere Informationen zum SNA und SEEA. Abbildung 6.2 illustriert den Einbau von „Umweltvermögen" (eine SEEA-Bezeichnung für Naturkapital) in Bestandskonten (Kapitalkonten) und Flusskonten (Aufkommens- und Verwendungskonten). Die schattierten Felder repräsentieren die Umweltaspekte des SEEA. Die Abbildung zeigt auch die Überschneidung der beiden Kontenarten, wo Bestandsänderungen gleichzeitig Flüsse der Kapitalbildung und des Kapitalverbrauchs darstellen. Das SEEA stellt auf die messbaren Aspekte der Nachhaltigkeit ab; diese sind die Kosten der Vermeidung von Einkommens- und Produktionsverlusten – im Unterschied zu den Wohlfahrtseffekten dieser Verluste. Für natürliche Ressourcen, die in Märkten gehandelt werden, schlägt das SEEA die Verwendung von Marktpreisen vor. Für die Vermeidung oder Reduzierung von Umweltexternalitäten sollten „Erhaltungskosten" der Umweltfunktionen angewendet werden.

Die Aufnahme von Naturkapital führt dazu, dass die Produktionskonten nicht nur die Kosten des Verbrauchs von produzierten Kapitalgütern, sondern auch die des Naturkapitalverbrauchs berücksichtigen. Naturkapitalverbrauch ist die „endgültige" Erschöpfung und qualitative Verschlechterung des Umweltvermögens, die die natürliche Regeneration übersteigen (vgl. Kap. 3). Bilanzierer in Unternehmen und Statistiker der volkswirtschaftlichen Gesamtrechnung praktizieren Nachhal-

6 Messung der ökonomischen Nachhaltigkeit

	ANFANGSBESTAND	Wirtschaftsvermögen	Umweltvermögen	
		+		

	PRODUKTION (i=1,2,...,n Industrien)	ENDVERBRAUCH	KAPITALBILDUNG	KAPITALBILDUNG	ÜBRIGE WELT
AUFKOMMEN	Outputs (O_i)				Importe (M)
VERWENDUNG	Inputs (I_i)	Endverbrauch (C)	Bruttoinvestition (BI)		Exporte (X)
KAPITALVERBRAUCH	Kapitalverbrauch (KV_p)		Kapitalverbrauch (KV_p)		
NATURKAPITALVERBAUCH	Umweltkosten (UK) (des Verbrauchs von Naturkapital)			Naturkapitalverbrauch (KV_n)	

		+		
		Sonstige Veränderungen	Sonstige Veränderungen	
		=		
	ENDBESTAND	Wirtschaftsvermögen	Umweltvermögen	

Abb. 6.2 SEEA: Einführung von Naturkapital in die volkswirtschaftliche Gesamtrechnung. Die vertikale Vermögensrechnung schließt Naturkapital (Umweltvermögen) im Anfangs- und Endbestand des Vermögens zu Beginn und am Ende der Rechnungsperiode ein. Während dieses Zeitraums überlagern sich die Wertänderungen des natürlichen und produzierten Kapitals mit den Flusskonten des Aufkommens und der Verwendung von Gütern und Dienstleistungen als Kapitalbildung und -verbrauch. Man beachte, dass die Umweltkosten in den Produktionskonten den Naturkapitalverbrauch in der Vermögensrechnung widerspiegeln – in Übereinstimmung mit der Behandlung des Kapitalverbrauchs in der volkswirtschaftlichen Gesamtrechnung. Sonstige Vermögensänderungen wie natürliches Wachstum (in der Wildnis) oder die Auswirkungen von Naturkatastrophen sind nicht Ergebnis einer Wirtschaftstätigkeit; sie werden daher nicht als Kosten oder Wertsteigerungen in den Aufkommens- und Verwendungskonten erfasst. (Quellen: © Eolss Publishers Co Ltd.; abgeändert in Bartelmus (2001), mit Erlaubnis von Eolss)

tigkeit, wenn sie die Wiederbeschaffungskosten für den Verschleiß von Kapitalgütern, wie Gebäude oder Maschinen, einkalkulieren. Sie tun dies, um ein Absinken der Produktion und der Einkommen zu verhindern. Ein derartiges „umsichtiges Verhalten" (Prudent Conduct) (Hicks 1939, S. 172) ist bereits Bestandteil des ökonomischen Einkommenskonzepts; laut Hicks sind nur fortdauernde Nettoeinnahmen, die durch Ersparnis und Reinvestition aufrecht erhalten werden, als Einkommen anzusehen.

Ökonomen unterscheiden produziertes Kapital (Anlagevermögen) von menschlichem (Arbeitskraft) und sozialem (Netzwerke) Kapital. Die Bilanzierung von Human- und Sozialkapital ist noch relativ unentwickelt wegen konzeptueller Probleme – was ist Kapitalverbrauch? – und Messprobleme (siehe weiterführende Literatur am Ende des Kapitels). Die Bilanzierung von Naturkapital machte dagegen beträchtliche Fortschritte. Das ist ein Grund, warum dieses Buch sich auf Nachhaltigkeitsfragen konzentriert, die durch die Wechselwirkungen zwischen Umwelt und Wirtschaft ins Spiel gebracht werden. Dieser Fokus unterstellt aber nicht, dass immaterielle Werte wie der Goodwill von Firmen, Vertrauen oder Ethik keine Rolle in der wirtschaftlichen Nachhaltigkeit spielen – sie lassen sich nur nicht vergleichbar messen (vgl. Kap. 11).

Die Ausweitung der Konzepte des Kapitalverbrauchs und der Kapitalerhaltung von produziertem auf natürliches Kapital ist ein logischer Schritt im Hinblick auf „Umsichtigkeit". Die Zurückstellung von Haushaltsmitteln für Reinvestitionen zur **Erhaltung des Anlagevermögens und Naturkapitals ist ein operationelles Konzept der ökonomischen Nachhaltigkeit.** Genauer gesagt, stellt dieses Konzept die kombinierte ökonomisch-ökologische Nachhaltigkeit der Produktion auf der Mikroebene sowie der Wirtschaftstätigkeit und des Wirtschaftswachstums auf der Makroebene dar. Der Umweltteil dieses Nachhaltigkeitskonzepts sucht mögliche Produktions- und Konsumverluste aus Ressourcenabbau und Umweltschädigung zu vermeiden. Die hierfür notwendigen Erhaltungskosten (er-)messen, wie viel die Gesellschaft auszugeben hätte, um Umweltprobleme zu vermeiden oder zu mindern. Investition in die Erhaltung des Naturkapitals ist ein Indikator der Sorge um die Umwelt und des Beitrags der Natur zu gegenwärtigem und künftigem Wohlstand.

Der Abzug der Kosten des Verbrauchs von produziertem und natürlichem Kapital von den Wirtschaftsindikatoren des BIPs und der Bruttoanlageninvestition (BI) ergibt das **Ökoinlandsprodukt** (ÖIP) und die **Ökonettoinvestition** (ÖNI) (siehe Exkurs am Ende des Kapitels). Das ÖIP definiert ein *Netto*inlandsprodukt und nicht das weitläufig diskutierte „grüne *Brutto*inlandsprodukt". Es macht wenig Sinn, in einem grünen BIP nur den Naturkapitalverbrauch zu berücksichtigen und den Verbrauch des produzierten Kapitals zu ignorieren. Der Grund ist, dass sowohl produziertes Kapital als auch Naturkapital erhalten werden müssen, um Nachhaltigkeit in der Wirtschaftsleistung und im Wirtschaftswachstum zu erzielen. Ein Zerfall der Infrastruktur in den USA – man denke nur an den Zusammenbruch der Mississippi-Brücke in Minnesota –, aber auch in vielen Entwicklungsländern offenbart die Folgen einer Vernachlässigung des Kapitalverschleißes.

Ein wachsendes oder zumindest nicht absinkendes ÖIP könnte ein Indiz für eine nachhaltige Wirtschaftsleistung in der Vergangenheit sein. Allerdings gibt dies nur ein Startsignal für die Abschätzung künftiger Nachhaltigkeit: Hierfür müss-

6 Messung der ökonomischen Nachhaltigkeit

te der Trend des ÖIPs modelliert werden, mit den üblichen Unsicherheiten und Annahmen von Prognosen des Wirtschaftswachstums und dessen Umweltbelastungen (Kap. 3 und 7). Mangels langer Zeitreihen des ÖIPs könnte man alternativ die ÖNI als Indikator der ökonomischen Nachhaltigkeit verwenden. Eine positive ÖNI zeigt an, dass Investitionen in produziertes und natürliches Kapital den Nettowert des gesamten Kapitals vermehrten. Die Wirtschaftstätigkeit war in diesem Fall nachhaltig, da sie den Wert ihrer produktiven Infrastruktur beibehielt oder sogar vergrößerte.

Die Erhaltung des Gesamt*werts* des Realkapitals, anstatt seines physischen Bestands, reflektiert **schwache Nachhaltigkeit**. Wenn Reinvestition in eine besondere Form des Naturkapitals nicht möglich ist, sollten andere Einkommen schaffende Investitionen potenzielle Wachstumsverluste ausgleichen. Schwache Nachhaltigkeit unterstellt, dass andere Produktionsfaktoren, wenn nötig, die verbrauchten Kapitalgüter bei der Erzeugung von Produkten und Einkommen ersetzen können. Insbesondere sollten produzierte Kapitalgüter nichtproduziertes und nichterneuerbares Naturkapital ersetzen – zumindest soweit es tatsächlich aufgebraucht wurde, und nicht insgesamt wie manchmal behauptet wird. Wie in Kap. 3 beschrieben, ignoriert schwache Nachhaltigkeit den Verlust von unersetzbarem „kritischem" Naturkapital. Im Allgemeinen vernachlässigen Nachhaltigkeitsanalysen auch den Verbrauch von Human- und Sozialkapital, die nur schwer zu definieren und zu messen sind. Wir erhalten somit lediglich ein Bild von *verbesserter* Nachhaltigkeit.

Forschungsinstitute und nationale statistische Ämter unternehmen **Fallstudien** der umweltökonomischen Gesamtrechnung (UGR) (Uno und Bartelmus 1998). Datennutzer und -produzenten zögerten jedoch, das SEEA zu akzeptieren. Die Lobby des Kohlenbergbaus in den USA blockierte erfolgreich die weitere Arbeit des Bureau of Economic Analysis (Landefeld und Howell 1998) an der UGR, offensichtlich aus Furcht vor der Aufdeckung von Umweltbelastungen. Trotz einer positiven Bewertung durch ein Gremium der nationalen Wissenschaftsakademie (Nordhaus und Kokkelenberg 1999) ist die UGR immer noch eingefroren. Selbst die Vereinten Nationen verschoben die Veröffentlichung einer revidierten Fassung aus dem Jahr 2003 (United Nations et al. 2003) bis 2013, als sie eine reduzierte Version verabschiedeten (siehe unten). Befürchtungen, dass das neue System die volkswirtschaftliche Gesamtrechnung (VGR) überschatten und hohe Kosten mit sich bringen würde, erklären den Widerstand der VGR-Statistiker. Solche Befürchtungen erscheinen unberechtigt, da das SEEA als ein separates „Satellitensystem" der VGR entwickelt wurde. Derartige Satelliten bezwecken, neue Konzepte und Methoden zu testen, ohne die konventionelle VGR zu beeinträchtigen.

Tabelle 6.1 zeigt die Ergebnisse eines mit geringen Mitteln durchgeführten SEEA-Projekts für die deutsche Wirtschaft. Die beträchtlichen Umweltkosten ($UK = KV_n$) von 59 Mrd. DM beliefen sich (in 1990) auf 3 % des Nettoinlandsprodukts. Für reiche Länder dürfte dies kaum ein unüberwindliches Problem darstellen. Man be-

Tab. 6.1 SEEA-Fallstudie: Deutschland 1990 (siehe Abb. 6.2 und Exkurs für die Erklärung der Abkürzungen. Umweltkosten und die modifizierten Indikatoren sind im schattierten Bereich gezeigt. (Quelle: Bartelmus (2002), Tabelle II.3, mit Erlaubnis von Springer Science+Business Media B.V.)

	PRODUKTION	ENDVERBRAUCH	VERÄNDERUNG DES WIRTSCHAFTSVERMÖGENS	VERÄNDERUNG DES UMWELTVERMÖGENS	ÜBRIGE WELT
OUTPUT	O = 6007				
INPUT	I = 3761				
ENDVERBRAUCH	BIP = O−I = C+ BI+X−M = 2246	C = 1610	BI = 519		X−M = 117
KAPITALVERBRAUCH	KV_p = 303		KV_p = 303		
NETTOINLANDSPRODUKT	NIP = BIP− KV_p =1943		NI = BI−KV_p = 216		
NATURKAPITALVERBRAUCH	UK = 59			KV_n = 59	
ÖKOINLANDSPRODUKT	ÖIP = NIP− UK = 1884			ÖNI = NI−UK = 157	

achte, dass die Abschreibung auf das produzierte Anlagevermögen (KV_p) fünfmal so groß ist wie die Umweltkosten. Der übliche Fokus auf Bruttoindikatoren wie BIP und Bruttoinvestition (BI) verfälscht demnach die Beurteilung von Erfolg oder Misserfolg der Wirtschaftspolitik. Eine andere Studie des Autors (Bartelmus 2009) schätzte die Umweltkosten in den USA für das gleiche Jahr (1990) auf 1,6 % des Nettoinlandsprodukts mit einer Steigerung auf 2,7 % für das Jahr 2006.

Eine Schätzung der **globalen Kosten des Ressourcenabbaus und der Umweltschäden** für das Jahr 2006 ergab ungefähr 3 Billionen USD oder 6 % des Welt-BIPs (Bartelmus 2009). Während der relativ kurzen Zeitperiode von 1990 bis 2006 zeigte die Weltwirtschaft ähnliche Wachstumsraten für das BIP und ÖIP. Wie erwähnt, zeichnet die ÖNI ein besseres und unterschiedliches Bild der *potenziellen* Nachhaltigkeit der Wirtschaftstätigkeit: Sie zeigt die Fähigkeit, neues Kapital zu produzieren unter Berücksichtigung des Verschleißes von produziertem Kapital und der Zerstörung oder Schädigung des Naturkapitals. Abbildung 6.3 lässt bedeutende Unterschiede in der ökonomischen Nachhaltigkeit großer Regionen und Länder

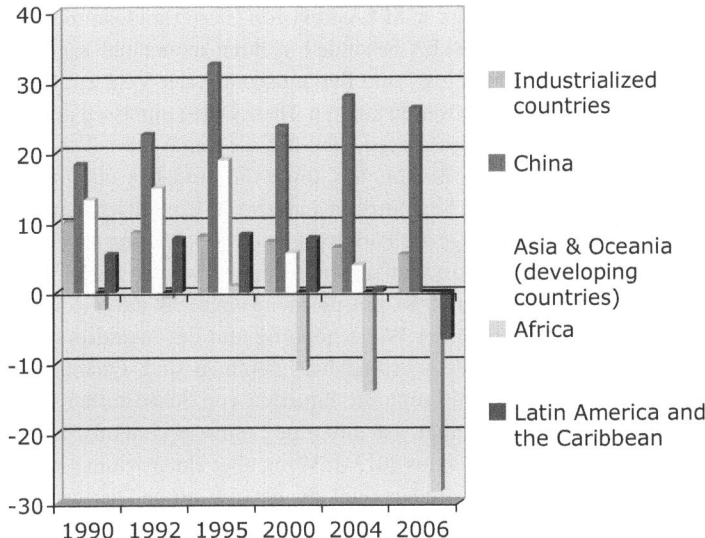

Abb. 6.3 Ökonettoinvestition (ÖNI) in Weltregionen (Prozent des ÖIP). Positive ÖNI in industrialisierten Ländern und China indiziert (schwach) nachhaltiges Wachstum. Negative ÖNI in Entwicklungsländern von Afrika und Lateinamerika zeigt nichtnachhaltige Wirtschaftstätigkeit, da ihr Kapitalverbrauch Konsumzwecken diente. BIP-Wachstum in diesen Ländern liefert ein falsches Bild der Nachhaltigkeit in Wirtschaftswachstum und Entwicklung. (Quelle: Bartelmus 2009)

erkennen. Eine positive ÖNI weist auf nachhaltiges Wirtschaftswachstum hin. Eine negative ÖNI in Entwicklungsländern zeigt, dass diese Länder auf Kosten ihres natürlichen und produzierten Kapitals lebten.

Insgesamt scheint die Weltwirtschaft nachhaltig zu sein, zumindest in Bezug auf ökonomische Nachhaltigkeit. Dies ist weit entfernt von den Schlussfolgerungen der Umweltschützer, welche die ökologische Nichtnachhaltigkeit einer vollen Welt propagieren. Aber natürlich sind schwache ökonomische und stärkere ökologische Nachhaltigkeit nicht direkt vergleichbar (Kap. 3). Die erstmalige Berechnung von globalen SEEA-Indikatoren stützte sich auf zugängliche internationale Datenbanken für Umweltbelastungen und ihre Kosten. Datenlücken, vor allem für Schadstoffe, sind wahrscheinlich für eine erhebliche Untererfassung verantwortlich. Dies ist ein weiterer Grund für die Diskrepanz ökonomischer und ökologischer Nachhaltigkeitsmaße. In Kap. 8 werden wir nach Wegen suchen, diese Diskrepanz zu überwinden.

Die Kritik des ursprünglichen SEEA (United Nations 1993) durch konventionelle volkswirtschaftliche Gesamtrechner zielte auf die Bewertung von nicht in Märkten gehandelten Gütern und Dienstleistungen. Sie führte zur Ausklammerung der Umweltschäden in der jüngsten **SEEA-Revision** (European Commission et al. 2012). Die neue Fassung des SEEA behandelt in ihren monetären Konten daher nur Daten, die bereits in den Fluss- und Bestandskonten der VGR enthalten sind und somit einen Marktwert vorweisen können. Diese Daten umfassen den Bestand und Abbau von natürlichen Ressourcen, soweit diese durch ihren Verkauf einen Marktpreis erzielten oder erzielen könnten, sowie die Ausgaben der Wirtschaftsakteure für Umweltschutz und Ressourcenmanagement. Umweltschäden und ihre Bewertung werden als eine Frage der Forschung und Modellierung angesehen und sollen in „experimentellen Ökosystemkonten" diskutiert werden (siehe weiterführende Literatur am Ende des Kapitels). Entsprechend empfiehlt das revidierte SEEA die Erstellung von Indikatoren der Wertschöpfung und des Inlandsprodukts, die lediglich um die Kosten des Ressourcenabbaus bereinigt sind. Qualitative Schäden der Umwelt, die vor allem durch die Emission von Schadstoffen verursacht wurden, sind nicht berücksichtigt. Ist dies eine „umweltökonomische Gesamtrechnung ohne Umwelt" (Bartelmus 2013a)? Wenn aber Unternehmen potenzielle Emissionskosten bereits in ihre Budgets einkalkulieren (Carbon Disclosure Project 2013), korrigiert eine entsprechende Berücksichtigung dieser Kosten im SEEA lediglich ein Versäumnis in der Kostenerfassung durch die VGR.

Zahlreiche methodische Fragen werden immer noch kontrovers diskutiert; sie sollten in der Revision der revidierten Fassung behandelt werden. Sie umfassen, insbesondere,

- die Bewertung von Umweltschäden als Erhaltungskosten, der wunde Punkt für die VGR-Statistiker und für Wohlfahrtsökonomen,
- die zumindest teilweise Aggregation von Umweltbelastungen in den physischen (nichtmonetären) Konten mit der Annahme, dass physische Daten potenzielle Umweltschäden abbilden können (Kap. 2),
- die Identifikation, Messung und Bewertung des kritischen Naturkapitals (Kap. 3),
- die Messung eines breiteren Nachhaltigkeitskonzepts, das die Erhaltung des menschlichen, sozialen und institutionellen Kapitals einschließt, möglicherweise als Teil des allumfassenden Paradigmas der nachhaltigen Entwicklung (Kap. 9),
- die Einbeziehung von Ökosystemen und deren Leistungen,
- die grenzüberschreitenden Flüsse von unerwünschten Abfällen und Schadstoffen und
- die Verknüpfung von volkswirtschaftlichen und unternehmerischen Umweltrechnungen, wodurch Datenverfügbarkeit und -qualität verbessert und die Umwelttätigkeit von Wirtschaftsakteuren mit sektoralen und nationalen Ergebnissen verglichen werden könnten (siehe weiterführende Literatur am Ende des Kapitels).

6 Messung der ökonomischen Nachhaltigkeit

Exkurs: Volkswirtschaftliche und umweltökonomische Gesamtrechnungen

Fast alle Länder wenden das **System der volkswirtschaftlichen Gesamtrechnung** (SNA) (European Commission et al. 2009) für die Aufbereitung von Wirtschaftsindikatoren an. Die Indikatoren summieren die Aktivitäten der Wirtschaftsakteure (Regierung, Haushalte, Unternehmen, Finanzinstitute, gemeinnützige Organisationen). Bilanzgleichungen unterliegen dem System und definieren die Indikatoren der Wirtschaftstätigkeit. Die populärsten Indikatoren sind das Bruttoinlandsprodukt (BIP), das Nettoinlandsprodukt (NIP), Outputs (O_i) und Inputs (I_i) der $i = 1,2,...,n$ Wirtschaftszweige eines Landes sowie die BIP-Komponenten des Endverbrauchs der Haushalte (C), der Bruttoinvestition (BI), des Verbrauchs von produziertem Kapital (KV_p), der Importe (M) und Exporte (X).

Einige Länder bevorzugen das Bruttovolkseinkommen (BVE) als Hauptindikator der nationalen Wirtschaftsleistung. Das BVE unterscheidet sich vom BIP in Höhe der Einkommenstransfers an und von Gebietsfremden. Die Nachhaltigkeit einer gerechten Einkommensverteilung und -verwendung ist eher ein soziales Anliegen, das von dem breiten Paradigma der nachhaltigen Entwicklung erfasst wird (Kap. 9).

Der Autor und seine Kollegen (Bartelmus et al. 1991) entwickelten das ursprüngliche **System der umweltökonomischen Gesamtrechnung** (SEEA). Das SEEA (United Nations 1993) modifiziert die oben beschriebenen Indikatoren der volkswirtschaftlichen Gesamtrechnung, indem es den Verbrauch des Naturkapitals (KV_n) als Umweltkosten (UK) in die Produktions- und Kapitalkonten des SNA einbringt (Abb. 6.2). Die ökologisch modifizierten Wirtschaftsindikatoren ergeben sich aus der Subtraktion der Verbrauchskosten des Naturkapitals vom Nettoinlandsprodukt (NIP) und der Nettoinvestition. Die folgenden Gleichungen zeigen, wie das BIP und die Bruttoinvestition (BI) in die „grünen" Indikatoren des Ökoinlandsprodukts (ÖIP) und der Ökonettoinvestition (ÖNI) verwandelt werden:

1. $\sum O_i - \sum I_i = BIP$,
2. $BIP - KV_p = NIP$,
3. $NIP - UK = ÖIP = C + (BI - KV_p - KV_n) + X - M$,
4. $ÖNI = BI - KV_p - KV_n$.

Die letzte revidierte Fassung des SEEA (European Commission et al. 2012) wurde als „internationaler Standard" herausgegeben. Bartelmus (2013a) diskutiert Fortschritte und Rückschritte dieser Fassung. Bartelmus et al. (2003) beschreiben die Ergebnisse der im Text erwähnten Pilotstudie für Westdeutschland.

Weiterführende Literatur

Das **BIP als Sündenbock** zu charakterisieren, hat weiten Zulauf. Cobb et al. (1995) fragten bekannterweise: „Wenn das BIP so hoch ist, warum geht es dann Amerika so schlecht?" Stiglitz et al. (2010) erklärten „warum das BIP nicht stimmt". Eine Konferenz der Europäischen Kommission blickte „über das BIP hinaus" (Beyond GDP: European Commission 2007–2010). Und eine eintägige Strategiekonferenz amerikanischer Wissenschaftler und Funktionäre suchte nach Wegen, das „BIP zu entthronen" (Talberth 2010). Auch sollte man nicht Alan AtKissons BIP-Lied verpassen <http://www.youtube.com/watch?v=qxmVJnwWeTY> (zugegriffen: 28. April 2013). Bartelmus (2012) argumentiert, dass das „GDP Bashing" nicht die Lösung ist.

Seit 2008 verwendet die Regierung von Bhutan das **Bruttosozialglück** („Gross National Happiness") als den für nationale Wirtschafts-, Kultur-, Umwelt- und Spiritualpolitik maßgebenden Indikator (Ura, K., et al. 2012). Der neue Premier scheint sich aber nun auf „konkretere Ziele" zu konzentrieren (The New York Times v. 5.10.2013, S. A5). Wie nachhaltige Entwicklung (Kap. 9), Lebensqualität (Max-Neef 1995) und andere weitgreifende Konzepte, stellt das Bruttosozialglück ein breites Maß des menschlichen Wohlbefindens oder Wohlfahrt dar. Etwas weniger als die Hälfte der US-Amerikaner erfahren „Glück oder Freude ohne beträchtlichen Stress oder Sorge". Dies ist das Ergebnis einer Gallup-Erhebung (Gallup 2010). Eine Weltdatenbank des Glücks strebt eine Synthese von Forschung und Statistik zum Glück von Menschen und Ländern an <http://worlddatabaseofhappiness.eur.nl/> (zugegriffen: 28. April 2013).

Versuche der Bilanzierung von **Humankapital** registrieren die Ausgaben für Bildung, Ausbildung und Gesundheit als Kapitalbildung (Bruttoinvestition). Die Weltbank (World Bank 2006) nimmt zum Beispiel Bildungsausgaben als Investition in ihren modifizierten Nettoersparnis-Indikator auf. Allerdings kann man einen Teil der Bildungsausgaben eher als Konsum ansehen, wenn Bildung unmittelbar persönlichen Nutzen schafft, im Gegensatz zu langfristiger Investition. Auch ist es wohl kaum möglich, den „Verbrauch" von Humankapital in Form von Wissensverlusten und Gesundheitsschäden abzuschreiben. **Sozialkapital** zu quantifizieren ist noch schwieriger, da es immaterielle und nicht an Märkten gehandelte Werte wie Netzwerke, Normen, sozialen Zusammenhalt, Vertrauen und (manchmal auch) institutionelles und kulturelles Kapital umfasst. Handbücher des Sozialkapitals behandeln daher überwiegend konzeptuelle Fragen (Castiglione et al. 2008; Svendsen and Svendsen 2009).

Eine Sonderausgabe von *Ecological Economics* (61/4, 2007) diskutierte den Entwurf des 2003 SEEA (United Nations et al. 2003). Mehrere Autoren (Boyd, Heal, Walker und Pearson) forderten den Einschluss von Wohlfahrtseffekten aus Ökosystemleistungen und deren Verluste in umfassende **Ökosystemkonten**. Ein gerade erschienener Begleitband zum SEEA 2012 (European Commission et al. 2013) versucht nunmehr einen konzeptuellen Rahmen für den Einbau von Ökosystemen und deren Leistungen in das SEEA zu erstellen. Er behandelt insbesondere die Erstellung von Umweltstatistiken (im biophysischen Teil) und Ökosystembeständen und Leistungsflüssen (im monetären Teil), kann aber keine schlüssigen Richtlinien vor allem für die monetäre Bewertung liefern. Vorschläge und Empfehlungen zur Berichtigung der etablierten Wirtschaftsindikatoren um die Kosten der Umweltschäden werden ausdrücklich vermieden (ibid., Kap. 6).

In vieler Hinsicht gleichen die **unternehmerischen Ökobilanzen** der umweltökonomischen Gesamtrechnung. Kontenführer und Wirtschaftsprüfer zögern, eine „Vollkostenkalkulation" (einschließlich der Kosten von Umweltexternalitäten) in ihre Bilanzen einzubauen; sie bevorzugen physische Ökobilanzen und Lebenszyklusanalysen von Produkten (Bartelmus and Seifert 2003, Introduction). Zwei Leitfäden des unternehmerischen Umweltmanagements beinhalten interne und externe Rechnungsprüfungen für die Umweltleistung eines Unternehmens: Die ISO 14000 Standards (International Organization for Standardization, ohne Datum) sind weniger bindend als das EMAS (Environmental Management and Audit Scheme) der Europäischen Union (European Commission, Environment 2011). Die Anwendung der Leitfäden ist freiwillig. Kostenersparnisse im Einsatz von natürlichen Ressourcen, Einhaltung von tatsächlichen oder erwarteten Umweltschutzregeln und -regulierungen und ein verbessertes Umweltimage sind die typischen Motivationen für die Erstellung von Ökobilanzen.

Zur Diskussion

- Was sollten wir erhalten: Natur, Wohlfahrt, Glück, Entwicklung, Einkommen oder Wirtschaftswachstum? Was kann gemessen und gemanagt werden?
- Dem BIP die Schuld für Umweltprobleme zu geben, ist in Mode. Sind aber Wohlfahrts- und Glücksindikatoren besser? Wofür denn?
- Sollte man Defensivausgaben vom BIP abziehen? Bedeutet das, dass wir alle Outputs von Industrien, die Inputs in die Produktion von unerwünschten Gütern und Dienstleistungen liefern, in Abzug bringen müssen? Was bleibt dann an Wirtschaft übrig?
- Messen die grünen Indikatoren des SEEA Nachhaltigkeit? Gelingt es dem SEEA Preisloses mit Preisen zu versehen? Welche SEEA-Version bildet Nachhaltigkeit besser ab?
- Warum neigen Umweltschützer und Mainstream-Ökonomen dazu, das SEEA zu ignorieren?
- Ist schwache Nachhaltigkeit von Nutzen in der Bewertung der Wirtschaftsleistung? Wäre es nicht besser, starke Nachhaltigkeit zu verwenden (Kap. 3)?
- Warum ignorieren die meisten Unternehmen immer noch ihre Umweltkosten? Was käme unter dem Strich heraus, wenn die Umweltkosten einkalkuliert würden?
- Was ist die Bedeutung von bisher vernachlässigten Umweltkosten von 2–3 % des BIPs in Deutschland und den USA und ca. 13 % in China? Wie in Kap. 1 gefragt, was fällt stärker ins Gewicht: die Umweltprobleme und deren Kosten oder die Nutzen der Wirtschaftsleistung?
- Was gemessen werden kann, kann gemanagt werden! Stimmt das? Können wir immaterielle Vermögenswerte, insbesondere des Human- und Sozialkapitals und deren Wirkungen auf Wirtschaft und Wohlbefinden, vernachlässigen?

Was ist zu tun? 7

- Umweltexternalitäten und eine häufig ineffiziente Versorgung mit öffentlichen Gütern sind das Ergebnis von *Marktversagen*.
- *Eine Kosten-Nutzen-Analyse* hilft Regierungen Umweltschutzprogramme zu bestimmen; sie kann nicht die Nachhaltigkeit der Wirtschaftsleistung ermessen.
- *Marktinstrumente* der Umweltpolitik veranlassen Haushalte und Unternehmen, Umweltexternalitäten in ihre Pläne und Budgets zu internalisieren.
- Modelle des *angewandten allgemeinen Gleichgewichts* untersuchen die kurzfristigen Auswirkungen von Marktinstrumenten und Umweltstandards.
- Hohe bzw. niedrige *Diskontierung* künftiger Umweltkosten reflektieren die ökonomische bzw. soziale Einschätzung der Nachhaltigkeit.
- *Optimale Wachstumsmodelle* konzeptualisieren nachhaltiges und optimales Wirtschaftswachstum; sie sind weniger brauchbar für praktische Politikgestaltung.
- *Technologie*: Problem oder Lösung? Ökonomische Analysen sind nicht schlüssig.
- *Abschöpfung der Ressourcenrente und Reinvestitionen* sind notwendige Bedingungen für nachhaltiges Wirtschaftswachstum.

Neoliberale Ökonomen glauben, dass ungezügelte Märkte besser sind in der Aufdeckung und Bewältigung von Umweltproblemen als die „überheblichen Entwürfe der Politiker, die Hybris monopolistischer Unternehmer oder die Arroganz der Wissenschaftler" (*The Economist* vom 11. September 1999, S. 20). Ein Verlass

Tab. 7.1 Kosten-Nutzen-Analyse der Entwaldung: El Nido, Philippinen ('000 US $).
(Quelle: Dixon et al. 1994, S. 45, Tab. 5, mit Erlaubnis von Taylor und Francis)

	Option 1: Einschlagsverbot	Option 2: anhaltende Entwaldung	Option 1 minus Option 2
Bruttoeinnahmen (1987–1996)			
Tourismus	47.415	8.178	39.237
Fischerei	28.070	12.844	15.226
Holzeinschlag	0	12.885	–12.885
Insgesamt	75.485	33.907	41.578
Gegenwartswert (10 % Diskontsatz)			
Tourismus	25.481	6.280	19.201
Fischerei	17.248	9.108	8.140
Holzeinschlag	0	9.769	–9.769
Insgesamt	42.729	25.157	17.572

auf Marktkräfte reicht aber nicht aus, wenn die Märkte ernsthafte Umweltexternalitäten übersehen. Externalitäten, vor allem umweltbedingte (Kap. 5), sind die Ursache von Marktversagen (siehe weiterführende Literatur am Ende des Kapitels). Regierungen intervenieren, indem sie negative Externalitäten zu verhindern und positive zu fördern suchen; ferner stellen sie notwendige öffentliche Güter bereit.

Abbildung 5.7 beschrieb die Schaffung eines fiktiven Markts für Naturleistungen. Die gleiche Abbildung kann auch auf das Angebot von öffentlichen Gütern und Dienstleistungen der Regierung, einschließlich Umweltschutz, angewandt werden. Im Falle, dass mehr als ein Projekt ein bestimmtes Umweltproblem behandeln kann, hilft die **Kosten-Nutzen-Analyse**, das Projekt mit dem höchsten Nettogewinn zu finden. Tabelle 7.1 illustriert und vergleicht die Nettogewinne aus einem Einschlagsverbot mit ungestörter Abholzung in einem Feriengebiet der Philippinen. Abholzung würde Tourismus und Fischerei durch Sedimentation der Küstengewässer und Beschädigung der Korallenriffe beeinträchtigen. Andererseits würde ein Einschlagsverbot die Einkommen aus dem Holzverkauf auf null reduzieren. Das Einschlagsverbot ist die effizientere Option, da es höhere Einkommen während einer 10-jährigen Zeitperiode erzielt. Man beachte, dass Abzinsung den Gegenwartswert der Einkommen reduziert, aber das generelle Ergebnis der Analyse nicht verändert.

Die Kosten-Nutzen-Analyse eines Projekts oder Programms erfasst nicht gesamtwirtschaftliche Optimalität, die zumindest theoretisch in Modellen des allgemeinen Gleichgewichts erzielt wird (Kap. 5, Exkurs). Ferner kann auch der Beitrag eines Projekts zur Nachhaltigkeit der Wirtschaft nicht mit dieser Analyse bestimmt werden. Der Grund ist, dass spezifische Projektanalysen Preis- und Outputwirkun-

7 Was ist zu tun?

gen eines Projekts ignorieren. Trotz dieser Probleme und fragwürdiger Schadensmessung (Kap. 5) ist die Kosten-Nutzen-Analyse immer noch das einzige Instrument, Umweltschutzprogramme vor der Irrationalität der Politik und ihrer Lobby zu bewahren.

Umweltökonomen befürworten die **Internalisierung von Umweltexternalitäten** in die Pläne und Budgets der Unternehmen und Haushalte. Sie erwarten, dass die Internalisierung der Umweltkosten Optimalität in der Wirtschaft wiederherstellt oder wenigstens hilft, sich ihr anzunähern. Internationale Organisationen (OECD 1989; United Nations 1994) verbreiteten die Internalisierungsidee unter dem Etikett des „Verursacherprinzips". Vereinfacht ausgedrückt möchte das Prinzip jeden Schadensverursacher für seinen Schaden verantwortlich machen. Modelle des angewandten allgemeinen Gleichgewichts (siehe weiterführende Literatur am Ende des Kapitels) suchen optimale Lösungen für verschiedene Szenarien der Umweltpolitik. Standard-Lehrbücher der Wirtschaftswissenschaft zeigen, wie Märkte nach der Kosteninternalisierung ein neues allgemeines Gleichgewicht erreichen oder möglicherweise verfehlen. Generell kann man folgende Politikinstrumente der Umweltkosteninternalisierung unterscheiden:

- harte Instrumente bestehen aus Regeln und Regulierungen, die gefährliche Produkte und Produktionsprozesse verbieten und sichere Produktionstechniken vorschreiben,
- weiche Instrumente sind Subventionen, Bildung und Information, die Umweltverantwortung und Einfallsreichtum bei Unternehmen und Konsumenten hervorbringen sollen, und irgendwo dazwischen sind
- halbweiche/halbharte Marktinstrumente wie
  - Produktabgaben für Umweltbelastungen der Produktion und des Konsums und
  - Marktbildung für Quellen- und Senkenfunktionen der Umwelt.

Die Instrumente reflektieren die strategischen Einstellungen der Wirtschaftsakteure gegenüber ökologischen Grenzen, wie in Kap. 4 beschrieben. Abbildung 7.1 karikiert diese Einstellungen und die typischen Institutionen der Umweltpolitik von Regierung, Märkten und Zivilgesellschaft.

Harte Instrumente von Befehls- und Kontrollverschriften wirken schnell und scharf, sind aber weniger effizient bei der Suche nach den besten umweltgerechten Produktions- und Konsumtechniken und -strukturen. Regeln und Regulierungen umgehen die schwierige Messung der Grenzkosten von Umweltschäden, die für optimale Marktintervention benötigt werden (siehe unten). Mangelnde Vergleichbarkeit verschiedener Umweltbelastungen erfordert aber Werturteile für die regulativen Vorschriften und die ihnen zugrunde liegenden Umweltziele und -standards.
Weiche Instrumente wollen freiwilliges Engagement und positive Externalitäten

Arik Bartelmus

Abb. 7.1 Instrumente der Umweltpolitik. Befehls- und Kontrollvorschriften der Regierung für die Einhaltung von Umweltstandards; Budgetierung von Umweltkosten in Angebot und Nachfrage auf Märkten; Aufrufe von Umweltaktivisten zur Änderung unseres Lebensstils

bewirken und belohnen. Das Ausmaß positiver Externalitäten ist schwer zu bewerten; auch sind relativ geringe positive Externalitäten nicht in der Lage, die meist negativen Externalitäten wettzumachen.

Marktinstrumente sind die klassischen Werkzeuge der Ökonomik, um durch Berücksichtigung von Externalitäten Optimalität im Marktverhalten wiederzugewinnen. Die Absicht ist, die Wirtschaftsakteure dazu zu bewegen, ihre Umweltbelastungen zu budgetieren. Marktinstrumente zielen eher auf Unternehmen als auf Konsumenten ab. Unternehmen haben im Allgemeinen bessere Kenntnisse über ihre Belastungen und die Verfahren und Kosten, diese zu vermeiden oder zu reduzieren. Marktinstrumente umfassen Umweltabgaben und -steuern sowie die Schaffung von Märkten für Emissionsberechtigungen, Quoten der Ressourcennutzung und Ökosystemleistungen. Für risikoreiche, aber unsichere Belastungen könnte man erstattungsfähige Kautionen von potenziellen Verursachern verlangen. Abbildung 7.2 illustriert, wie eine Ökosteuer à la Pigou (1920) die Emission E von der Produktion Q eines Produkts reduzieren würde. Das Problem ist die optimale

7 Was ist zu tun?

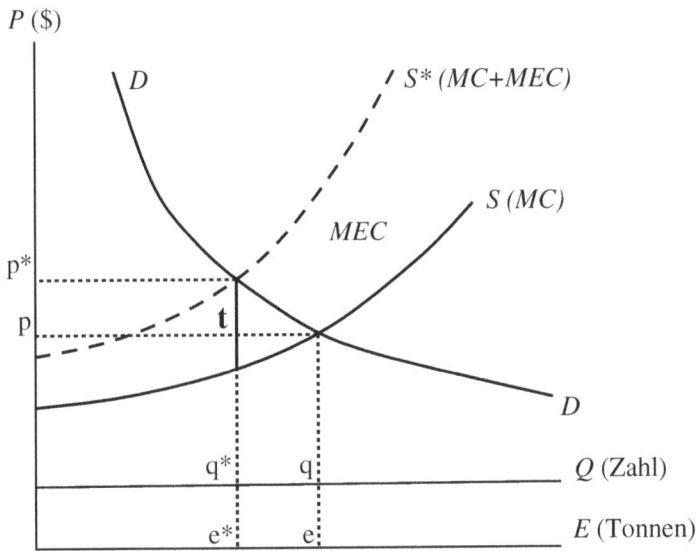

Abb. 7.2 Optimale Ökosteuer. Angebot S (dargestellt als marginale Produktionskosten MC) und Nachfrage D bestimmen den Marktpreis p, Output q und Emission e für das Produkt Q. Addition der marginalen Kosten eines externen Umwelteffekts MEC zu den privaten marginalen Kosten MC ergibt eine neue Angebotskurve S^*, welche die gesamten marginalen *sozialen* Kosten der Produktion repräsentiert. Unter der Annahme, dass sich die Konsumpräferenzen und die Nachfragefunktion D für Q nicht ändert, steigt der Preis p auf p^*, die Produktionsmenge q verringert sich auf q^* und die Emission e sinkt auf e^*. Die optimale Rate der Ökosteuer t ist gleich den marginalen Schadenskosten MEC^* am Schnittpunkt von S^* und D. An diesem Punkt sind die gesamten marginalen sozialen Kosten der Produktion MC^*+MEC^* gleich dem Gleichgewichtspreis p^*, der seinerseits die marginalen Nutzen des Konsums von q^* reflektiert

Steuerrate t so zu bestimmen, dass der Preis des Produkts seinen gesamten sozialen (privaten und externen) Grenzkosten gleichkommt.

Die Probleme der optimalen Grenzkosten- und Grenznutzenfindung zeigen sich deutlich in den vielfältigen Kostenschätzungen über die Auswirkungen des Klimawandels. Tabelle 7.2 illustriert die Bandbreite marginaler Schadensschätzungen aus verschiedenen Quellen. Die niedrigste Schätzung ist von Nordhaus; sein **optimaler Kohlenstoffpreis und** die entsprechende **Ökosteuer** belaufen sich auf 7,4 USD pro Tonne CO_2-Emission (in 2005). Optimalität bedeutet, dass der Grenzschaden aus der Emission eines Schadstoffes gleich dem Grenznutzen seiner Minderung ist. Anders ausgedrückt, Optimalität verlangt, dass man so lange für Emissionsreduktion zahlt, bis der letzte ausgegebene Dollar den Schaden um weniger als einen Dollar reduziert. Die niedrige optimale Ökosteuer demonstriert, dass eine

Tab. 7.2 Grenzkosten des Klimawandels

	Grenzschadenskosten ($/tCO$_2$)	Grenzvermeidungskosten ($/tCO$_2$)
IPCC (2007b)	12[a]	35[b] (5–65)
Stern (2006)	85[c]	
Nordhaus (2008)	7,4[d] (2,6–12,0)	7,4–54[e]
EU-ETS		30[f]
World Bank (2006)	5,5–28[g]	

[a] Durchschnittliche „peer-reviewed" (begutachtete) Schätzungen in 2005
[b] Mittelwert der Bandbreite von Schätzungen für das Stabilisierungsziel von 550ppm CO_2-Äquivalenten in 2100
[c] Marginale soziale Kohlenstoffkosten, einschließlich „Risiken" in 2006
[d] Soziale Kosten des Keine-Emissionskontrolle-Szenarios in 2005 (mit Unsicherheitsbereich)
[e] Optimale Ökosteuer in 2005, auf $ 54 in 2100 ansteigend
[f] Höchster tatsächlicher Kohlenstoff-(Kohlendioxyd)-Preis in 2005 im Emissionshandel-System der Europäischen Union. (Quelle: Ellerman und Joskow 2008)
[g] Marginaler globaler Schaden, 1991–2030

global modellierte Steuer in der Tat effizienter sein könnte als politische Entscheidungen, die auf einem einfachen Kostenvergleich von Handeln und Nichthandeln (Tab. 5.2) beruhen. Man beachte, dass im Jahr 2005 der realisierte Kohlenstoffpreis im EU-Emissionshandelsystem (EU Emission Trading System: EU-ETS) etwa drei mal so groß wie der optimale Preis globaler Umweltpolitik war (gegenwärtig ist der ETS-Preis allerdings auf nahezu null herabgesunken). Eine gerade publizierte Umfrage in den USA zeigt, dass viele der größeren börsennotierten Unternehmen einen Kohlenstoffpreis von 6–60 USD in ihre Budgets einkalkulieren (CDP 2013). Der Durchschnitt von 33 USD kommt der globalen IPCC-Schätzung nahe. Unvollkommene Märkte und unvollständige Erfassung von lediglich der Hälfte der CO_2-Emissionen sind aber weit entfernt von den abstrakten Nutzen- und Produktionsfunktionen eines globalen Optimierungsmodells.

Politisches Zweckdenken verwässert häufig Umweltziele und den Einsatz von Marktinstrumenten. Das erklärte Ziel der **ökologischen Steuerreform** in Deutschland ist die Verwendung von Ökosteuereinkommen zur Senkung der Steuer auf Erwerbstätigkeit. Das Ergebnis sollte eine „doppelte Dividende" (Goulder 1995) dadurch hervorbringen, dass etwas „Schlechtes" (a Bad), d. h. die Umweltbelastung, besteuert und gleichzeitig die Steuerlast von einem „Gut" (a Good), d. h. Arbeit, verringert würde. Der Erfolg kann jedoch bezweifelt werden. Andere sozioökonomische Ziele, insbesondere die Beschäftigungsförderung in Bergbau-Ländern, durchlöcherten die Reform mit Ausnahmeregelungen.

Die obigen Politikinstrumente zielen auf kurz- und mittelfristige Maßnahmen der Reduzierung von Umweltbelastungen ab. Auch wenn Regierungen auf lang-

7 Was ist zu tun?

fristige Wirkung ihrer Instrumente hoffen, so können sie natürlich nicht die Fortdauer der Instrumente über ihr legislatives Mandat hinaus garantieren. Langfristige Nachhaltigkeitspolitik stößt ferner auf Unsicherheiten in Prognosen und Modellierung von Szenarien. Aber selbst Mainstream-Ökonomen erkannten früh, dass der Abbau nichterneuerbarer natürlicher Ressourcen das Wirtschaftswachstum unterminieren könnte. Ressourcen-Ökonomen suchten daher nach dem **optimalen Ressourcenförderungsprogramm** für die Lebensdauer einer erschöpfbaren Ressource (siehe weiterführende Literatur am Ende des Kapitels).

Neoliberale Ökonomen artikulierten ihre *Laisser-faire*-Ansicht der Beziehung zwischen Umweltbelastungen und Wirtschaftswachstum als die Hypothese der **Umwelt-Kuznets-Kurve** (UKK). Der Ökonom Simon Kuznets (1955) fand eine umgekehrte U-Beziehung zwischen der Höhe und Verteilung des Volkseinkommens. Grossman und Krueger (1995) entdeckten einen ähnlichen Zusammenhang zwischen Umweltqualität und Wirtschaftswachstum. Ihre Hypothese ist, dass industrialisierende Länder zunächst hohe und wachsende Umweltbelastungen erzeugen. Sobald diese Länder ein gewisses Wohlstandsniveau erreichen, kehren größere Nachfrage nach Umweltqualität und der Übergang zu einer dematerialisierten Dienstleistungswirtschaft die ursprüngliche Korrelation von Umweltschaden und Wirtschaftswachstum um (Abb. 7.3, Teil a). Andere empirische Analysen konnten aber die UKK-Beziehung nur für wenige lokale Schadstoffe nachweisen. Einige Studien erkannten sogar eine erneute positive Korrelation von Umweltbelastung und Wirtschaftswachstum (Teil b der Abb. 7.3). In diesem Fall kann eine permanente Verbesserung der Umweltqualität nur durch gezielte Umweltpolitik erreicht werden; eine automatische Verbesserung durch Wirtschaftswachstum laut UKK-Hypothese kommt nicht zum Zuge (Barbier 1997).

Die Verwerfung der UKK-Hypothese bedeutet, dass die Vernachlässigung von langfristigen Umweltbelastungen keine Option ist. Umweltökonomen führen daher Naturkapital und Umweltqualität in Modelle des **optimalen und nachhaltigen Wirtschaftswachstums** (siehe weiterführende Literatur am Ende des Kapitels) ein. Ihr Ziel ist, nicht nur gegenwärtige, sondern auch zukünftige Einkommen und Outputs unter Berücksichtigung des Abbaus von Naturkapital und der Umweltschäden zu maximieren. Die Modelle bestimmen den maximalen, unbegrenzt nachhaltigen Konsum. Die Ergebnisse hängen allerdings von Annahmen über die Rolle des technischen Fortschritts, die Substitution von erschöpflichen Ressourcen und die Wahl des Diskontsatzes ab.

Das Nordhaus-(2008)-Modell der Optimierung von Wirtschaftswachstum und Klimawandel wendet in seinem Standardlauf einen **marktorientierten Diskontsatz** von 4 % auf die Kosten der Klimakontrolle und andere Investitionen an. Sein Modell illustriert, wie Ökonomen künftige und unsichere Schäden und die not-

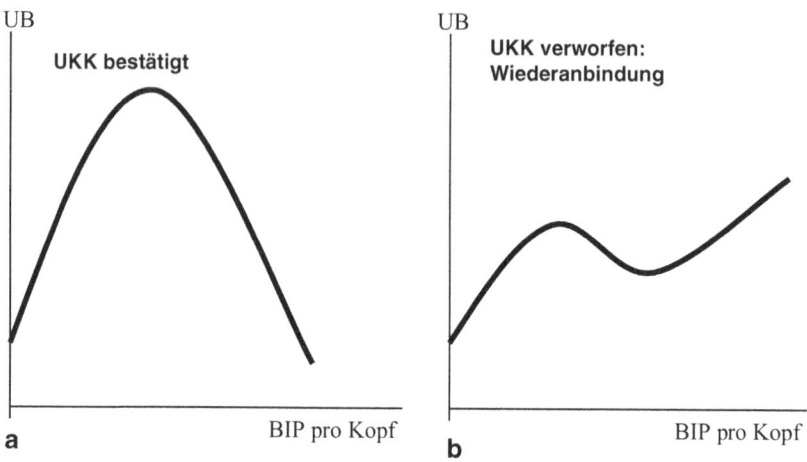

Abb. 7.3 Umwelt-Kuznets-Kurve (UKK), bestätigt und verworfen. Teil (a) zeigt die umgekehrte U-Beziehung der UKK Hypothese: die Umweltbelastung UB steigt mit dem Wirtschaftswachstum auf niedriger Höhe des Pro-Kopf-BIP und sinkt, sobald die Wirtschaft ein bestimmtes Ausmaß an Einkommen und Wohlstand erreicht hat. Teil (b) illustriert die Wiederanbindung der Umweltbelastung an Wirtschaftswachstum nach einem anfänglichen UKK-Effekt. (Quelle: Bartelmus 2008, S. 199, Abb. 11.1, mit Erlaubnis von Springer Science + Business Media B.V.)

wendigen Investitionen der Schadensminderung bewerten (Abb. 7.4). Ein gradueller Anstieg des optimalen Ökosteuersatzes von 7,4 USD pro Tonne CO_2-Emission im Jahr 2005 auf 55 USD im Jahr 2100 soll eine effiziente Reduktion des prognostizierten Anstiegs der CO_2-Konzentration in der Atmosphäre erreichen.

Umweltschützer befürworten die niedrige **soziale Diskontierung** in Anbetracht von katastrophalen Risiken und ethischen Erwägungen für Generationengerechtigkeit (Kap. 5). Sie neigen dazu, potenzielle Belastungen in Umkehrung der ökonomischen Diskontierung (Abb. 7.4) zu vergrößern. Entsprechend lehnen sie eine schrittweise Klimapolitik ab und fordern eine „starke frühe Aktion" (z. B. Stern 2006, S. i). Ökologische Ökonomen behaupten auch, dass hohe Schadenskosten die marginale Wirtschaftsanalyse überwältigen. Man stelle sich nur vor, wie hoch die sozialen Gesamtkosten der Produktion von Kernenergie wären, wenn sie die Versicherungskosten für einen Atomunfall zu niedrigen oder Null-Diskontsätzen einschließen würden (vgl. Abb. 5.5). Erstaunlicherweise teilt der Mainstream-Ökonom Weitzman (2009) die Meinung der ökologischen Ökonomen. Er verwendet die formale Kosten-Nutzen-Analyse, um die „aggressiv subjektiven" Ergebnisse ökonomischer Analysen für unsichere, aber potenziell katastrophale Vorfälle im

7 Was ist zu tun?

Arik Bartelmus

Abb. 7.4 **Ökonomische Abdiskontierung**: sollte er sein Fernrohr umdrehen?

Klimawandel zu demonstrieren. Seine Schlussfolgerung ist, „eine Kosten-Nutzen-Schätzung [nicht] … als präzis und objektiv darzustellen" (ibid., S. 18). Nordhaus (2008, S. 147) kontert: „Wir sollten mit den klaren und gegenwärtigen Gefahren beginnen, bevor wir uns mit unklaren und entfernten Drohungen auseinandersetzen".

Abgesehen von Werturteilen hinsichtlich der Höhe des Diskontsatzes variieren Modelle des Wirtschaftswachstums erheblich in ihren Annahmen zur Rolle der **Technologie** (siehe weiterführende Literatur am Ende des Kapitels; Abb. 7.5). So demonstriert Koopmans (1973) die Möglichkeit, optimales Wachstum mithilfe von technischem Fortschritt nachhaltig zu gestalten, während Islam (2001) zeigt, dass ökologische Grenzen das Wirtschaftswachstum beschränken können. Den meisten Wachstumsmodellen ist eines gemeinsam: die Erhaltung von produziertem und natürlichem Kapital als eine wesentliche Nachhaltigkeitsbedingung. Diese Bedingung bestätigt die Geltung der Nachhaltigkeitsindikatoren der integrierten umweltökonomischen Gesamtrechnung (Kap. 6). Optimale Wachstumsmodelle sind allerdings meist abstrakt und fragwürdig hinsichtlich ihrer Annahmen zu Nutzenmaximierung, Substitution von Produktionsfaktoren, Gleichgewichtsmärkten

Arik Bartelmus

Abb. 7.5 Technologie der Retter? Oder der Schuldige für Umweltschäden? Modelle des nachhaltigen Wirtschaftswachstums sind nicht schlüssig

und technologischem Fortschritt. Sie begründen die Definition von ökonomischer Nachhaltigkeit als Kapitalerhaltung, sind aber nicht in der Lage, realistische Politikberatung zu leisten.

Das Umweltprogramm der Vereinten Nationen sucht größeren Realismus, indem es seinen Bericht zur grünen Wirtschaft (UNEP 2011b) auf **ökonometrischen Modellen** aufbaut. Die Modelle vermeiden die Optimierung (mit Ausnahme des Energiesektors) und Wohlfahrtsmessung. Allerdings erfolgt diese Modellierung auf Kosten wertender Zielsetzungen für ausgewählte Wirtschaftsbereiche. Eine Zuweisung von 2 % des BIPs für „grüne Investitionen" in diesen Bereichen soll es ermöglichen, die Ziele des Wirtschaftswachstums und der Armutslinderung zu erreichen. Abgesehen von den üblichen Annahmen in Prognosen, ist es fraglich, ob Politiker und Unternehmen bereit und fähig sind, die empfohlenen Investitionen in den ausgewählten Bereichen durchzuführen.

Anstatt Daten nur durch den Filter mathematischer Konstrukte zu interpretieren, wären politische Entscheidungsträger gut beraten, sich auch direkt die Fakten und Zahlen der Vergangenheit vorzunehmen. Die volkswirtschaftliche Gesamtrechnung (VGR) kommt, ohne abstrakte Modelle zu verwenden, einer ökonomischer Analyse am nächsten. Sie stellt darauf ab, die Variablen der Wirtschaftsanalyse mittels beobachtbarer Indikatoren zu messen. Die integrierte umweltökonomische Gesamtrechnung (Kap. 6) erweitert die VGR für die Messung ökonomischer Nachhaltigkeit als Erhaltung des produzierten *und* natürlichen Kapitals. Analysen, die sich an diese Gesamtrechnungen anlehnen, tragen zu einer realistischen Nachhaltigkeitsökonomik bei. Mangelnde Kenntnis der praktischen Bedeutung von kritischem unersetzbarem Naturkapital (Kap. 3) zwingt Nachhaltigkeitspolitik auf schwache Nachhaltigkeit (Kap. 6) als Maßstab ihres Erfolgs oder Misserfolgs zurückzugreifen.

Vor allem ressourcenreiche Entwicklungsländer sollten um effizientes Management ihres Naturvermögens bemüht sein. Die Besteuerung des Einkommens aus der Ressourcenverwendung, d. h. der sog. „Ressourcenrente", in Höhe der Kosten des Ressourcenabbaus würde nicht nur individuelles Verhalten verändern, sondern auch Einkommen für die Regierung erbringen. Als Besitzer einer natürlichen Ressource ist die Regierung in der Tat berechtigt, zumindest einen Teil der Ressourcenrente zu erhalten. Die **Abschöpfung der Ressourcenrente** durch Gewinnbesteuerung der Rohstoffwirtschaft und Investition dieser Einnahmen würde Verluste an Naturvermögen durch die Bildung von neuem produktivem Kapital kompensieren. Die sog. Hartwick-(1977)-Regel liefert die theoretische Begründung; sie zeigt, dass ein konstanter Konsum „für immer" erreicht werden kann, wenn der Gesamtwert des Kapitals konstant bleibt, in anderen Worten, wenn Nachhaltigkeit im Wirtschaftswachstum durch Kapitalerhaltung erzielt wird. Andernfalls könnte der Segen des Rohstoffreichtums leicht zu einem „Ressourcenfluch" aufgrund von versäumten Entwicklungsmöglichkeiten werden (siehe weiterführende Literatur am Ende des Kapitels). Abbildung 7.6 zeigt den Erfolg und Misserfolg der Rentenabschöpfung in zwei südafrikanischen Ländern.

Ein Modellierungsansatz zeichnet sich durch seine Nähe zur VGR aus: Die Input-Output-Analyse basiert auf Input-Output-Tabellen, die das Angebot und die Verwendung von Gütern und Dienstleistungen in detaillierten interindustriellen Transaktionen erfassen. Physische und monetäre Input-Output-Tabellen und -Analysen können Beziehungen zwischen ökologischer Ökonomik und Umweltökonomik aufzeigen; dies könnte der Weg zu einer gemeinsamen Theorie der Nachhaltigkeitsökonomik sein – das Thema des nächsten Kapitels.

Weiterführende Literatur

Ökologische Ökonomen sind der Ansicht, dass, abgesehen von Monopolen und anderen **Marktschwächen**, irreversible und katastrophale Umwelteffekte die marginale Analyse von Optimalität irrelevant machen (Funtowicz und Ravetz 1991; Daly 1996). Zur Verteidigung ihrer Analysen argumentieren Ökonomen, dass ein theoretisches „Vakuum" wertvolle Ein-

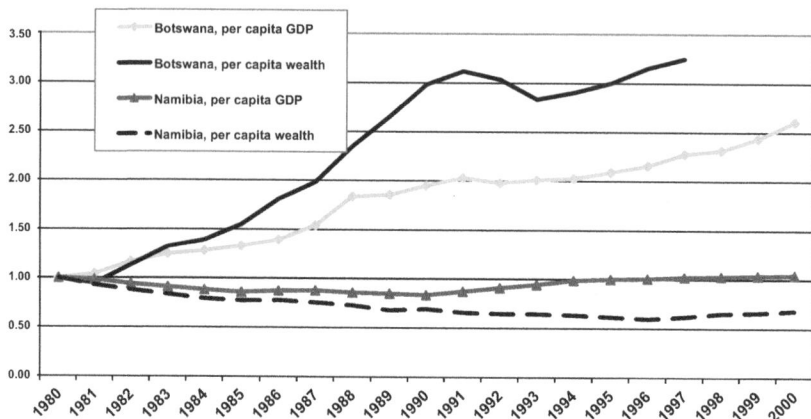

Abb. 7.6 Rentenabschöpfung und Wirtschaftswachstum in Botswana und Namibia. Weitgehende Abschöpfung (durch Besteuerung von 76 % der Ressourcenrente) und deren Investition in Anlagevermögen erbrachte hohes Pro-Kopf-Wachstum von produziertem und natürlichem Vermögen und des BIP in Botswana. Namibia erfasste weit weniger an Renten, was zu einem Absinken des Gesamtvermögens führte; das Ergebnis ist Nichtnachhaltigkeit aufgrund von sinkendem Produktivkapital und eine stagnierende Wirtschaft. (Quelle: Lange 2004, Abb. 3, mit Erlaubnis von Springer Science + Business Media B.V.)

blicke in komplexe Probleme erlaubt (Samuelson and Nordhaus 1992, S. 295) und dass eine „Folge von Politikreformen" in unvollkommenen Marktsituationen noch immer helfen kann, die wirtschaftliche Wohlfahrt zu vermehren (Dasgupta 1994, S. 42). Der unbeirrte Vertreter neoliberaler Marktwirtschaft, *The Economist* (vom 17. Februar 1996, „Schools Brief", S. 64), behauptet, dass „Märkte oft ihre eigenen Fehler korrigieren". In der Praxis wird sich die Anwendung von Marktinstrumenten wohl mit einem Versuch-und-Irrtum-Verfahren zufriedengeben müssen. Iterative Verbesserungen könnten dann zu einer kostenwirksameren Lösung führen.

Modelle des **angewandten allgemeinen Gleichgewichts** (Computable General Equilibrium: CGE) verbinden mikroökonomisches Optimierungsverhalten für Nutzen- und Gewinnmaximierung mit makroökonomischer Analyse. Sie zeigen die Auswirkungen von politischen Maßnahmen, wie z. B. des Einsatzes von Umweltstandards oder Marktinstrumenten. Komparativ-statische Modelle beschreiben, wie die mikroökonomischen Reaktionen auf Regierungspolitik die ökonomischen Variablen vom ursprünglichen zum neuen Gleichgewicht verändern. Conrad (1999) gibt einen Überblick über die Methoden und Anwendungen von CGE-Modellen für die Umweltpolitik. CGE-Modelle erhalten ihre Berechenbarkeit von der Verwendung der volkswirtschaftlichen Gesamtrechnung und Input-Output-Statistiken (Kap. 6, 8) für eine mehr oder weniger detaillierte Aufgliederung der Wirtschaftstätigkeit. Sie leiden immer noch unter unrealistischen Annahmen von perfekten Marktbedingungen und glatten (mathematischen) Produktions- und Nutzenfunktionen. Die meisten Lehrbücher der Umweltökonomie verbleiben bei der mikroökonomischen Behandlung von Umweltexternalitäten und Ressourcenabbau.

7 Was ist zu tun?

Ressourcenökonomik ist ein besonderer Zweig konventioneller Ökonomik. Sie entwarf die Regeln für die optimale Nutzung einer erschöpfbaren natürlichen Ressource wie Kohle oder Öl. Die Maximierung des Ertrags aus der langfristigen Nutzung einer derartigen Ressource erfordert, dass ihre Rente pro Ressourceneinheit – d. h. ihr Nettopreis (Marktpreis minus Förderungskosten pro Einheit) – zum herrschenden Zinssatz für vergleichbare Investitionen ansteigt. Diese so genannte „Hotelling-(1931)-Regel" gewährleistet andauernde Markträumung für Angebot und Nachfrage der Ressource zu Marktpreisen. Bis hierher ist die Ressourcenökonomik immer noch ein Teil der konventionellen Marktanalyse.

Die Anwendung eines sozialen Diskontsatzes statt des vorherrschenden Zinssatzes bezweckt die Erhaltung einer natürlichen Ressource für künftige Generationen. Ressourcenökonomik reicht damit in die nichtökonomische Sphäre der Nachhaltigkeit und Generationengerechtigkeit (Kap. 5). Solow (1974) vermittelt einen klaren und nichtmathematischen Überblick über engere Ressourcenökonomik und breitere Nachhaltigkeitsanalyse für die Nutzung von natürlichen Ressourcen. Die meisten Lehrbücher der Umweltökonomik beanspruchen Ressourcenökonomik als Teil ihres Sachgebiets (z. B. Tietenberg 2005).

Auty (1993) beschreibt das Versäumnis, natürliches Vermögen an Bodenschätzen in Wirtschaftswachstum und Entwicklung umzuwandeln, als den **Ressourcenfluch**. Die Gründe für dieses Versäumnis sind Unbeständigkeit der Ressourcenpreise und Wechselkurse, die Verwendung der Ressourcenrente für Konsum statt für Investition, sozialer Konflikt und Korruption in ressourcenreichen Ländern.

Unter dem Einfluss der internationalen Diskussion der nachhaltigen Entwicklung (Kap. 9) erweiterten Ökonomen die Ressourcenökonomik, um breit definiertes Naturkapital und Umweltschaden einzuschließen. **Modelle des optimalen und nachhaltigen Wachstums** sind das Ergebnis. Die Modelle bauen Umweltschäden in eine soziale Wohlfahrtsfunktion ein und maximieren nationale Wohlfahrt unter der Bedingung eingeschränkter Verfügbarkeit von Naturkapital (Solow 1974; Dasgupta und Mäler 1991, 2000; Arrow et al. 2004). Arrow et al. (2003) sind sich der weitgehend unrealistischen Annahme perfekter Marktbedingungen bewusst. Sie zeigen, dass Nachhaltigkeit Optimalität bei der Modellierung des Wachstums unter unvollkommenen Bedingungen ersetzen kann. Ihr Modell verhaftet jedoch im Bereich der konzipierenden Theorie. Wie Nordhaus (2008, S. 80) es prägnant in seinem Klimamodell ausdrückt, derartige Modelle „vermitteln eine scheinbare Genauigkeit", sind aber wenigstens „intern konsistent". Munasinghes (2002) Sammlung von wissenschaftlichen Beiträgen gibt einen seltenen Überblick über grüne Makroökonomik.

Kapitel 3 verwies auf die Fähigkeit des **technischen Fortschritts**, den Einsatz von Rohmaterial aus der Umwelt zu reduzieren. Der Übergang zu einer postindustriellen Dienstleistungswirtschaft könnte eine derartige Dematerialisierung bewirkt haben; er wurde ursprünglich von populären Zeitschriften als die Ankunft einer ständig wachsenden „neuen Wirtschaft" gepriesen: z. B. *Time* vom 30 Mai 1983 <http://www.time.com/time/magazine/article/0,9171,926013-1,00.html> (letzter Zugriff: 1.8.2013) und *Newsweek* vom 4. August 1997 <http://www.newsweek.com/1997/08/03/the-new-rich.html> (zugegriffen: 1. August 2013). Eine „neue Wachstumstheorie" erklärte diese optimistische Aussicht durch „endogene" technologische Innovationen, d. h. die bewusste Förderung von Wissen durch Forschung und Entwicklung – und nicht durch Verlass auf exogene zufällige Entdeckungen (Cortright 2001).

Neue **Informations- und Kommunikationstechnologien** (IKT) haben eine Schlüsselrolle im technischen Fortschritt. Internationale Organisationen fördern die neuen Technologien durch Fallstudien in Entwicklungs- und Schwellenländern (World Bank 2003a) und durch eine „Globale Allianz für Informations- und Kommunikationstechnologien und Entwicklung" (Global Alliance for ICT and Development, ohne Datum). Die Europäische Union sucht eine „digitale Revolution" bis spätestens 2020 (European Commission, Information Society, ohne Datum). Die Rezession in den reichen Ländern dürfte nunmehr den Enthusiasmus für eine neue Ökonomie gedämpft haben. IKT haben in der Tat etwas von ihrem Glanz eingebüßt: Hohe Energieinputs und kurze Dauer und Nutzung der IKT-Hardware haben hohe Gewinne an Produktivität, Dematerialisierung und Umweltschutz vermindert (Elliot 2007).

Zur Diskussion
- Was ist verkehrt an den Märkten? Warum versagen sie beim Abbau natürlicher Ressourcen und bei Umweltschäden und Umweltschutz?
- Regierungen versagen auch. Kann die Kosten-Nutzen-Analyse ihren Programmen und Projekten helfen?
- Kann die Internalisierung von Umweltexternalitäten Optimalität in Produktion und Konsum wiederherstellen? Wie?
- Verbessert Wirtschaftswachstum die Umweltqualität? Überprüfen Sie die Geltung der UKK-Hypothese.
- Das optimale Wachstumsmodell von Nordhaus errechnet die Höhe der optimalen globalen Ökosteuer für CO_2-Emissionen. Ist dies das beste Mittel, ein Gleichgewicht zwischen Klimawandel und Wirtschaftswachstum zu finden? Kann das Modell katastrophale Ereignisse berücksichtigen?
- Liefert die umweltökonomische Gesamtrechnung bessere Kostendaten für den Einsatz von Marktinstrumenten als modellierte (optimale) Kostenkalkulation?
- Wie sollten Regierungen die Einnahmen aus der Ökosteuer verwenden: für die Senkung der Arbeitskosten, für Umweltschutz oder nach eigenen Prioritäten (für das Gemeinwohl)?
- Kann/wird Technologie die Nachhaltigkeit unserer Wirtschaft gewährleisten?
- Ist der Besitz natürlicher Ressourcen ein Fluch oder ein Segen?

Eine Brücke schlagen: von ökologischer Ökonomik zur Umweltökonomik

8

- Die pessimistische Sicht auf drohende Umweltkatastrophen und optimistisches Vertrauen in Märkte sind die Wurzeln der *Debatte* von ökologischen und Umweltökonomen.
- *Physische Input-Output-Tabellen* und *hybride Konten* verbinden Umweltbelastungen mit wirtschaftlichen Aktivitäten; sie können aber nicht die Nachhaltigkeit der wirtschaftlichen Aktivitäten messen.
- *Input-Output-Modelle* und *allgemeine Gleichgewichtsmodelle* können Umweltstandards für wirtschaftliche Aktivitäten setzen; sie ermöglichen eine kurzfristige Nachhaltigkeitsanalyse.
- Modelle des *optimalen nachhaltigen Wachstums* suchen den Kompromiss zwischen Generationengerechtigkeit und Maximierung des Wohlstands.
- *Lineare Programmierung* optimiert „begrenzte" Wirtschaftstätigkeit; das Modell könnte die Grundlage einer übergreifenden operationalen Theorie der ökologischen und ökonomischen Nachhaltigkeit bilden.

In Teil I und II wurden mehrfach die verschiedenen Ansichten der ökologischen und Umweltökonomen verglichen. Die grobe Unterscheidung von **ökozentrischer ökologischer Ökonomik und anthropozentrischer Umweltökonomik** vereinfacht natürlich die Kategorisierung der verschiedenen Denkschulen (Kap. 1). Sie ist jedoch genügend real, um zwischen pessimistischen biophysischen Beurteilungen durch Umweltschützer und optimistischeren ökonomischen Analysen der Umwelt zu unterscheiden. Wie in den Kap. 3 und 6 beschrieben, konkretisieren verschiedene Stärken der Nachhaltigkeit diese Diskrepanz. Ökologische Ökonomen treten für starke Nachhaltigkeit ein, da sie es ermöglicht, innerhalb der Tragfähigkeitsgrenzen der Natur zu leben. Umweltökonomen behaupten dagegen, dass schwache Nachhaltigkeit bei der Erhaltung des Wertes von produziertem und natürlichem Kapital

8 Eine Brücke schlagen

Arik Bartelmus

Abb. 8.1 Brückenschlag? Ein zweigleisiger Ansatz könnte einerseits physische Umweltdaten in die volkswirtschaftliche Gesamtrechnung einbringen und damit hybride Konten schaffen. Andererseits verleiht die Integrierung von ökologischen Normen und Grenzen in die Wirtschaftsanalyse der konventionellen Ökonomik einen normativen Charakter

Umweltkosten und -nutzen mit ökonomischen Kosten und Nutzen in Einklang bringen kann.

Beide Schulen erkennen an, dass Produktion und Konsum für Umweltschädigungen verantwortlich sind. Sie unterscheiden sich in ihrer Auffassung darüber, was primär nachhaltig sein sollte: die Umwelt oder die Wirtschaft? Die Frage ist, ob man „oder" durch „und" ersetzen kann. Mit anderen Worten, können wir die verschiedenen Definitionen, Indikatoren und Umsetzungen **ökologischer und ökonomischer Nachhaltigkeit überbrücken?** Gibt es einen Weg, die Erkenntnisse ökologischer Ökonomik und der Umweltökonomik in vereinigter Analyse und Politik zu kombinieren? Ein zweigleisiger Ansatz (Abb. 8.1) könnte Antworten finden, indem er

- biophysische Indikatoren der ökologischen Ökonomik in monetäre Wirtschaftsrechnungen einführt und
- ökologische Normen und Standards in die Wirtschaftsanalyse einbringt.

Die Abneigung gegen konventionelles Wirtschaftswachstum dürfte der Grund sein, warum ökologische Ökonomen dazu neigen, ökonomische Werte von ihren Beurteilungen des Zustands und Trends der Umwelt auszuschließen. Ein möglicher Weg der Erweiterung dieser Ansätze könnte die Öffnung der „Black Box" in der

Tab. 8.1 Physische Input-Output-Tabellen (PIOT), Deutschland 1990. (Quelle: Stahmer et al. 1998, Tab. 12, abgeändert und aggregiert)

Input (Verwendung) Output (Aufkommen)	Vorleistungen (der Wirtschaftsbereiche)	Endverbrauch der Wirtschaft (BIP)	der Natur (Residuen)	Gesamte Materialverwendung
Wirtschaftsbereiche	7,6	3,6	48,3	59,5
Haushalte	2,8		0,8	3,6
Natur	49,3	0,3		49,6
Gesamte Materiallieferung	59,7	3,9	49,1	112,7

Stoffstromrechnung (Kap. 2) sein. Input-Output-Tabellen zeigen gerade das, wenn sie die interindustriellen Ströme physischer Produkte in voller Konsistenz mit der volkswirtschaftlichen Gesamtrechnung (VGR) präsentieren. Ökologisch erweiterte physische und hybride Input-Output-Tabellen können in der Tat ökologische und ökonomische Daten miteinander in einem gemeinsamen Rahmenwerk verbinden (siehe weiterführende Literatur am Ende des Kapitels).

Physische Input-Output-Tabellen (PIOT) stellen das physische Gegenstück zu den monetären Aufkommens- und Nachfragekonten in der VGR dar. Erweiterte Versionen zeigen den Fluss natürlicher Ressourcen in die verschiedenen Wirtschaftssektoren und den Abfluss von Residuen aus diesen Sektoren in die Umwelt. Die Erweiterung erlaubt, die Belastung von Quellen- und Senkenfunktionen der Umwelt direkt mit ihren wirtschaftlichen Verwendungen zu verbinden. Input-Output-Tabellen werden jedoch wegen kostspieliger Datenerfordernisse selten in rein physischer Form ermittelt. Tabelle 8.1 zeigt summarisch die nur einmal publizierte deutsche PIOT. In dieser Tabelle werden fast 50 Mrd. Tonnen an Materialien und Residuen zur konventionellen (physischen) Input-Output-Tabelle hinzugerechnet. 49,6 Mrd. Tonnen sind Inputs von Rohstoffen in die Wirtschaft und 49,1 Mrd. Tonnen sind residuale Outputs der Wirtschaft in die Natur. Die Differenz ist Akkumulation von dauerhaften und eingelagerten Gütern.

Die Ergebnisse dieser Summierung von Tonnen sind unklar: Was sollen wir von einem gesamten Materialfluss in der Wirtschaft von 113 Mrd. Tonnen oder einem physischen BIP von 3,9 Mrd. Tonnen halten? Offensichtlich kann das Gewicht, nicht nur von Äpfeln und Orangen, sondern auch von Maschinen, Gebäuden und Computern nicht den Wert von Gütern und Dienstleistungen für die menschliche Nutzung erfassen. Man beachte auch, dass das physische BIP immaterielle Dienstleistungen ausschließt; die steigende Bedeutung der Dienstleistungen charakterisiert aber die post-industrielle Phase der wirtschaftlichen Entwicklung. Mit der

Ausweitung der Stoffstromrechnung auf physische Wirtschaftstätigkeiten ist man daher nicht in der Lage, eine sinnvolle Bewertung der Wirtschaftsleistung und ihrer Interaktion mit der Umwelt zu erstellen.

Die direkte Verbindung von physischen Umweltdaten mit den monetären Indikatoren der VGR bringt bessere Ergebnisse. Die niederländische Matrix der volkswirtschaftlichen Gesamtrechnung einschließlich der Umweltkonten (National Accounting Matrix including Environmental Accounts: NAMEA) (de Haan und Kee, ohne Datum) ist eine **hybride Input-Output-Tabelle**. Sie platziert physische Ressourcenströme und Emissionen neben die Transaktionen der monetären Aufkommens- und Verwendungskonten. Abbildung 8.2 gleicht der PIOT (Tab. 8.1), abgesehen von dem weißen Kern der konventionellen monetären Konten. Die Abbildung zeigt außerdem explizit grenzüberschreitende physische und monetäre Flüsse zu und aus dem Ausland. Die NAMEA lässt keine Änderungen der volkswirtschaftlichen Gesamtrechnung zu, da sie eine „strikte Grenze zwischen der ökonomischen Sphäre und der natürlichen Umwelt beibehält" (de Haan und Kee, ohne Datum, S. 2). Die NAMEA-Autoren sehen dies als eine Stärke. Das Einmauern der Wirtschaft verhindert aber einen echten Vergleich der Wirtschaftsergebnisse mit ihren Umweltbelastungen und somit eine wirklich integrative Erfassung ökologischer und ökonomischer Nachhaltigkeit. Möglicherweise ist dies auch die Absicht der SEEA-Revision, in der die hybride NAMEA eine wichtige Rolle spielte. Wie in Kap. 6 erwähnt, sind die meisten volkswirtschaftlichen Gesamtrechner gegen die volle Verschmelzung von Umweltkosten in die VGR-Indikatoren.

Physische und hybride Konten bauen keine guten Brücken zwischen ökologischen und ökonomischen Messungen und Analysen. Flexiblere, aber auf Annahmen beruhende Modelle könnten erfolgreicher sein. **Hybride Modelle** fanden in der Tat Politikoptionen für alternative physische Umweltziele. Abbildung 8.3 kombiniert für illustrative Zwecke zwei Versionen eines hybriden Input-Output-Modells der deutschen Wirtschaft. Das ursprüngliche Modell konzentrierte sich auf den Umwelt-Platzhalter der CO_2-Emission mittels einer Ökosteuer (Meyer 1999). Das neuere Modell setzte die Klimapolitik der Europäischen Union voraus und testete den Anstieg an Ressourcenproduktivität (Kap. 3) als hauptsächliche Umweltpolitik (Meyer 2005). Die Ökosteuer verlangsamte das BIP-Wachstum und reduzierte die CO_2-Emission, wogegen Dematerialisierung eine ökonomische „Vitalisierung" (ibid., S. 20) und ein stärkeres BIP-Wachstum hervorbringen sollte.

Modelle des angewandten allgemeinen Gleichgewichts (Computable General Equilibrium: CGE) verbinden ebenfalls physische Umweltbelastungen mit mehr oder weniger disaggregierten monetären Input-Output-Tabellen. CGE-Modelle bestimmen jedoch Gleichgewichtspreise als ein Ergebnis optimalen Verhaltens der Wirtschaftsakteure (Kap. 7). Man beachte, dass das obige Input-Output-Modell

AUFKOMMEN \ VERWENDUNG	Industrien 1, 2,...,n	Endnachfrage — Haushalte	Endnachfrage — Kapitalbildung und Akkumulation	Endnachfrage — Übrige Welt	PHYSISCHE Stoffströme (natürliche Ressourcen, Residuen)
Outputs	Vorleistungen	Endverbrauch	Bruttoinvestition	Exporte	Emissionen der Industrie und Haushalte
Einkommen	Wertschöpfung, Nettoinlandsprodukt				
Übrige Welt	Importe		Kapitaltransfers in die übrige Welt	Zahlungsbilanz	Importe von natürlichen Ressourcen und Residuen
PHYSISCHE Stoffströme (natürliche Ressourcen, Residuen)	*Natürliche Ressourceninputs, empfangene Residuen*	*Verwendung natürlicher Ressourcen, 'Verbrauch' von Residuen*	*Netto-Akkummulation von Materialien und Substanzen*	*Exporte von natürlichen Ressourcen und Residuen*	*Physische Bilanzen*

Abb. 8.2 Vereinfachte Struktur der NAMEA. Das hybride Input-Output-System stellt physische Aufkommen und Verwendungen von natürlichen Ressourcen und Schadstoffen (Residuen) direkt neben die VGR-Indikatoren des monetären Aufkommens und der Verwendung von Gütern und Dienstleistungen. NAMEA ist daher nur ein Zwischenschritt zur umweltökonomischen Gesamtrechnung. Sie kann jedoch die Datenbasis für hybride Modelle der physischen Umweltwirkungen von Wirtschaftstätigkeiten liefern. (Quelle: basierend auf Bartelmus 2004, S. 49; Tab. II, mit Erlaubnis von Elsevier)

Umweltkosten dagegen als einen einfachen „Aufschlag" auf die vorherrschenden Preise behandelt. CGE-Modelle definieren Umweltpolitik typischerweise als Emissionsstandards, die nicht überschritten werden *sollten*. Ökonomen verwerfen im Allgemeinen eine derartige Vermischung von beobachtbaren Daten mit wertenden Normen (Kap. 9). Der wesentliche Nachteil der CGE-Modelle liegt jedoch in ihren unrealistischen Annahmen von wettbewerbsfähigen Märkten und mathematischen Produktions-, Konsum- und Nutzenfunktionen, die zusammen Wohlfahrt in einem allgemeinen Gleichgewicht der Wirtschaft maximieren wollen. Ferner sind diese Modelle statisch und zeigen daher nicht den Übergang von einem herr-

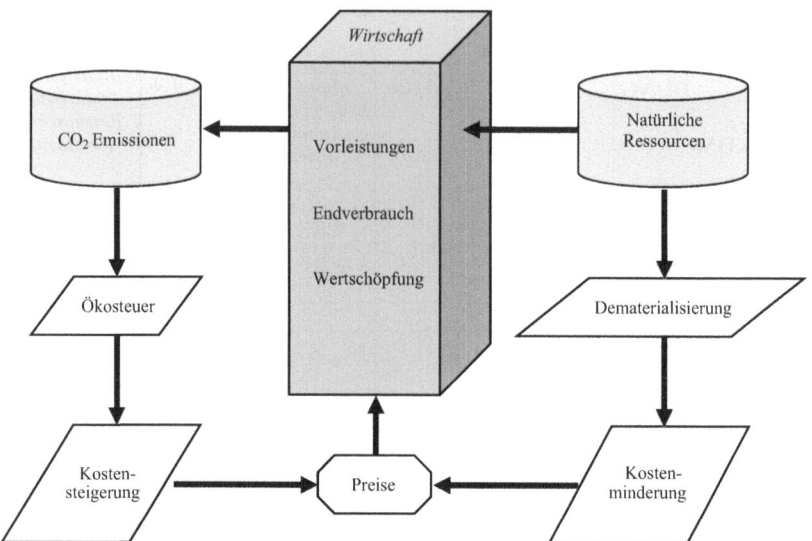

Abb. 8.3 Hybrides Input-Output-Modell. Das deutsche Panta-Rhei-Modell (Meyer 1999, 2005) verwendet monetäre und physische Input-Output-Daten und Indikatoren der VGR. Die radikal reduzierte Skizze illustriert die Einführung von physischen CO_2-Emissionen und natürlichen Ressourcen, die von Industrien und Haushalten verursacht, bzw. verwendet werden. Kostensteigerungen auf Grund der Besteuerung von Emissionen und Kostenminderungen durch ressourcensparende Dematerialisierung ändern die relativen Preise, die Struktur und das Ausmaß der Wirtschaft

schenden Gleichgewicht zu einem anderen – künftigen oder wünschenswerten – Gleichgewicht.

Modelle des optimalen Wirtschaftswachstums beabsichtigen, die Statik und die relativ begrenzte Perspektive der Input-Output- und Gleichgewichts-Modelle zu überwinden. Sie leiden aber unter ähnlich unrealistischen Annahmen zur Wohlfahrtsmaximierung und der ihr zugrunde liegenden Dynamik. Andererseits helfen sie bei der Begriffsbildung von nachhaltiger Wohlfahrt und ihrer Determinanten. Kapitel 7 beschrieb, wie Umweltökonomen die Kosten künftiger Umweltbelastungen in Wachstumsmodellen abzinsen, während ökologische Ökonomen niedrige oder Null-Diskontsätze für die Bewertung von Generationengerechtigkeit vorziehen. Eine Möglichkeit, einen Kompromiss zwischen dem Anliegen der Generationengerechtigkeit und der Suche nach Wohlstand durch Wirtschaftswachstum zu finden, könnte eine Regulierung durch den Hebel des Diskontsatzes sein.

8 Eine Brücke schlagen

Ein realistischerer und transparenterer Ansatz ist die Verbindung der Input-Output-Analyse (siehe weiterführende Literatur am Ende des Kapitels), die auf den Input-Output-Tabellen der VGR beruht, mit Umweltkapazitäten, welche Wirtschaftswachstum langfristig begrenzen. Das Ergebnis wäre ein klar definierter Rahmen, innerhalb dessen sich die Wirtschaftsaktivitäten entfalten könnten. Input- und Outputdaten ermöglichen hierfür die Quantifizierung und Modellierung von Produktion und Konsum und deren Umweltbelastungen. Die **lineare Programmierung** liefert hierzu den methodischen Ansatz (siehe weiterführende Literatur am Ende des Kapitels). Abbildung 8.4 illustriert für eine Zwei-Güter-Wirtschaft, wie ökologische Grenzen und soziale Erfordernisse (zur Befriedigung von Grundbedürfnissen) für Wirtschaftsaktivitäten gesetzt werden können. Ungleichungen anstatt Gleichungen beschreiben ökologische Grenzen für die maximale („nicht mehr als") Nutzung natürlicher Ressourcen und Umweltsenken und den minimalen Konsum („mindestens so viel wie") von Gütern und Dienstleistungen für einen notwendigen Lebensstandard. Die lineare Programmierung bestimmt so einen Zulässigkeitsraum, in dem die Wirtschaftstätigkeit innerhalb der Grenzen der ökologischen Tragfähigkeit eines Landes oder einer Region ablaufen könnte (Kap. 3).

Lineare Programmierung kann physische Grenzen der Tragfähigkeit für wirtschaftliche Aktivitäten setzen. Sie verbindet diese Grenzen mit ökonomischer Bewertung und Optimierung, indem sie physische Outputs mit monetären Einheitswerten in der Maximierungsfunktion Z^* der Abb. 8.4 gewichtet (multipliziert) (siehe weiterführende Literatur am Ende des Kapitels). Das Ergebnis ist eine transparente Verbindung von ökologischer Nachhaltigkeit mit der ökonomischen Maximierung der Wertschöpfung und ihrer Gesamtsumme als Nettoinlandsprodukt. Dynamische Versionen des Modells können die Kapitalbildung behandeln, indem sie Outputs für künftige Verwendungen abstellen. Die – begrenzte – Verfügbarkeit von produziertem und Naturkapital kann mit optimaler Kapitalbildung verbunden werden. Diese Verknüpfung erlaubt die Zusammenführung von ökologischer Nachhaltigkeit, d. h. von ökologischen Beschränkungen, mit der ökonomischen Nachhaltigkeit der Kapitalerhaltung. Begrenzte Optimalität in dynamischer linearer (und nichtlinearer) Programmierung zeigt so, wie **ökologische Ökonomik und Umweltökonomik** mittels ihrer Nachhaltigkeitskonzepte **vereinbar gemacht** werden können.

Die Verbindung der beiden Nachhaltigkeitskonzepte erfordert immer noch Konsens über die Art und Größe der Umweltbeschränkungen. Der zwieträchtige Teufel steckt in der Festlegung der notwendigen Beschränkungen. Ökologische Ökonomen möchten die Wirtschaftsaktivität auf einen nachhaltigen physischen Umfang reduzieren (Kap. 4). Umweltökonomen wollen es menschlichen Präferen-

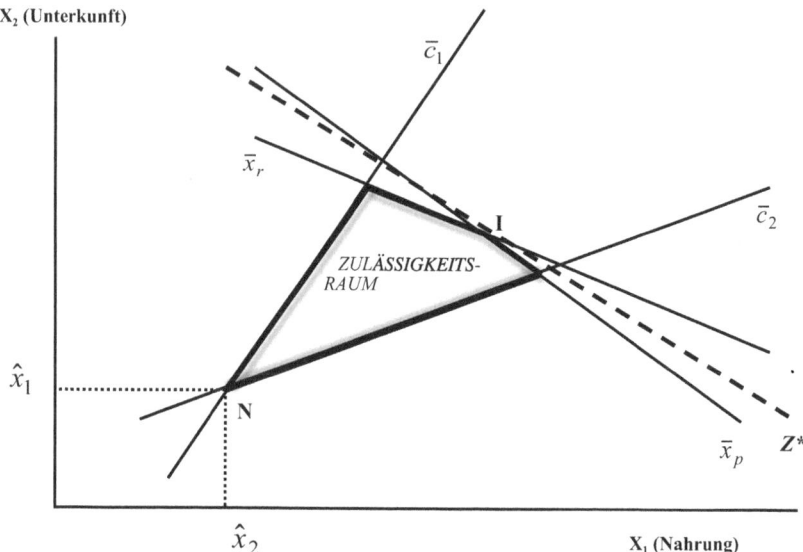

Abb. 8.4 Lineare Programmierung ökologisch nachhaltiger und optimaler Wirtschaftsaktivitäten. Produktion und Konsum von Nahrung und Unterkunft bilden die Wirtschaft ab in dieser illustrativen Darstellung. Lineare Ungleichungen des Minimumbedarfs an Nahrung $\bar{c}_1$ und Unterkunft $\bar{c}_2$ und Standards der maximalen Nutzung einer natürlichen Ressource $\bar{x}_r$ sowie der maximalen Emission eines Schadstoffes $\bar{x}_p$ definieren den (fett umrandeten) Zulässigkeitsraum für Outputs x_1 und x_2. $\hat{x}_1$ und $\hat{x}_2$ (am Punkt N) sind die zulässigen Bedürfnisse für die beiden Wirtschaftsgüter. Am Berührungspunkt I des Zulässigkeitsraums stellt Z^* (gestrichelte Linie) den größten Nettowert für zulässige (ökologisch nachhaltige) Kombinationen von Nahrung und Unterkunft dar. (Quelle: Bartelmus 2008, Abb. 12.3 basierend auf Bartelmus 1979, mit Erlaubnis von Springer Science + Business Media B.V.)

zen überlassen, die Bedeutung und Kosten von Umweltrisiken gegenüber dem Nutzen und Gewinn von Konsum und Produktion abzuwägen (Kap. 7). Zwar scheinen wir eine theoretische Brücke für die Vereinigung von ökologischer Ökonomik und Umweltökonomik gefunden zu haben, werden aber ökologische und Umweltökonomen die Brücke beschreiten und sich vielleicht in der Mitte treffen? Mit wenigen Ausnahmen scheinen sich beide Lager zu ignorieren. Dies könnte der Grund sein, warum die lineare Programmierungsmethodik, zumindest für eine nationale Nachhaltigkeitsanalyse und -politik, bisher nicht angewandt wurde.

Eine oft geäußerte Kritik ist, dass die Betonung der Polarisierung von Umweltökonomik und ökologischer Ökonomik den Gegensatz zwischen den beiden Lagern übertreibe. Die Verharmlosung offensichtlicher Uneinigkeit ist jedoch bedauerlich. Sie verhindert die gegenseitige Einschätzung von einerseits normativen Bewertungen biophysischer Daten und andererseits der eher positivistischen umweltökonomischen Analyse. Mit etwas gutem Willen würde ein entsprechender Methodenvergleich den Dialog, und nicht Dissens, zwischen Umweltschützern und Ökonomen fördern.

Weiterführende Literatur
Nobelpreisträger Wassily Leontief (1951) war der Wegbereiter der **Input-Output-Analyse**. Die Input-Output-Analyse erklärt die Struktur der Wirtschaft als ein System physischer Ströme; jeder Industriezweig kann im Prinzip Inputs zu jedem anderen Industriezweig liefern. Die einfache Matrixalgebra bestimmt, wie viel Output anderer (vorhergehender) Industriezweige benötigt wird, um ein bestimmtes Produkt herzustellen. Leontief (1970) baute auch Umweltverschmutzung und Schadstoffkontrolle in sein Modell ein. Seiner Analyse liegt eine **Input-Output-Tabelle** in physischen oder monetären Maßeinheiten zugrunde. Die Monetarisierung der Input-Output-Tabelle erlaubt, interindustrielle Ströme als Bestandteil der Aufkommens- und Verwendungskonten der volkswirtschaftlichen Gesamtrechnung darzustellen (European Commission et al. 2009). Hoekstra und van den Bergh (2006) beschreiben verschiedene Projekte physischer Input-Output-Tabellen in europäischen Ländern. Die Input-Output-Analysen von Murray und Wood (2010) bleiben ebenfalls im physischen Bereich: sie sind Fallstudien des direkten und indirekten Austrags von Abfällen und Schadstoffen in der Produktion. In ihrem „Leitfaden für den Nachhaltigkeitspraktiker" erklären die Autoren allerdings nicht, wie die Nachhaltigkeit der Wirtschaftstätigkeit gemessen werden könnte.

Die **lineare Programmierung** ökonomischer Aktivitäten, häufig auch Aktivitätsanalyse genannt, öffnet das Input-Output-System zu optimalem Verhalten unter Beschränkungen durch maximale Produktions- und Umweltkapazitäten und minimale Konsumbedürfnisse. Das Modell definiert Optimalität als den höchsten monetären Wert der zulässigen Netto-Output-Kombinationen, gewichtet mit der Wertschöpfung v_i pro Output-Einheit. Der tangentiale Wert Z* für verschiedene Werte von $Z = \sum_i v_i x_i (Z = v_1 x_1 + v_2 x_2)$ in Abb. 8.4 ist das maximal zulässige „grüne" Nettoinlandsprodukt einer Wirtschaft, die unter Umwelt- und anderen Restriktionen operiert. Verfeinerungen des Modells erlauben eine nichtlineare Substitution von Produktionsfaktoren in dynamischen Modellen. Dorfman et al. (1958) ist immer noch eine der besten Einführungen in die ökonomische Analyse der linearen Programmierung. Bartelmus (1979) baute von den Vereinten Nationen propagierte Konzepte sozialer (innerer) Grenzen und (äußerer) Umweltgrenzen in den linearen Programmierungsrahmen ein. Bis jetzt konzentrierten sich empirische Anwendungen der linearen Programmierung allerdings eher auf lokale Ökosysteme und Unternehmensführung als auf die nationale Politik.

Zur Diskussion
- Ist der Dissens zwischen ökologischer Ökonomik und Umweltökonomik übertrieben?
- Kann die Verbindung von Daten der Umweltbelastung mit Wirtschaftsaktivitäten diesen Dissens überwinden?
- Was leisten hybride Modelle für den Vergleich und die Kombination von ökonomischer und ökologischer Nachhaltigkeit?
- Was kann die lineare Programmierung zur Verbindung von Umweltstandards und Wirtschaftstätigkeiten beitragen? Behindert die Vermischung von normativen Standards und positivistischer Ökonomik die wissenschaftliche Analyse der Nachhaltigkeit?
- Ist die Wahl eines relativ niedrigen Diskontsatzes für künftige Umweltbelastungen ein guter Kompromiss zwischen Gerechtigkeit für künftige Generationen und Gerechtigkeit für die gegenwärtige?
- Brauchen wir eine einigende Theorie der *Öko*-nomik (Kap. 1) mit einem gemeinsamen Nachhaltigkeitskonzept?

Teil III
Nachhaltige Entwicklung: Was brauchen wir noch?

Ein Königsweg? 9

- Nachhaltige Entwicklung ist ein bestechendes, aber unklares Paradigma.
- Wie der Entwicklungsbegriff *möchte nachhaltige* Entwicklung menschliche Lebensbedingungen verbessern, aber mit dem Schwerpunkt auf soziale, ökonomische und ökologische Bedürfnisse der gegenwärtigen und künftigen Generationen.
- Ökologische Ökonomen machen sich das *normative Paradigma* zu eigen; Umweltökonomen verfolgen den Erhalt oder die Maximierung von Wohlfahrt; sie neigen dazu, nachhaltige Entwicklung anderen Fachgebieten zu überlassen.
- *Indizes* der nachhaltigen Entwicklung bestimmen die Rangordnung der erfassten Länder; Durchschnittswerte von Indikatoren können nachhaltige Entwicklung weder definieren noch messen.
- Die *Globalisierungsdebatte* ließ nachhaltige Entwicklung wieder aufleben; es ist aber unklar, ob Globalisierung der nachhaltigen Entwicklung hilft oder sie behindert.

Nachhaltige Entwicklung ist wie der Heilige Gral: Jeder findet sie gut, viele glauben an ihre Stärke, noch keiner hat sie gefunden. Regierungen versprechen nachhaltige Entwicklung in Erdgipfeln (Kap. 10) und zu Hause. Die Vereinten Nationen schließen sie in ihren Millennium-Entwicklungszielen (siehe weiterführende Literatur am Ende des Kapitels) ein. Die Europäische Union hat sie in ihrer Verfassung, ebenso wie die kaum umweltfreundliche Welthandelsorganisation. Fast alle Veröffentlichungen über Umwelt und/oder Entwicklung sehen sich veranlasst, das Konzept zur Unterstützung ihrer Argumente aufzurufen. In Wirklichkeit stellt die Wirtschaftspolitik auf Wirtschaftswachstum und Beschäftigung ab, während Umweltorganisationen am Rande bleiben (Abb. 9.1).

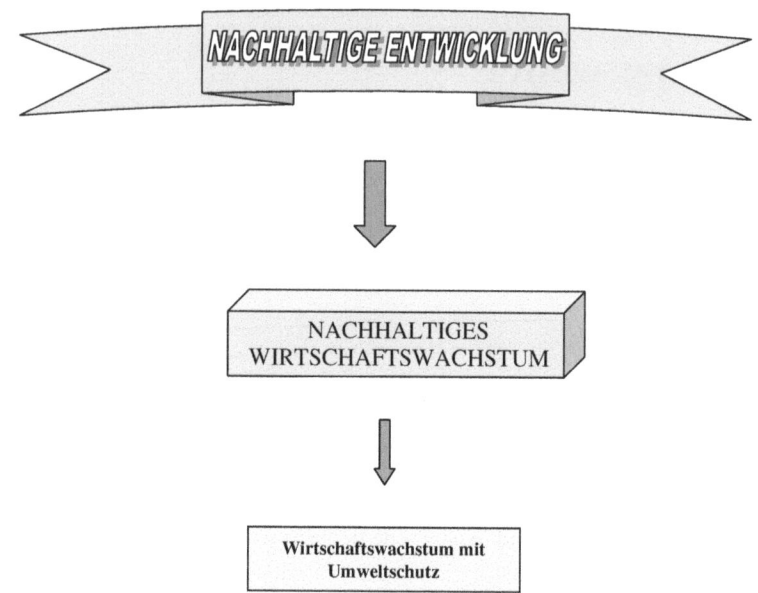

Abb. 9.1 Nachhaltige Entwicklung – im Reduktionsmodus? Die meisten Länder verfolgen Wirtschaftswachstum unter dem Banner der nachhaltigen Entwicklung: sie sehen Entwicklung als Wirtschaftswachstum und Nachhaltigkeit als Umweltschutz

Was macht nachhaltige Entwicklung so gewinnend und gleichzeitig schwer fassbar? Die Antwort liegt in dem breiten Begriff der **Entwicklung** und seiner Interpretation. Generell strebt sozioökonomische Entwicklung die Verbesserung menschlicher Lebensbedingungen und Wohlfahrt an. Offensichtlich gilt eine derartige Definition für Länder in allen Entwicklungsstadien, einschließlich solcher, die sich als „entwickelt" ansehen. Versuche, Entwicklung zu konkretisieren, verweisen auf eine Vielfalt von menschlichen Bedürfnissen und weniger greifbaren Ansprüchen (Max-Neef et al. 1989). Unzulängliche Befriedigung selbst von „Grundbedürfnissen" (ILO 1977) beschreibt die Situation in Entwicklungsländern. Abbildung 9.2 zeigt – mittels Rangvergleich im Index der menschlichen Entwicklung (UNDP 2013) – den niedrigen Entwicklungsstand Afrikas und die hohe Entwicklung von Nordamerika, Europa, Japan und Ozeanien.

Enttäuschung über verlorene Entwicklungsdekaden der internationalen Entwicklungsstrategien (siehe weiterführende Literatur am Ende des Kapitels) und erhebliche Umweltzerstörung veranlassten die Vereinten Nationen eine Weltkommission für Umwelt und Entwicklung einzusetzen. Das Ziel war, die Gründe für das Versagen von Umwelt- und Entwicklungspolitik zu ermitteln und nach Lösun-

9 Ein Königsweg?

Abb. 9.2 Am wenigsten und am meisten entwickelte Länder nach dem Index der menschlichen Entwicklung 2012 (UNDP 2013). Der Index bestimmt die Rangordnung der Länder als Durchschnitt des Pro-Kopf-Bruttonationaleinkommens (BNE), Bildung (Alphabetisierung) und Lebenserwartung. Man beachte, dass die BNE-pro-Kopf-Rangordnung Katar an die erste Stelle platziert, während die USA und Deutschland auf Rang 9 bzw. 15 absinken. Die zehn am wenigsten entwickelten Länder befinden sich alle in Afrika

gen zu suchen. Die als Brundtland-Kommission bekannte Weltkommission proklamierte **nachhaltige Entwicklung** (siehe weiterführende Literatur am Ende des Kapitels) für die Integration fragmentierter Politik auf nationaler und internationaler Ebene. Eine Politikintegration von Fachministerien und Sonderorganisationen könnte übergreifende „Spillover-Effekte" von Armuts- und Umweltprogrammen bewältigen. Nachhaltige Entwicklung fügt damit eine weitere „Säule" (United Nations 2003) des Umweltschutzes zu den anderen Säulen von sozialer Gerechtigkeit und Wirtschaftswachstum des gängigen Entwicklungsbegriffs hinzu. Oft wird auch der Aufbau von Institutionen als vierte Säule angeführt (Abb. 9.3). Die Säulenmetapher kommt dem Einsatz von Realkapital zur Gewährleistung von nachhaltigem Wirtschaftswachstum nahe (Kap. 6). Häufig wird auch von verschiedenen „Dimensionen" (anstatt von Säulen) gesprochen (z. B. UNESCO 2010), da diese eher die Notwendigkeit der Integration von Entwicklungszielen andeuten.

Die Weltkommission prägte auch die populäre **Definition der nachhaltigen Entwicklung** als „Entwicklung, die die Bedürfnisse der gegenwärtigen Generation befriedigt, ohne die Fähigkeit künftiger Generationen, ihre eigenen Bedürfnisse zu befriedigen, zu beeinträchtigen" (WCED 1987, S. 43). Die Befriedigung der Bedürfnisse künftiger Generationen ist eine Frage der Generationengerechtigkeit in der Verteilung von Einkommen und produziertem und natürlichem Vermögen. Generationengerechtigkeit sorgt dafür, dass künftigen Generationen Wohlstand und Umweltgüter mindestens im gleichen Umfang zur Verfügung stehen wie der

Abb. 9.3 Die vier Säulen der nachhaltigen Entwicklung. Zusammenwirkende Wirtschafts-, Umwelt-, Sozial- und Institutionspolitik erfordert Integration oder zumindest Koordination. Gemäß der Weltkommission für Umwelt und Entwicklung tendieren Ministerien und Regierungsorganisationen dazu unabhängig voneinander zu handeln; die Folge ist Versagen sowohl von Umwelt- als auch von Entwicklungsstrategien

Arik Bartelmus

gegenwärtigen Generation. Intragenerationelle und internationale Gerechtigkeit für die gegenwärtige Generation beziehen sich auf die soziale Dimension von Entwicklung. Das Ziel ist, das Wohlstands- und Wohlfahrtsgefälle innerhalb der Länder und zwischen reichen und armen Ländern zu verringern. Man kann davon ausgehen, dass menschliche Bedürfnisse diese und alle anderen Entwicklungsziele umfassen.

Das breite Spektrum der Bedürfnisse macht nachhaltige Entwicklung zu einem bestechenden, aber unklaren Anliegen: Jeder kann ihr zustimmen, ohne für ihren Erfolg oder ihr Scheitern verantwortlich gemacht zu werden. Der Industrie bietet nachhaltige Entwicklung Investitionschancen im Bereich des Umweltschutzes; Regierungen sehen sie als ein Mittel, den Widerstand von Umweltaktivisten gegen Wirtschaftswachstum abzuschwächen; und die Zivilgesellschaft benutzt sie als ein Argument gegen die Globalisierung. Mit nachhaltiger Entwicklung „ist alles in Harmonie" (WCED 1987, S. 46).

Solche Harmonie lässt auf die **Versöhnung der ökologischen und ökonomischen Weltanschauung** hoffen, selbst wenn Messung und Modellierung hierbei bis jetzt erfolglos blieben (Kap. 8). Moralistische Aufrufe zur Genügsamkeit, zur Umweltverantwortung und zu sozialer Gerechtigkeit kennzeichnen die ökologische Ökonomik (Kap. 4). Es ist daher nicht überraschend, dass ökologische Ökonomen ein Paradigma einspannen, welches auf „sozialen und ethischen Werten basiert" (Faucheux 2001, S. 1763) und „qualitative Entwicklung" statt quantitatives Wirt-

9 Ein Königsweg?

schaftswachstum verfolgt (Daly und Farley 2004, S. 6). „Koevolutionäre Ökonomik" vertritt eine ähnliche institutionelle Sicht (Norgaard 1994; Söderbaum 1999; Faucheux 2001): Sie baut auf dem ökologischen Konzept der Evolution auf und untersucht den Wandel von Werten und Institutionen im Hinblick auf langfristige Nachhaltigkeit von Umwelt und Entwicklung. Eine Reform der Institutionen soll Nachhaltigkeit für alle Entwicklungssäulen erzielen.

Vielleicht etwas weniger normativ als nachhaltige Entwicklung, aber ebenso weitreichend und vage, ist der auf Nutzen aufbauende Begriff der **Wohlfahrt**. Sowohl Umweltschützer als auch Ökonomen verwenden Wohlfahrt, um positive Effekte des Wohlbefindens zu beschreiben, die von Ökosystemleistungen, Konsum von Gütern und Dienstleistungen und sonstigen sozialen und kulturellen Einrichtungen hervorgerufen werden. Wohlfahrtsmaximierung und Entwicklung entsprechen daher einander auf einem höheren metaphysischen Niveau – im Gegensatz zu einem realistischeren Zusammenhang von Umweltgrenzen und Outputs der Wirtschaftstätigkeit (Kap. 4, 8). Meinungsverschiedenheiten treten auf bei der Bewertung der Wohlfahrtseffekte und bei der Bestimmung von Prioritäten für Umwelt- und Wirtschaftspolitik (Abb. 9.4). Mainstream-Ökonomen betrachten die Vermischung von ökologischen und sozialen Normen mit Fakten als Obstruktion wissenschaftlicher Analyse. Ihrer Meinung nach sind soziale Werte und Normen institutionelle Vorbedingungen, welche wissenschaftliche (auf Fakten beruhende) Ökonomik nicht trüben sollten (Samuelson und Nordhaus 1992; Beckerman 1994). Ökologische Ökonomen (Krall und Klitgaard 2011, S. 185, 190) setzen dagegen: „Ökologische Ökonomik muss sich von ihren neoklassischen Wurzeln befreien", da sie „mit institutioneller und heterodoxer politischer Ökonomik besser bedient wäre."

Umweltökonomen sind weniger kategorisch hinsichtlich der Kombination von Umweltstandards und Wirtschaftsanalyse. Sie scheinen sich aber nicht sicher zu sein, wie sie mit dem populären Paradigma umgehen sollen. Ihre Lehrbücher widmen der nachhaltigen Entwicklung bestenfalls ein oder zwei Kapitel, die sie als eine Frage **starker gegenüber schwacher Nachhaltigkeit** ansehen (z. B. Turner et al. 1993; Tietenberg 2005; Hanley et al. 2007; siehe Kap. 3, 6). Die Annahme schwacher (ökonomischer) Nachhaltigkeit erlaubt es, nachhaltige Entwicklung als Wirtschaftswachstum zu betrachten, da alle Arten von Kapitalverwendungen untereinander substituiert werden können. Ökologische Ökonomen bezweifeln diese Annahme; sie argumentieren, dass kritisches Naturkapital Wirtschafts- und Wohlfahrtswachstum hemmen könnte. Umweltökonomen leugnen nicht die Existenz von „komplementärem" (nichtsubstituierbarem) Naturkapital, sie überlassen aber dessen Erhaltung meist den Umweltschützern. Ebenso neigen sie dazu, soziale, kulturelle oder politische Entwicklungsanliegen anderen Fachgebieten, ins-

Arik Bartelmus

Abb. 9.4 Harmonie in den Wolken – Streit auf Erden. Nachhaltige Entwicklung verspricht die Lösung aller Probleme und ist genügend vage, um allgemein akzeptiert zu werden. Umweltschützern und Ökonomen gelingt es aber nicht, gemeinsame Prioritäten für die Umsetzung von Umwelt- und Wirtschaftspolitik zu finden

besondere der institutionellen Ökonomik (siehe weiterführende Literatur am Ende des Kapitels) und der Entwicklungsökonomik zuzuordnen.

Ökologische Ökonomen versuchen, das normative Konzept der nachhaltigen Entwicklung mit Substanz zu füllen, indem sie repräsentative Indikatoren für ihre verschiedenen Säulen auswählen. Die Indikatoren können positive oder negative Trends in den Gebieten, die sie repräsentieren, identifizieren. Ihre Verknüpfung mit Zielen und Standards macht die Sicht der nachhaltigen Entwicklung sichtbarer. Allerdings bringt eine derartige Verknüpfung Werturteile mit sich. In Kap. 2 wurden einige internationale Rahmenwerke für die Messung nachhaltiger Entwicklung erwähnt. Die Rahmenwerke können Ordnung in lange Indikatorenlisten bringen, sie können aber nicht die Probleme der Wahl und Aggregation von Indikatoren

9 Ein Königsweg?

lösen. Dagegen behaupten populäre **Indizes der nachhaltigen Entwicklung** (siehe weiterführende Literatur am Ende des Kapitels) dass sie

- „Fortschritt … in nachhaltiger Entwicklung" abbilden – nachhaltiger Entwicklungsindex (Nováčekund Mederly 2002, S. 50),
- die Nachhaltigkeit der Gesellschaft und ihr „gutes Leben" als hohes Niveau des „Wohlbefindens von Menschen und Ökosystemen" ausdrücken – Index des Wohlbefindens (Prescott-Allen 2001, S. 1),
- die „Aussicht auf langfristige Nachhaltigkeit der Umwelt" ermessen – ökologischer Nachhaltigkeitsindex (Yale Center for Environmental Law and Policy und Center for International Earth Science Information Network 1997–2006, S. 1).

Die Indizes können nur den Rang von Ländern vergleichen. Der Grund ist, dass Durchschnittswerte von Indikatoren nicht das Ausmaß von Nachhaltigkeit und Entwicklung definieren können. Abbildung 9.5 zeigt, dass die Rangordnungen aufgrund von Unterschieden im Geltungsbereich und der Indikatorenauswahl stark variieren können. Indikatoren und Indizes liefern somit weder eine klare Definition der nachhaltigen Entwicklung noch eine Blaupause für ihre Umsetzung.

Die **Globalisierungsdebatte** und Demonstrationen bei den Ministerkonferenzen der Welthandelsorganisation (World Trade Organization: WTO) (siehe weiterführende Literatur am Ende des Kapitels) in Seattle, Cancún und Hongkong ließen den Ruf nach nachhaltiger Entwicklung wieder aufleben. Die Absicht war, auf Alternativen zu einem globalisierenden Kapitalismus hinzuweisen. Mehr als jede andere Institution verkörpert die WTO solchen Kapitalismus durch ihre Förderung des freien Handels in konkurrierenden internationalen Märkten. Negative soziale und ökologische Wirkungen des Freihandels machen die WTO für Umweltschützer zum Sündenbock – trotz der Proklamierung einer nachhaltigen Entwicklung im WTO-Abkommen.

Globalisierung (siehe weiterführende Literatur am Ende des Kapitels) ist nicht neu. Missionierender Kolonialismus verbreitete westliche Religionen und Zivilisation, führte zu politischer Dominanz europäischer Länder und unterstützte deren Wirtschaftswachstum und Industrialisierung (Abb. 9.6). Was sich seitdem geändert hat, ist die Geschwindigkeit und Art der internationalen Beziehungen und des Welthandels. Es ist aber nicht klar, inwieweit Globalisierung der nachhaltigen Entwicklung hilft oder sie behindert. Ökonomen betonen, dass Freihandel die Nutzung komparativer Vorteile in Wissen und Ausstattung mit produziertem und natürlichem Kapital fördert. Die Folge ist ein beschleunigtes Wirtschaftswachstum und die damit verbundene Verbesserung von Lebensstandards und des Umweltschutzes in allen Ländern. Ihrer Meinung nach hilft Globalisierung auch bei der

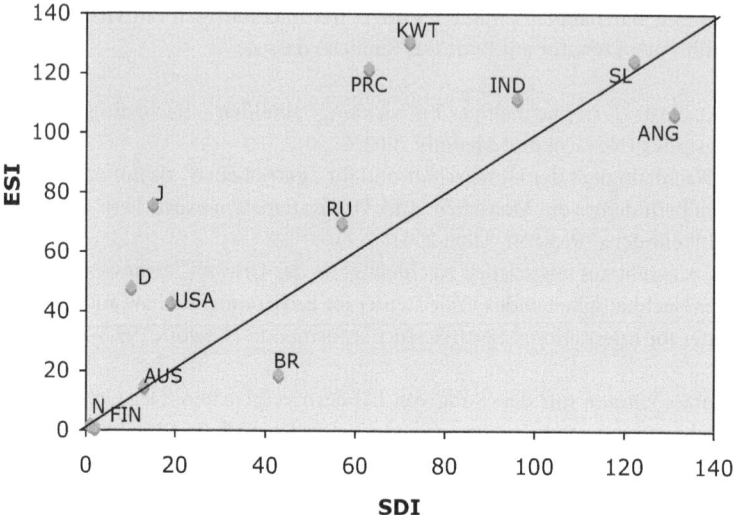

Ländercode : ANG – Angola, AUS – Australien, BR – Brasilien, D – Deutschland, FIN – Finnland, IND – Indien, J – Japan, KWT – Kuwait, PRC – China, RU – Russland, SL – Sierra Leone.

Abb. 9.5 Rang ausgewählter Länder in der nachhaltigen Entwicklung. Auf einer Skala von 1 bis 131 (für die in die Rangfolge einbezogenen Länder) zeigen der nachhaltige Entwicklungsindex (Sustainable Development Index: SDI) und der mehr zukunftsorientierte ökologische Nachhaltigkeitsindex (Environmental Sustainability Index: ESI) unterschiedliche Ergebnisse. Ausnahmen sind die hochrangigen (mit niedrigen Rangzahlen) Länder Norwegen, Finnland und Australien und das niedrigrangige Sierra Leone. Angola und Kuwait liegen am niedrigsten mit jeweils 131 für den SDI, bzw. ESI. (Quelle: Bartelmus 2008, Tab. 5.4, ausgewählte Länder)

Verbreitung von nachhaltiger Entwicklung und entsprechender sozialer Ziele und Umweltstandards. Umweltschützer glauben dagegen, dass die durch globalisierten Handel und Wirtschaftswachstum verursachten sozialen Kosten die komparativen Vorteile wettmachen. Sie befürchten auch, dass der durch Freihandel hervorgebrachte ungezügelte Wettbewerb zur Aufgabe von sozialen, kulturellen und ökologischen Errungenschaften führt.

Nachhaltige Entwicklung erhebt einen hohen moralischen Anspruch, wenn sie Politiker an immaterielle soziale Ziele und insbesondere an Verteilungsgerechtigkeit für die gegenwärtigen und künftigen Generationen erinnert. Kann sie aber praktischer Umwelt-, Wirtschafts- und Sozialpolitik dienen?

Weiterführende Literatur
Seit den 1960er-Jahren bemühten sich die Vereinten Nationen, den Lebensstandard in Entwicklungsländern mithilfe von **internationalen Entwicklungsstrategien** zu verbessern.

9 Ein Königsweg? 115

Arik Bartelmus

Abb. 9.6 Globalisierung ist nicht neu. Im 19. und frühen 20. Jahrhundert überquerten Windjammer und Klipper die Ozeane, um natürliche Ressourcen und exotische Produkte nach Europa zu bringen

„Entwicklungsdekaden" versuchten, die Strategien zu konkretisieren und zu überwachen. Trotz einer Rückkehr zum Wirtschaftswachstum (mit zusätzlichen sozialen und ökologischen Zielen) in der vierten und letzten Dekade gelang es nicht, die Lücke zwischen reichen und armen Ländern zu reduzieren (Bartelmus 1994). **Millennium-Entwicklungsziele** (Millennium Development Goals: MDG) der Vereinten Nationen (VN) (United Nations 2010b) setzten Ziele für alte und einige neue (AIDS, Globalisierung) Entwicklungsanliegen. Die Ziele umfassen Armutsminderung, Erziehung, Gleichberechtigung der Geschlechter, Gesundheit, ökologische Nachhaltigkeit und globale Partnerschaft für Entwicklung. Im Jahr 2010 bekundete ein VN-Gipfel „tiefe Besorgnis", dass Fortschritt „weit unter den Anforderungen zurückbleibt" (United Nations 2010a, Par. 1). Ein neues „Aktionsprogramm" soll daher die Ziele bis zu ihrer Fälligkeit in 2015 umsetzen. Die MDG scheinen aber Wirtschaftswachstum zu umgehen und sehen daher mehr wie eine Agenda für soziale Entwicklung aus. Es bleibt abzuwarten, ob ein derartig enges Entwicklungskonzept erfolgreicher sein kann als die verschiedenen Strategien der Entwicklungsdekaden.

Nachhaltige Entwicklung ist kein neues Konzept. Bereits vor 300 Jahren dürfte der sächsische Oberberghauptmann Hannß Carl von Carlowitz (1713) Nachhaltigkeit erfunden haben. Holznot in Europa veranlasste von Carlowitz, eine „beständige und nachhaltende Nutzung" durch „Conservation und Anbau des Holtzes" zu fordern. Zweieinhalb Jahrhunderte später rief die Welt-Naturschutzstrategie zu „nachhaltiger Entwicklung" durch Erhaltung unserer lebenden Ressourcen auf (IUCN et al. 1980). Im Wesentlichen ist die Strategie auf ökologische Prinzipien der Tragfähigkeit von Ökosystemen ausgerichtet (Kap. 3). Für die Verbindung von Trag- und Widerstandsfähigkeit der Natur mit Entwicklung, also nachhaltige Entwicklung, empfehlen ökologische Ökonomen sichere Mindeststandards (Kap. 4), welche die Wirtschaftstätigkeit einschränken könnten (Opschoor und van der Straaten 1993; Rennings et al. 1999; Ekins et al. 2003). Die Erdgipfel der Vereinten Nationen (Kap. 10) übernahmen die breite Definition der Weltkommission für Umwelt und Entwicklung (WCED 1987).

Ökologische Ökonomen griffen die **institutionelle Ökonomik** bereitwillig auf, wenn auch nur als Gegenargument zur abstrakten mathematischen Modellierung von Nutzenmaximierung in neoklassischer Ökonomik. Möglicherweise erhoffen sie sich auch eine theoretische Untermauerung ihrer Ansätze durch einen Fokus auf Institutionen, Regeln und soziale Gepflogenheiten. Die Wurzeln institutioneller Ökonomik sind bei Veblen (1899) und Commons (1934) zu finden. Hodgson (1998) gibt einen Überblick, einschließlich zur „neuen" institutionellen Ökonomik.

Entwicklungsindizes sind im Allgemeinen Durchschnitte von standardisierten (für eine gemeinsame Skala, bspw. von 1 bis 10) Indikatoren. Normalerweise geben sie den zugrunde liegenden Indikatoren gleiche Gewichtung, unabhängig von ihren jeweiligen Rollen und Bedeutungen in der Entwicklung:

- Der nachhaltige Entwicklungsindex (Sustainable Development Index: SDI) mittelt 58 statistische Maße in ökonomischen, sozialen, demografischen und politischen Bereichen (Nováček und Mederly 2002),
- der Index der menschlichen Entwicklung (Human Development Index: HDI) ist ein Durchschnitt von Lebenserwartung, Erziehung (durchschnittliche und erwartete Schuljahre) und Bruttovolkseinkommen pro Kopf (UNDP 2013),
- der Index des Wohlbefindens (Well-Being Index: WI) ist ein Durchschnitt von 81 Indikatoren des Wohlbefindens von Menschen und Ökosystemen; die Annahme ist, dass nachhaltige Entwicklung die Befriedigung menschlicher Bedürfnisse mit Ökosystemleistungen für die Lebenserhaltung kombiniert (Prescott-Allen 2001),
- der ökologische Nachhaltigkeitsindex (Environmental Sustainability Index: ESI) ermittelt den Mittelwert von 68 Maßen der Umweltbelastung, von Gesundheitseffekten und von nachhaltigen Entwicklungskapazitäten (Yale Center for Environmental Law and Policy und Center for International Earth Science Information Network 1997–2006).

9 Ein Königsweg?

Ein Vergleich des HDI, der Umweltprobleme ignoriert, mit dem SDI zeigt eine hohe Korrelation der Indizes (Bartelmus 2008). Eine Evaluierung von 11 Indizes (Böhringer und Jochem 2007, S. 1) fand, dass alle „nutzlos, wenn nicht irreführend für konkrete Politikberatung" sind.

Das Ziel der **Welthandelsorganisation** (WTO) ist die Liberalisierung des Welthandels. Das Marrakesch-Abkommen zur Errichtung der WTO proklamiert „nachhaltige Entwicklung, die bestrebt ist, sowohl die Umwelt zu schützen und zu erhalten als auch die Mittel hierfür zu verstärken" (WTO ohne Datum, (c)). Verschiedene WTO-Artikel legen auch Ausnahmen von den Freihandelsregeln fest. Vor allem der GATT-Artikel 20, dessen Ausnahmeregelungen von der WTO übernommen wurden, ruft zum „Schutz menschlichen, tierischen und pflanzlichen Lebens oder Gesundheit" auf. Umweltschützer beklagen dennoch den Mangel an Transparenz und Verantwortlichkeit der WTO. Speth (2003) kritisiert den engen Fokus der WTO auf die Auswirkungen von Umweltpolitik *auf* den Handel unter Vernachlässigung der Wirkungen *des* Handels auf die Umwelt. Die Website der WTO beschreibt im Detail WTO-Politik, aus der Sicht der WTO (WTO ohne Datum, (b)). Auf der Website wird auch der Stand der – kürzlich wieder aufgenommenen – Doha-Verhandlungen zu Umwelt und Entwicklung (WTO ohne Datum, (a)) erläutert.

Globalisierung kann als beschleunigte grenzüberschreitende Integration von Lebensstilen, Märkten und Produktion von Gütern und Dienstleistungen definiert werden. Neue Informations- und Transporttechnologien (siehe weiterführende Literatur, Kap. 7) und Freihandel machten sie möglich. Umweltschützer betonen die negativen Wirkungen der Globalisierung und insbesondere eine Machtverschiebung von Regierungen auf transnationale Konzerne (Daly 1999; Mander 2003). Ökonomen verteidigen die Konzerne und Globalisierung (bspw. Bhagwati 2002, 2004). Rodrik (1997) gibt eine knappe und neutralere Einschätzung der Globalisierungswirkungen. Internationale Organisationen befürworten Informations- und Kommunikationstechnologien als entscheidende Faktoren der globalen Entwicklung (Kap. 7).

> **Zur Diskussion**
> - Was ist das Ziel der nachhaltigen Entwicklung? Glück und menschliche Wohlfahrt, wie beispielsweise in der Unabhängigkeitserklärung und Verfassung der USA verankert? Oder ist es die Befriedigung menschlicher Bedürfnisse in der populären Brundtland-Definition?
> - Die Evaluierung der Millennium-Entwicklungsziele (MDG) durch eine im Jahr 2010 einberufene Gipfelkonferenz sah Fortschritte bei einigen Zielen, aber meistens Erfolglosigkeit in der Erreichung von ökologischer Nachhaltigkeit. Wo bleibt die Verpflichtung, die MDG bis zum Jahr 2015 zu erreichen?
> - Können wir Wirtschaftsentwicklung mit Wirtschaftswachstum und Nachhaltigkeit mit Umweltschutz gleichsetzen? Ist das die Auffassung der Regierungen?

- Was sagen die Indikatoren und Indizes zur nachhaltigen Entwicklung? Liefern sie eine praktische Definition der nachhaltigen Entwicklung?
- Die Globalisierung wird für ungerechte internationale und intergenerationelle Verteilung von Umwelt- und Wirtschaftsgütern verantwortlich gemacht. Stimmen Sie dem zu? Oder sollten „die Grünen den Handel lieben" (*The Economist* vom 10. 10. 1999)?
- Hat die Rezession von 2008/09 die Globalisierung verzögert?
- Warum machen sich ökologische Ökonomen nachhaltige Entwicklung zu eigen?
- Ein Rezensent des Buches fand die Kapitel über nachhaltige Entwicklung ziemlich vage. Stimmen Sie mit ihm überein? Wessen Fehler ist das: der des Autors oder ist es die inhärente Verschwommenheit des Paradigmas?

Was ist zu tun? 10

- Die lokale Ökoentwicklung hatte einige Erfolge, sie kann aber die nationale Nachhaltigkeitspolitik nicht ersetzen.
- Regierungen proklamieren eine nachhaltige Entwicklung, haben aber in Wirklichkeit nur Wirtschaftswachstum im Blick.
- Erdgipfel und internationale Konventionen haben nur einen begrenzten Einfluss auf die Umsetzung nachhaltiger Entwicklung.
- Entglobalisierung versucht, die negativen Wirkungen der Globalisierung zu reduzieren.
- Die Ökologisierung der Welthandelsorganisation könnte die die durch eine Handelsliberalisierung hervorgerufenen Umweltbelastungen vermindern.
- Hat nachhaltige Entwicklung ausgedient? Wahrscheinlich, zumindest für praktische Politik.

Nachhaltige Entwicklung erfordert eine **integrierte Politik**, um Konflikte und Synergismen in ihren Zielen anzugehen. Der Anbau von biologischen Kraftstoffen kann beispielsweise die Agrarwirtschaft wiederbeleben und gleichzeitig den Einsatz von fossilen Brennstoffen und deren Emissionen reduzieren; er kann aber auch die Ernährungssicherheit durch Verdrängung der Nahrungsmittelproduktion gefährden. Man kann wohl kaum etwas gegen die Berücksichtigung aller Säulen der nachhaltigen Entwicklung einwenden – besonders dann nicht, wenn das Paradigma in den hehren Höhen einer „transdisziplinären" Philosophie verbleibt (z. B. Lawn 2007, S. 3). Konflikte kommen jedoch auf, wenn nachhaltige Entwicklung die Prioritäten und Politik ihrer verschiedenen Säulen umsetzen soll. Wie mehrfach erwähnt, sind gegensätzliche Weltanschauungen zur Rolle und Bedeutung der Natur für Wohlbefinden und Wohlfahrt die Gründe für die Polarisierung von Umwelt-

Abb. 10.1 Denke global und handle lokal? Warum nicht umgekehrt: könnte nicht Nachdenken über und Messung von lokalen Belastungen globale Aktion auslösen? Der populäre Spruch scheint irrelevant zu sein, da wir Messung und Aktion auf allen Ebenen benötigen

Arik Bartelmus

schützern und Ökonomen (Kap. 1, 8 und 9). Konsens hängt aber nicht nur von der Lösung interdisziplinärer Meinungsverschiedenheiten ab, sondern auch davon, *wo* Entscheidungen getroffen werden. Abbildung 10.1 stellt die Frage, ob erste Reaktionen auf Umweltprobleme lokal, national oder global stattfinden sollten.

Auf **lokaler** (kommunaler) **Ebene** könnte die Verbundenheit der Einwohner untereinander und mit der Natur ein Übereinkommen hinsichtlich der sozialen, kulturellen, ökologischen und wirtschaftlichen Zustände und deren Verbesserung ermöglichen. Insbesondere landwirtschaftliche Gemeinden sind enger mit dem Rhythmus und der Nutzung der Natur verbunden; sie haben daher bessere Kenntnisse hierzu als Politiker in fernen Hauptstädten. Dies wäre ein guter Grund, die ökologischen Nachhaltigkeitskonzepte der Widerstands- und Tragfähigkeit lokal einzusetzen (Kap. 2). Und in der Tat: das Umweltprogramm der Vereinten Nationen (United Nations Environment Programme: UNEP) setzte in den 1970er-Jah-

10 Was ist zu tun?

Reisterrassen, Philippinen
keralaarticles.com/.../ banau-rice-terraces.jpg

Fischzucht, Madagaskar
www.proparco.fr/.../Aqualma.jpg

Ethanol-Kraftstoff, Brasilien
Mariordo Mario Roberto Duran Orti

Tropfbewässerung, New Mexico
http://photogallery.nrcs.usda.gov/Index.asp

Traditionelle Behausung, Lesotho
Nicholas DeVore—Stone/Getty Images

Traditionelle Medizin, China
User:Vberger

Abb. 10.2 Ökotechniken sind Kernpunkte der vom Umweltprogramm der Vereinten Nationen geförderten Ökoentwicklung. Sie umfassen verschiedene Ansätze des Ökosystem-Managements wie biologischer Pflanzenschutz, Aquakultur, erneuerbare Energiequellen, Ökowohnungen und traditionelle Medizin

ren die „Ökoentwicklung" (siehe weiterführende Literatur am Ende des Kapitels) in Gang; das UNEP definierte Ökoentwicklung als lokale Entwicklung, welche „... die natürlichen Ökosysteme und lokalen soziokulturellen Stile respektiert" (UNEP 1975). Spätere Fallstudien konzentrierten sich auf die Beteiligung der lokalen Bevölkerung, unkonventionelle Ökotechniken und Umwelterziehung (Sachs 1976, 1980). Abbildung 10.2 zeigt einige Beispiele traditioneller und neuer Technologien, die erfolgreich für die lokale Entwicklung angewandt wurden.

Ökoentwicklung geriet in Vergessenheit, bis der erste Rio-Gipfel Teile davon in seiner lokalen Agenda 21 (siehe weiterführende Literatur am Ende des Kapitels) wieder aufgriff (United Nations 1994). Lokale Regierungsprogramme und Basisbewegungen waren jedoch nur begrenzt erfolgreich. Die Gründe waren mangelnde Mittel und Widerstand von einflussreichen Eliten und der zentralen Regierung. Bis jetzt ist keine „Flut" von lokalen Initiativen zu verzeichnen, auch wenn einige Gegner der Globalisierung dies erhoffen (Mander 2001).

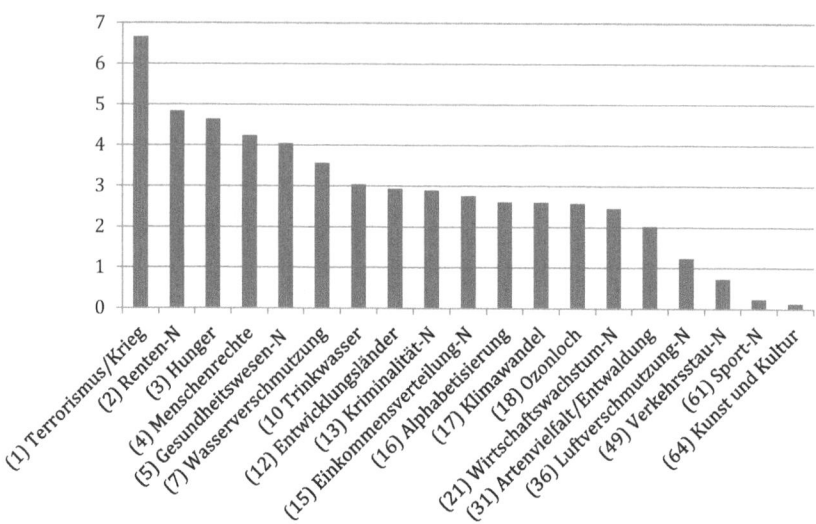

Ausgewählte soziale Anliegen (globale Anliegen, außer mit „ N"
gekennzeichnete Anliegen der Niederlande)

Abb. 10.3 Prioritäten für nachhaltige Entwicklung, Niederlande. Eine Stichprobenerhebung niederländischer Umweltbehörden ermittelte Durchschnittswerte für 64 Themen einer sozialen Agenda der Nachhaltigkeit. Bemerkenswert ist der relativ niedrige Rang für die meisten Umweltanliegen. Klimawandel erhielt den Rang 17 – nicht viel höher als Wirtschaftswachstum (21). Sind sich Umweltschützer und Ökonomen der gesellschaftlichen Prioritäten bewusst. *Datenquelle*: Netherlands Environmental Assessment Agency (2007), mit Erlaubnis von der Netherlands Environment Assessment Agency

Was können wir dann von **nationaler Politik** erwarten, die sich mit einer größeren Vielfalt an Meinungen und Präferenzen auseinandersetzen muss? Abbildung 10.3 offenbart, dass selbst die umweltfreundlichen Niederländer Umweltfragen eine geringere Priorität einräumen als sozialen Problemen. Man beachte auch, dass zum ersten Mal in der Geschichte der Gallup-Umfrage, die von der Rezession geschockten US-Amerikaner im März 2009 dem Wirtschaftswachstum höhere Priorität zuordneten als dem Umweltschutz (Newport 2009).

Die Frage ist, inwieweit die unbeständige öffentliche Meinung Regierungsprioritäten und -politik beeinflusst oder beeinflussen sollte. Deutschland wird häufig als ein Vorbild für nachhaltige Entwicklung angesehen – zumindest für seine Bemühungen um den Klimawandel und um erneuerbare Energien. Der *Fortschrittsbericht zur nationalen Nachhaltigkeitsstrategie* (Bundesregierung 2008) machte

10 Was ist zu tun?

nachhaltige Entwicklung nach ursprünglicher Behandlung durch das Umweltbundesamt zu einer „Chefsache" unter der direkten Federführung der Bundeskanzlerin. Zur gleichen Zeit gaben Nichtregierungsorganisationen ihren eigenen Nachhaltigkeitsbericht heraus (siehe weiterführende Literatur am Ende des Kapitels). Ihre Ablehnung des nachhaltigen Wirtschaftswachstums in der gegenwärtigen Wirtschaftspolitik setzt kein gutes Zeichen für die vom Weltgipfel für nachhaltige Entwicklung propagierte öffentlich-private Partnerschaft (United Nations 2003). Allerdings kann man eine derartige Allianz von Regierung und nichtgewählten Unternehmen, Gewerkschaften und Zivilgesellschaft als Versuch der Regierung ansehen, sich der Verantwortung für langfristige sozioökonomische und Umweltpolitik zu entziehen.

Armut in Entwicklungsländern und grenzüberschreitende Umweltbelastungen rechtfertigen es, internationale Organisationen für eine nachhaltige Entwicklung mitverantwortlich zu machen. In den Worten der deutschen Regierung heißt das: „Nachhaltigkeitsziele lassen sich nicht allein durch nationale Anstrengungen erreichen"(Bundesregierung 2008, S. 203). Das wirkliche Motiv für „globale Verantwortung"(ibid., S. 162) dürfte die Furcht vor steigender Immigration und Konflikten beim Zugriff auf natürliche Ressourcen sein. Die **globale Regierungspolitik** für nachhaltige Entwicklung ist aber anämisch. Die Erdgipfel (siehe weiterführende Literatur am Ende des Kapitels) in Stockholm und Rio de Janeiro waren ein guter Start, aber die weiteren Gipfel wurden ihren Erwartungen nicht gerecht.

Eine kleine Abteilung des Sekretariats der Vereinten Nationen unterstützte die Arbeit der Kommission der Vereinten Nationen für nachhaltige Entwicklung. Die Kommission wurde im Nachgang zum Aktionsplan des Rio-Gipfels von 1992, der Agenda 21 (Abb. 10.4), eingerichtet; sie sollte politische Leitlinien auch für den Durchführungsplan (für die Agenda 21) des Johannesburg-Gipfels erbringen. Die globale Umsetzung der nachhaltigen Entwicklung wurde somit einem relativ schwachen internationalen Organ überlassen – der reduktive Modus (Abb. 9.1) schien auch auf internationaler Ebene vorzuherrschen. Es bleibt abzuwarten, ob die Ablösung der Kommission durch ein „hochrangiges politisches Forum zur nachhaltigen Entwicklung" (United Nations Department of Economic and Social Affairs 2013) die Umsetzung nachhaltiger Entwicklung beschleunigen kann. Eine Stärkung des Umweltprogramms der Vereinten Nationen (UNEP) und dessen niedrigen Budgets von ca. 230 Mio. USD ist das Mantra des UNEP-Verwaltungsrats. Die Bildung einer „Weltumweltorganisation" (Simonis 2005) mit ähnlichen Befugnissen wie sie die Welthandelsorganisation hat, wäre eine Möglichkeit, die Durchsetzungskraft von globalen Umweltprogrammen zu stärken.

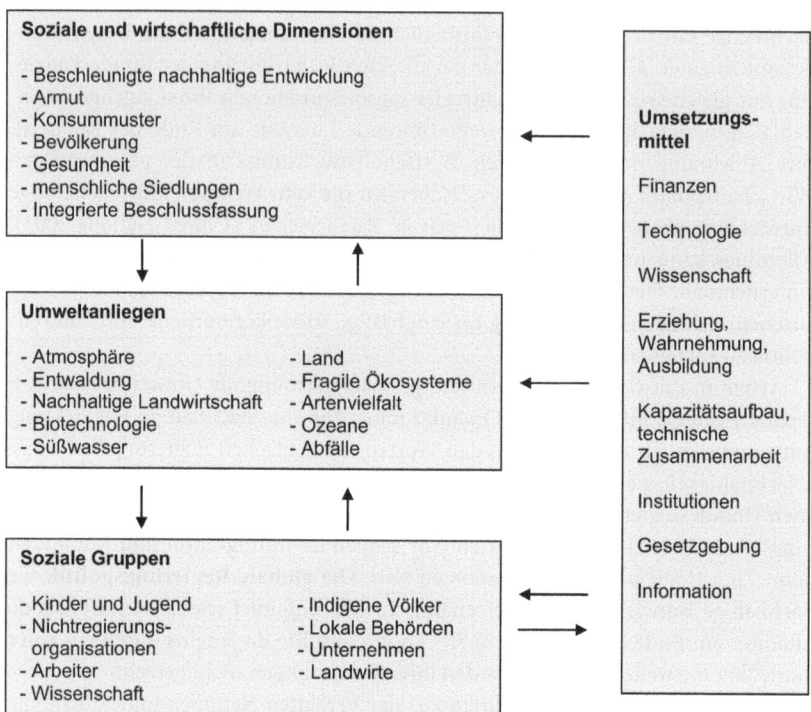

Abb. 10.4 Agenda 21. Das Aktionsprogramm des Rio-Gipfels von 1992 ruft im ersten Block der sozialen und wirtschaftlichen Dimensionen zu Integration von Umwelt und Entwicklung auf. Umweltanliegen beschreiben Strategien des Umwelt- und Naturschutzes. Öffentliche Beteiligung und globale Partnerschaft sind die Ziele der sozialen Gruppen der Zivilgesellschaft. Die Umsetzungsmittel umfassen die im Kap. 7 diskutierten Politikinstrumente. (Quelle: Bartelmus 1994, S. 146, Abb. 6.1, mit Erlaubnis von Taylor und Francis)

Globalisierung brachte grenzüberschreitende Abhängigkeiten von Wirtschaft, Umwelt, Kultur und sozialer Gerechtigkeit mit sich. Datenmängel und Unsicherheiten über die Zukunft der Globalisierung und ihre Wirkungen verhindern eine eindeutige Abschätzung ihrer Nachhaltigkeitseffekte (Kap. 9). Die jüngste Finanzkrise der Industriestaaten könnte die Globalisierung verlangsamen oder hinsichtlich vermehrten Süd-Süd-Handels verändern. Langfristig könnte auch ein eingeschränkter europäischer Kapitalismus ein besseres Modell für Handel und Entwicklung abgeben als zügelloser amerikanischer Kapitalismus. In der einen oder anderen Form können wir aber eine fortdauernde Globalisierung erwarten. Je nachdem, ob man Globalisierung für unvermeidbar bzw. sogar wünschenswert hält

10 Was ist zu tun?

oder sie als das Ergebnis ungezügelter Habgier transnationaler Konzerne ansieht, bieten sich unterschiedliche Maßnahmen an:

- Die meisten Umweltschützer halten Globalisierung für umkehrbar; ihre Reaktion ist daher, Globalisierung durch lokale Entwicklung, Kontrolle oder gar Abschaffung der Welthandelsorganisation zu bekämpfen.
- Ökonomen sehen positive Globalisierungswirkungen durch die Beschleunigung des Wirtschaftswachstums; ihrer Meinung nach genügt es, nur die Aspekte der Globalisierung zu ändern, welche die schlimmsten Nebenwirkungen verursachen.

Eine **Rückkehr zu lokalem Wirtschaften** (Localization) ist der radikalste Vorschlag, Globalisierung rückgängig zu machen. Die Ermächtigung lokaler Regierungs- und Nichtregierungsinstitutionen soll der Globalisierung entgegenwirken und sie letztlich ersetzen. Eine „neue Reihe von internationalen Übereinkommen, die von einer ganz anderen, nichtunternehmerischen Hierarchie von Werten ausgeht" (Mander 2003, S. 128) soll dies ermöglichen. Eine wirksame lokale Entscheidungsfindung würde aber eine höchst unwahrscheinliche Übertragung zentraler Kompetenzen auf lokale Institutionen erfordern. Nichtregierungsorganisationen sind ferner nicht demokratisch legitimiert, nationale Politik zu machen. Hinzu kommt, dass eine Entglobalisierung protektionistische Handelsmaßnahmen auslösen könnte und damit den Lebensstandard in vielen Ländern beeinträchtigen würde (Abb. 10.5). Umweltaktivisten würden dies wahrscheinlich zumindest für reiche Länder begrüßen, da es ihren Umweltanliegen dienlich sein könnte.

Eine **Beschränkung** der Macht oder Änderung des Regelwerks des Protagonisten der Globalisierung, **der Welthandelsorganisation** (WTO) (Kap. 9), könnte den Charakter der Globalisierung verändern, ohne sie zu verwerfen. Vorschläge hierzu reichen von der Aussetzung der WTO-Vorschriften für den Handel mit Gütern und Dienstleistungen des Umweltschutzes bis zur Teilnahme von Umweltorganisationen in WTO-Gremien und Konferenzen. Eine derartige Ökologisierung der WTO könnte allerdings zu protektionistischen Handelsrestriktionen unter dem Mantel des Umweltschutzes führen. Eine ausgewogenere Maßnahme wäre die Schaffung eines Gegengewichts durch die Stärkung internationaler Organisationen wie insbesondere des Umweltprogramms der Vereinten Nationen. Eine andere Möglichkeit wäre, den multilateralen Umweltabkommen (Multilateral Environmental Agreements: MEA) mehr Schlagkraft zu geben; dies betrifft insbesondere die Konventionen über den Handel mit gefährdeten Arten, über gefährliche Abfälle und über Ozon abbauende Schadstoffe. Es ist fraglich, ob die zähen Doha-Verhandlungen (Kap. 9) zu einer Vereinbarung von WTO- und MEA-Regeln führen werden.

Arik Bartelmus

Abb. 10.5 Entglobalisierung. Die Wiedereinführung protektionistischer Zölle und Handelskontrollen an den Landesgrenzen könnte Wirtschaftswachstum beeinträchtigen; sie könnte auch den Lebensstandard senken

Die internationale Gemeinschaft scheint sich mit der Aufforderung an Regierungs- und Nichtregierungsakteure, guten Willen zu zeigen, zufrieden zu geben. Die Absicht ist, soziale und ökologische Verantwortung und Partnerschaft in einem **globalen Sozialvertrag** (Global Compact) (siehe weiterführende Literatur am Ende des Kapitels) zwischen Regierungen, Interessengruppen und Anteilseignern zu entwickeln (Abb. 10.6). Die Frage ist, ob internationale Proklamationen in Rhetorik verhaftet bleiben. Man beachte, dass die wiederholt geänderten Entwicklungsdekaden am Ende zum anfangs befürworteten Wirtschaftswachstum zurückkehrten und dass die internationalen Verpflichtungen zur Umsetzung der Millennium-Entwicklungsziele fraglich bleiben (Kap. 9).

Messprobleme, normative Vorgaben und das Fehlen einer umfassenden Theorie und Politik stellen eine **nachhaltige Entwicklung** infrage. Ihre Verfechter können nicht erklären, warum alle sozialen Anliegen und Politiken in einen unklar definierten Begriff und unhandlichen Politikrahmen eingebunden werden sollten. Eine derartige Einzwängung könnte in der Tat wichtige Fragen und Ziele verde-

Abb. 10.6 Globaler **Sozialvertrag:** Ideal, Strategie oder Rhetorik?

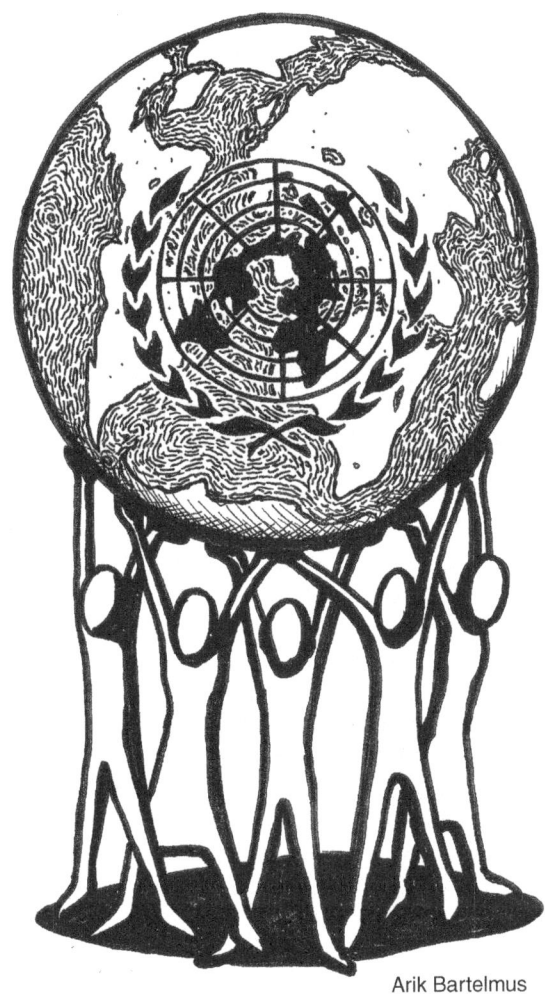

Arik Bartelmus

cken, Untätigkeit ermutigen und die Tür zu geheimen Agenden öffnen. Dennoch versuchen ökologische Ökonomen und gleichgesinnte Umweltschützer die nachhaltige Entwicklung aufzuwerten. Eine neue „Nachhaltigkeitswissenschaft" möchte die „Interaktionen zwischen Natur und Gesellschaft" behandeln (Kates et al. 2001, S. 641). Die Versuche überzeugen nicht. Allgemeine Aufrufe zu Vernetzung, Mittelbeschaffung und Fürsprache sehen mehr wie eine Agenda für hochfliegende Ideale von Aktivisten aus; sie sind weit entfernt von einem neuen wissenschaftlichen Ansatz zur Nachhaltigkeit in Umwelt und Entwicklung.

Integrative Nachhaltigkeitsanalyse und -politik sollten sich wahrscheinlich auf das konzentrieren, was sinnvoll definiert, gemessen und verglichen werden kann. Wir haben gesehen, dass dies der Fall ist für die ökonomische (und in gewissem Umfang auch ökologische) Nachhaltigkeit von Wirtschaftstätigkeit und Wirtschaftswachstum (Kap. 4, 7 und 8). Auf Fakten beruhende Nachhaltigkeitsökonomik und ihre operationellen Nachhaltigkeitskonzepte (Kap. 6) kommen einer Wissenschaft näher als eine nachhaltige Entwicklung, zumindest soweit man Ökonomik als Wissenschaft ansehen kann. Die ökologische Ökonomik behandelt Fragen der Naturwissenschaft, vor allem der Ökologie, aber ihren Nachhaltigkeitskonzepten gelingt es nicht, die Wirtschaftstätigkeit adäquat zu integrieren (Kap. 2 und 8).

Die meisten sozialen, kulturellen und politischen Anliegen der nachhaltigen Entwicklung lassen sich schwer quantifizieren und vergleichen. Sie müssen daher wohl denjenigen nationalen und internationalen Organen überlassen werden, die für ihre Umsetzung gegründet wurden. Die Vermischung dieser Anliegen unter einem verschwommenen Paradigma verhindert rationale und transparente Politik. Interministerielle, übergreifende Koordination und Kooperation können und sollten Konflikte und Synergien zwischen ökonomisch-ökologischen und anderen gesellschaftlichen Zielen in Angriff nehmen.

Internationale Regierungsorganisationen scheinen sich nunmehr von einer nachhaltigen Entwicklung zu distanzieren. Wie in Kap. 6 erwähnt, beschreibt die Weltbank (World Bank 2011a) Entwicklung als die Schaffung von Wohlfahrt durch Vermögensbildung. Die Erhaltung des Gesamtwerts der Ertrags- oder Rentenwerte aller Vermögenskategorien stellt eine De-facto-Akzeptanz von schwacher Nachhaltigkeit des Wirtschaftswachstums dar. Die OECD (2011, S. 11) übernahm „grünes Wachstum" als einen „operationellen", wenn auch enger gefassten Ansatz für nachhaltige Entwicklung. Selbst die Umweltorganisation der Vereinten Nationen (UNEP 2011b, S. 17) stellt die „starke konservatorische Perspektive" der physischen Kapitalerhaltung für ihre grüne Wirtschaftskampagne infrage. Ist dies der Anfang vom Ende der nachhaltigen Entwicklung?

Nachhaltige Entwicklung besitzt immer noch einen beträchtlichen sozialen und ökologischen „Goodwill". Sie weist auch auf die Vorbedingungen von Frieden, Sicherheit und Institutionen für Wirtschaftswachstum und Entwicklung hin. Eine lautstarke Ankündigung des Niedergangs des Paradigmas der nachhaltigen Entwicklung könnte die Verfolgung von sozialen und ökologischen Zielen gefährden. Brauchen wir also doch eine nachhaltige Entwicklung? Wahrscheinlich, wenn man Politiker an weniger fassbare Ziele der Gesellschaft erinnern will – Ziele, die u. a.

10 Was ist zu tun?

ethische, kulturelle und ästhetische Aspekte der Umwelt ansprechen. Wahrscheinlich nicht, wenn wir konkrete Politikberatung erwarten.

Weiterführende Literatur
Ein Grund für die schwache Rolle von lokaler **Ökoentwicklung** in der Umsetzung von nachhaltiger Entwicklung ist die Vielfalt von lokalen Bedingungen, Kulturen und Prioritäten, welche die Entwicklung einer allgemeinen Theorie oder eines allgemein gültigen Modells verhindern. Die Förderung einer **lokalen Agenda 21** „top-down" durch staatliche Förderung zeigt wenig beeindruckende Resultate. Eine Umfrage zu lokalen Agenda-Initiativen durch eine internationale Vereinigung von lokalen Regierungen (United Nations Department of Economic and Social Affairs 2002) zeigt, dass mittellose Gemeinden nur mit verbesserter Wasserversorgung aufwarten konnten. In Entwicklungsländern stießen „bottom-up" Basisbewegungen häufig auf den Widerstand zentraler und regionaler Regierungen, die einen Machtverlust an lokale Bewegungen befürchteten. Selbst dann, wenn eine lokale Entwicklung Erfolg hatte, war es nicht selten, dass Konzerne und lokale Eliten die Früchte der Entwicklung plünderten (Martinez-Alier 2002).

Deutschlands Nachhaltigkeitsbericht (Bundesregierung 2008) präsentiert zielgerichtete Indikatoren, welche die Umsetzung von nachhaltiger Entwicklung für 21 soziale, wirtschaftliche und ökologische Themen überwachen sollen. Wie es der Zufall will, veröffentlichte gleichzeitig eine Koalition von Nichtregierungsorganisationen ihre eigene Einschätzung von Deutschlands Nachhaltigkeit (BUND und Brot für die Welt 2008). Ihr Bericht lehnte das Ziel der Regierung, alle Dimensionen der Nachhaltigkeit abzuwägen, als „Assimilierung" und „Domestizierung" des „bisherigen Wirtschafts- und Politikkurses" ab (ibid., S. 16/17). Ihrer Meinung nach benötigt Deutschland einen „neuen Gesellschaftsvertrag", um „das Übergewicht der Kapitalinteressen" für die „Interessen der Natur und die Interessen der Menschen" zurückzudrängen (ibid., S. 607).

Eine Reihe von **Erdgipfel-Konferenzen** hat die Diskussion von Umwelt und Entwicklung und deren Nachhaltigkeit aufrecht erhalten. Die Umweltbewegung und ihre pessimistischen Vorhersagen waren der Anlass für die erste *Konferenz der Vereinten Nationen über die menschliche Umwelt* (United Nations Conference on the Human Environment 1972) in Stockholm. Die Konferenz fand, dass sowohl der Mangel an Entwicklung („Umweltverschmutzung durch Armut") als auch steigender Reichtum („Umweltverschmutzung durch Wohlstand") Umweltprobleme verursachen. Die Konferenz verlangte daher, die Umweltdimension in nationale und internationale Entwicklungsstrategien zu integrieren. Sie gründete auch das Umweltprogramm der Vereinten Nationen, um ihren Aktionsplan für die Umwelt des Menschen umzusetzen und zu überwachen.

Die Reaktion der Weltkommission für Umwelt und Entwicklung auf ständiges Politikversagen in Umwelt und Entwicklung (Kap. 9) war die Forderung eines Aktionsprogramms für nachhaltige Entwicklung mithilfe einer internationalen Konferenz (WCED 1987). Im Jahr 1992 traf die *Konferenz der Vereinten Nationen über Umwelt und Entwicklung* in Rio de Janeiro zusammen (United Nations 1994). Sie proklamierte eine nachhaltige Entwicklung und übersetzte das Paradigma in ein internationales Aktionsprogramm, die Agenda 21, eine Rio Erklärung und Konventionen, einschließlich des Rahmenabkommens über den Klimawandel (UNFCCC, ohne Datum).

Ein *Fortschrittsbericht* zum Rio-Gipfel, *Rio+5*, fand nur lethargische Reaktion auf die Agenda 21; die Lethargie ist insbesondere in dem mageren Fluss von versprochenen finanziellen Mitteln zu erkennen (Osborn und Bigg 1998). Der *Weltgipfel für nachhaltige Entwicklung* des Jahres 2002 in Johannesburg (United Nations 2003) konnte die Lethargie nicht brechen, trotz des Versuchs, die Zivilgesellschaft durch „öffentlich-private Partnerschaft" einzuspannen (ibid., S. 48). Eine „Nachfolge-Website" <http://sustainabledevelopment.un.org/> (zugegriffen: 4. August 2013) zum 2012 *Rio + 20 Erdgipfel* (United Nations 2012) versucht, das Beste aus den relativ mageren Ergebnissen zu machen. Bartelmus (2013b) diskutiert kritisch die von der Konferenz propagierte Umsetzung einer „grünen Wirtschaft im Rahmen der nachhaltigen Entwicklung".

Im Jahr 2000 lancierte der Generalsekretär der Vereinten Nationen einen **globalen Sozialvertrag** (Global Compact) zwischen den internationalen Organisationen, der Geschäftswelt und der Zivilgesellschaft (United Nations 2011). Der Sozialvertrag nahm so das Ziel der öffentlich-privaten Partnerschaft, welches auf dem Johannesburg-Gipfel im Jahr 2002 proklamiert wurde, vorweg. Die Absicht ist, Unterstützung von Unternehmen und Zivilgesellschaft für Nachhaltigkeitsprinzipien und Millenniums-Entwicklungsziele (Kap. 9) zu erhalten. Die zehn Prinzipien des globalen Sozialvertrags umfassen Standards für Menschenrechte, Arbeit, Umweltschutz und Korruptionsbekämpfung. Bislang nehmen über 8000 Unternehmen und Interessengruppen in 140 Ländern teil.

> **Zur Diskussion**
> - Ist nachhaltige Entwicklung ein Feigenblatt, hinter dem die Regierungen ihre wirklichen Ziele der Maximierung von Wirtschaftswachstum und Beschäftigung verstecken?
> - Wo kann eine nachhaltige Entwicklung am besten umgesetzt werden? Lokal, national oder international?
> - Kann Ökoentwicklung zu einer nationalen nachhaltigen Entwicklung beitragen?
> - Sollten wir den Einfluss der Welthandelsorganisation einschränken, beispielsweise durch die Gründung einer Weltumweltorganisation?
> - Kann die Zivilgesellschaft eine nachhaltige Entwicklung anspornen? Sollten die Regierungen einen Teil ihrer Sozial- und Umweltpolitik auf (nicht gewählte) Nichtregierungsorganisationen übertragen?
> - Ist eine nachhaltige Entwicklung mehr als eine Wunschliste für gesellschaftlichen Fortschritt oder Wohlfahrt? Kann sie einen Rahmen für gesellschaftliche Zielsetzungen liefern?
> - Sind Erdgipfel nützliche Instrumente der Förderung einer nachhaltigen Entwicklung? Wie erfolgreich war der letzte Gipfel im Jahr 2012?
> - Hat die nachhaltige Entwicklung ausgedient?

Einige Schlussfolgerungen: Was ist zählbar? Was zählt? Was ist zu tun? 11

- *Mikro- und makroökonomische Konzepte* der Nachhaltigkeit
- Umweltökonomische Gesamtrechnungen liefern *operationelle Indikatoren des nachhaltigen Wirtschaftswachstums*.
- *Ökonomische Nachhaltigkeit* ist eine notwendige, aber nicht hinreichende Bedingung für ein nachhaltiges Wirtschaftswachstum.
- *Technologie* könnte uns vor Nichtnachhaltigkeit bewahren, ist aber nur schwer zu planen und zu prognostizieren.
- *Marktinstrumente* sind leistungsfähige Instrumente der Nachhaltigkeitspolitik, aber *Regeln und Regulierungen* können wirksamer sein.
- *Nichtzählbare Aspekte* der nachhaltigen Entwicklung *zählen*, sind aber anfällig für Manipulierungen.
- *Die Koordination* von nachhaltigem Wirtschaftswachstum mit anderen Anliegen der nachhaltigen Entwicklung muss *der Politik überlassen* werden.
- *Nachhaltigkeitsökonomik* setzt Maßstäbe für die nachhaltige Nutzung der Wirtschaft und der Umwelt.

In einem internationalen Seminar über Unternehmen und Nachhaltigkeit (Goodenough College, London, 12.-13. Juni 2009) erklärten einige Teilnehmer das Nachhaltigkeitskonzept für überflüssig. Wozu dient der Status quo, wenn das eigentliche Ziel die *Steigerung* der Wohlfahrt ist? Hinzu kommt, dass vorhandene Datensysteme und Modelle die Interaktion von Wirtschaft und Umwelt durchaus bewältigen könnten, ohne auf ein verschwommenes Konzept zurückzugreifen. Diese Argumente überraschen nicht, wenn eine Wirtschaftskrise die Corporate Social Responsibility (Kap. 4) abschwächt. Dennoch halten internationale Organisationen, Regierungen und Umweltschützer an einer nachhaltigen Entwicklung fest (Kap. 9, 10).

Abb. 11.1 Kategorien der Nachhaltigkeit. a Ökologische Nachhaltigkeit bewahrt Ökosysteme und Tragfähigkeiten der Natur. **b** Ökonomische Nachhaltigkeit erhält die Wirtschaftsproduktivität durch die Budgetierung und Reinvestition der Umweltkosten. **c** Nachhaltige Entwicklung zielt auf die Bedürfnisbefriedigung der gegenwärtigen und künftigen Generationen ab

Eine Rekapitulation der Bedeutung und Messbarkeit von Nachhaltigkeit liefert einige Schlussfolgerungen darüber, was Nachhaltigkeit für uns tun kann und was wir für die Nachhaltigkeit tun können. Die drei Teile des Buches beschreiben drei verschiedene **Nachhaltigkeitskategorien** (Abb. 11.1):

- ökologische Nachhaltigkeit der Widerstandsfähigkeit von Ökosystemen und der Tragfähigkeit von Regionen (Kap. 3),
- ökonomische Nachhaltigkeit von Wohlfahrt oder Wirtschaftswachstum, beeinträchtigt durch Umweltschäden und den Verbrauch von produziertem und natürlichem Kapital (Kap. 6),
- Nachhaltigkeit der Entwicklung als menschliche Bedürfnisbefriedigung, jetzt und in der Zukunft (Kap. 9).

Wir sahen auch, dass ökologische Ökonomik sich auf die physische Grundlage der ökologisch-ökonomischen Interaktion konzentriert. Sie tendiert daher dazu, ökonomische Nachhaltigkeit und ihre monetären Bewertungen abzuwerten. Stattdessen empfiehlt sie Standards und Regulierungen für die Nachhaltigkeitsmessung und -umsetzung. Umweltökonomik und ökonomische Nachhaltigkeit streben dagegen die Integration von Umweltbelastungen in die monetäre Wirtschaftsanalyse an. Einige Standards ökologischer Nachhaltigkeit finden aber auch Anwendung in der Umweltökonomik: Sie werden zur vereinfachten Messung und Modellierung von Umweltschäden und Erhaltungskosten herangezogen. Marktinstrumente sind die bevorzugten Politikinstrumente der Umweltökonomik. Anhänger der nachhaltigen Entwicklung unterscheiden normalerweise nicht zwischen ökonomischer und ökologischer Nachhaltigkeit. Es ist anzunehmen, dass beide Kategorien in den ökonomischen und ökologischen Säulen des Paradigmas erfasst sind.

Tab. 11.1 Mikro- und Makrokonzepte der Nachhaltigkeit

Nachhaltigkeitskategorien	Mikro- und lokale Ebene	Makroebene
Ökologische Nachhaltigkeit	Widerstandsfähigkeit lokaler Ökosysteme	Erhaltung der Tragfähigkeit von Gebieten
Ökonomische Nachhaltigkeit des Wohlbefindens und der Wohlfahrt	Nichtabsinkender Nutzen unter Berücksichtigung von Nutzeneinbußen aus Umweltschäden	Nichtabsinkende Wohlfahrt unter Berücksichtigung von Wohlfahrtsverlusten durch Umweltschäden
Ökonomische Nachhaltigkeit der Kapitalerhaltung	Erhaltung des produzierten und Naturkapitals für die Vermeidung von Produktivitätsverlusten der Unternehmen	Erhaltung des produzierten und Naturkapitals für fortdauerndes Wirtschaftswachstum
Nachhaltige Entwicklung	Bedürfnisbefriedigung lokaler Gemeinschaften durch „bottom-up" lokale Ökoentwicklung	Bedürfnisbefriedigung der Gesellschaft jetzt und in der Zukunft durch „top-down" Politik

Alle Nachhaltigkeitskategorien können auf der **Mikroebene** (einschließlich der lokalen Ebene) **und** in der **Makroanalyse** angewandt werden. Tab. 11.1 zeigt die Widerstandsfähigkeit von Ökosystemen gegenüber Gleichgewichtsstörungen als eine Eigenschaft lokaler Nachhaltigkeit. Im Gegensatz dazu bezieht sich die Tragfähigkeit der Natur im Allgemeinen auf die Menschen und ihre Tätigkeiten für größere Regionen, Länder oder den Planeten. Ökonomische Nachhaltigkeit geht von individuellem mikroökonomischem Wohlbefinden (Nutzen) aus und definiert eine nicht absinkende makroökonomische Wohlfahrt als einen ziemlich abstrakten Nachhaltigkeitsbegriff. Die umweltökonomische Gesamtrechnung bestimmt alternativ ein praktischeres Konzept ökonomischer Nachhaltigkeit als die Erhaltung von produziertem und natürlichem Kapital. Die Absicht ist, die Erzeugung von Output und Einkommen in Unternehmen, Wirtschaftssektoren und der Volkswirtschaft nachhaltig zu gestalten. Eine nachhaltige Entwicklung umfasst alle menschlichen Bedürfnisse und Ansprüche auf lokaler, nationaler und internationaler Ebene.

Was kann davon **gemessen werden**? Der kaum quantifizierbare Nutzenbegriff disqualifiziert die nicht absinkende Wohlfahrt als ein inoperationelles Maß ökonomischer Nachhaltigkeit (Kap. 5, 6). Das ökologische Konzept der Tragfähigkeit einer Region hängt von unterschiedlichen Tragfähigkeiten der Ökosysteme und wünschenswerten Lebensstandards der Einwohner ab. In praktischen Anwendungen ist ökologische Nachhaltigkeit eher für das Management lokaler Ökosysteme als für größere Regionen brauchbar (Kap. 3). Grobe Schätzungen regionaler, nationaler und globaler ökologischer Nachhaltigkeit durch den ökologischen Fußabdruck und den gesamten Materialaufwand leiden unter fragwürdigen Abschätzungen von Umweltbelastungen in Gebiets- und Gewichtsäquivalenten (Kap. 3). Das breite Konzept der nachhaltigen Entwicklung gewinnt schließlich nicht an Glaubwürdigkeit durch die Aggregation von vielen, meist unvergleichbaren, ökonomischen, sozialen und ökologischen Indikatoren (Kap. 9).

Empirische Analysen und praktische Politik müssen daher mit ökonomischer Nachhaltigkeit der Kapitalerhaltung zwecks anhaltender Produktion und anhaltendem Konsum auskommen. Einige internationale Organisationen scheinen nunmehr zu dem gleichen Schluss zu kommen, wenn sie zu einer „grünen Wirtschaft" (UNEP 2011b) oder einem „grünem Wirtschaftswachstum" (OECD 2011) aufrufen. Sie betrachten jedoch immer noch das „Grünen" der Wirtschaftstätigkeit als Teil einer breiteren Strategie der nachhaltigen Entwicklung. Für die Messung ökonomischer Nachhaltigkeit verwendet die umweltökonomische Gesamtrechnung monetäre Werte. Erweiterte Marktwerte reflektieren zumindest im Prinzip individuelle Präferenzen für ökologische und ökonomische Güter und Dienstleistungen. Die Gesamtrechnung subtrahiert die Kosten des Verbrauchs von produziertem und natürlichem Kapital von den Werten des Outputs und der Anlageninvestition. Das Ergebnis sind Indikatoren der ökonomischen Nettoleistung und des Wirtschaftswachstums (Kap. 6).

Die erste Schlussfolgerung ist, dass **nur die integrierte umweltökonomische Gesamtrechnung operationelle Nachhaltigkeitsmaße für Wirtschaft und Umwelt liefern kann**. Die umweltökonomische Gesamtrechnung definiert und misst Nachhaltigkeit als die Erhaltung von produziertem und natürlichem Kapital.

Man sollte aber nicht vergessen, dass die ökonomischen Ökoindikatoren die Erhaltung von Human-, Sozial- und Institutionskapital ignorieren. Leider besitzen die Gesamtrechnungen keine kompatiblen Konzepte und Maße für diese weniger fassbaren Kapitalarten. Außerdem reflektiert die Messung des Gesamtwerts von produziertem und natürlichem Kapital nur eine schwache Nachhaltigkeit, welche die Substituierbarkeit der verschiedenen Produktionsfaktoren unterstellt (Kap. 6). Eine starke Nachhaltigkeit erfordert die Erhaltung von nichtsubstituierbarem kritischem Naturkapital (Kap. 3); dies ist das Ziel ökologischer Ökonomik. Die Möglichkeiten der Ersetzung von kritischem Naturkapital durch reproduzierbare Produktionsfaktoren hängen von technischem Fortschritt ab (Kap. 7).

Die zweite Schlussfolgerung ist, dass die **ökonomische Nachhaltigkeit fortdauernde Wirtschaftsleistung und Wirtschaftswachstum ermöglichen, aber nicht gewährleisten kann**. Die starke ökologische Nachhaltigkeit erinnert an potenziell kritische Umweltgrenzen für die Wirtschaftstätigkeit. Technischer Fortschritt könnte der Retter sein, ist aber schwer vorauszusagen.

11 Einige Schlussfolgerungen: Was ist zählbar? Was zählt? Was ist zu tun?

Physische Umweltbeschränkungen in ökonomischen Modellen könnten den hartnäckigen Gegensatz von ökologischer Ökonomik und Umweltökonomik und deren starke und schwache Nachhaltigkeitskonzepte überwinden. Die Einführung normativer ökologischer Standards in positivistische ökonomische Analysen würde die Beziehungen zwischen den beiden Disziplinen klarstellen und könnte wertende Annahmen in den Modellen aufzeigen. Die Vermischung von Normen und Fakten trübt jedoch die „wissenschaftliche" Analyse der Interaktion von Umwelt und Wirtschaft (Kap. 8, 10).

Die dritte Schlussfolgerung ist, dass **die Einführung ökologischer Normen und Standards in die ökonomische Analyse Politik-Szenarien und -Optionen für alternative Ziele liefern kann**. Das Risiko hierbei besteht aber in einer Manipulation der Nachhaltigkeitsanalyse durch Werturteile und Lobbyismus.

Der nächste Schluss könnte die Verwerfung aller nichtoperationellen (nichtquantifizierbaren) Nachhaltigkeitskonzepte sein; man würde darin der Behauptung der Weltbank folgen, dass „man schätzt was man messen kann" (World Bank 2003b, S. 15). Diese Ansicht unterschätzt die Bedeutung von immateriellen Werten wie Wissen, Kultur und Altruismus. Die Auswahl von Indikatoren und Standards für allgemeine Ziele ist zwar wertend, aber macht die Vision der nachhaltigen Entwicklung sichtbarer (Kap. 2, 9). Es bleibt die Frage: Was bringt bessere Sichtbarkeit – mit anderen Worten: Was bedeuten die Indikatoren und ihre Ziele für die Definition und Erreichung von Nachhaltigkeit?

Die vierte Schlussfolgerung ist, dass **Nichtzählbares zählt, aber wir wissen nicht wie viel**. Man kann lediglich seine Relevanz – aber nicht seine Bedeutung – signalisieren, indem man Indikatoren zur Messung der Erfüllung oder Verletzung einzelner Ziele heranzieht.

Was ist zu tun? Die Nachhaltigkeits*bewertung* durch Indikatoren und deren Durchschnittswerte basiert auf Werturteilen, ebenso wie die Durchsetzung von Umweltzielen und -standards mittels Regeln und Regulierungen. Markt*werte* in Umweltrechnungen sind dagegen beobachtbar oder zumindest reproduzierbar als Kosten der Erzielung von Nachhaltigkeit. Marktinstrumente können diese Kosten dazu verwenden, umweltschädigendes Verhalten von Haushalten und Unternehmen effizient zu verändern. Auf makroökonomischer Ebene kann eine Reinvestitionspolitik den Verlust von produziertem und natürlichem Kapital ausgleichen, zumindest soweit Kapitalgüter wiederhergestellt oder ersetzt werden können. Wo diese Politik nicht funktioniert – entweder wegen der Verluste an kritischem Naturkapital oder Verzögerungen und Ineffizienz in der Umsetzung –, müssten härtere Instrumente von Befehls- und Kontrollvorschriften zum Zuge kommen (Kap. 7).

Die fünfte Schlussfolgerung ist, dass auf Umweltkosten basierende **Marktinstrumente und Investitionen weniger eindringliche und weniger wertende Mittel** sind, schwache Nachhaltigkeit zu erzielen. **Regeln und Regulierungen erzwingen den kollektiven Willen,** wenn individuelle Präferenzen unfähig oder unwillig sind, Verantwortung für kritische Umweltbelastungen zu übernehmen.

Das Aggregationsproblem spielt eine wichtige Rolle bei Versuchen, sozioökonomische und ökologische Politik für ein nachhaltiges Wachstum und eine nachhaltige Entwicklung zu integrieren. Die Kombination *aller* politischen Maßnahmen in *einem* Plan- und Budgetierungs-Rahmen führt notwendigerweise in die Irre, wenn der Beitrag verschiedener Maßnahmen zu einem verschwommenen Ziel im Dunkeln bleibt. Die Erlangung einer allumfassenden nachhaltigen Entwicklung bleibt eine Illusion außer möglicherweise für die lokale Ökoentwicklung (Kap. 10). Wir besitzen weder eine eindeutige Definition von nachhaltiger Entwicklung noch eine Vorlage für ihre Umsetzung. Der mit dem Paradigma verbundene „Goodwill" kann jedoch die Befürwortung und die Akzeptanz der Umwelt- und Sozialpolitik unterstützen. Gemeinsame Prioritäten und die Koordinierung weitreichender nationaler und internationaler Entwicklungspolitik können nur durch politische Verhandlungen erreicht werden.

Die sechste Schlussfolgerung ist: **Rationale Entscheidungen können für das auf Fakten beruhendes nachhaltiges Wirtschaftswachstum getroffen werden; die Koordinierung mit anderen Entwicklungszielen muss der Politik überlassen werden.**

Was kann also eine Nachhaltigkeitsökonomik für uns tun? Sie kann sicher nicht alle Umwelt- und Wirtschaftsprobleme lösen; sie kann uns aber zeigen, wo integrative Politik

- mangelnden Fakten und Daten ausgesetzt ist, was die Einschätzung der Wirtschaftsleistung und Umweltbelastungen verunsichert (Kap. 2, 3),
- normativ und wertend wird, wenn sie ökologische Nachhaltigkeitsstandards und Regulierungen zur Erhaltung unserer natürlichen Lebensgrundlagen einsetzt (Kap. 4),
- verschwimmt, wenn sie allumfassende Konzepte des menschlichen Wohlbefindens, der Lebensqualität oder der Entwicklung angeht (Kap. 5, 9) und
- am besten funktioniert, wenn ökonomische Nachhaltigkeit quantifizierbare Maßstäbe für die „umsichtige" Vermeidung eines Rückgangs von Output, Einkommen und Konsum setzt (Kap. 6, 7), kurz: für nachhaltiges Wirtschaftswachstum.

Alles in allem wissen wir weniger als wir glauben und wir glauben mehr als wir glauben. Nachhaltigkeitsökonomik hilft, Fakten und Daten zu bestimmen, im Gegensatz zu den Überzeugungen und Befürwortungen in der aufgeladenen Diskussion der Nachhaltigkeit unserer Volkswirtschaften. Die Einführung ökologischer Beschränkungen in die Analyse ökonomischer Nachhaltigkeit zeigt einen Weg zu einer gemeinsamen operationellen Theorie der Nachhaltigkeitsökonomik (Kap. 8).

Die letzte Schlussfolgerung ist: **Nachhaltigkeitsökonomik bemisst die Nachhaltigkeit der Wirtschaft und liefert Maßstäbe für umsichtiges umweltschützendes und ökonomisches Verhalten.** Ein praktischer Rahmen für eine integrative ökologische und ökonomische Analyse und Politik könnte ihre nächste Errungenschaft sein.

Zur Diskussion
- Warum sollten wir uns mit der Erhaltung von Umwelt und Wirtschaftsleistung zufrieden geben, wenn wir ihre Verbesserung anstreben könnten?
- Marktinstrumente oder Befehls- und Kontrollvorschriften: Was ist wichtiger für die Erzielung von Nachhaltigkeit – Effizienz oder Wirksamkeit?
- Was gemessen werden kann, kann gemanagt werden. Wie steht es aber mit ästhetischen und ethischen Aspekten der Umwelt? Sollten wir diese Aspekte individuellen Überzeugungen und Verhalten oder dem kollektiven Willen der Regierungen überlassen?
- Wie gelangen immaterielle (nichtzählbare) Kriterien in die Nachhaltigkeitsgleichung? Was kann Ökonomik hierzu tun?
- „Was hat die Ökonomie damit zu tun"? fragten wir im ersten Kapitel. Können wir jetzt, nachdem wir die drei Nachhaltigkeitskategorien untersucht haben, etwas präziser sein?
- Ist Nachhaltigkeitsökonomik eine neue eigenständige Disziplin?
- Was nun? Suchen Sie nach ungelösten und kontroversen Fragen und erstellen Sie Ihre eigene Agenda für Forschung und Politik.

Anhang

A.1: Übersetzung englischer Fachausdrücke und Redewendungen

Abbau (von Ressourcen)	depletion
Allmende	commons
Angewandtes allgemeines Gleichgewicht	computable general equilibrium (CGE)
Anteilseigner	shareholder
Befehls- und Kontrollvorschriften	command and control
Belastung-Zustand-Reaktion-Rahmen	pressure-state-response framework
Biowissenschaft	life science
Black Box	black box
Bottom-up (von niedriger zu höherer Entscheidungsebene)	bottom-up
Bruttoinlandsprodukt (BIP)	gross domestic product (BIP)
Bruttosozialglück	Gross National Happiness (GNH)
Business as usual (unverändertes Verhalten)	business as usual
Corporate Social Responsibility (unternehmerische Sozialverantwortung)	corporate social responsibility
Cradle to cradle (von der Wiege bis zur Wiege)	cradle to cradle
Cradle to grave (von der Wiege bis zur Bahre)	cradle to grave
demonstrativer Konsum	conspicuous consumption
Durchsatz	throughput
echter Fortschrittsindikator	Genuine Progress Indicator (GPI)
Eigenwert (innerer Wert)	intrinsic value
Energiebilanz	energy account

Entglobalisierung	deglobalization
Erhaltungskosten (von produziertem und natürlichem Kapital)	maintenance cost
Ersatzstoff	substitute
erschöpfliche Ressourcen	exhaustible resources
Existenzminimum	subsistence level
EU-Emissionshandelssystem	EU Emission Trading System (EU-ETS)
Freakonomics (Buchtitel: ungewöhnliche Anwendungen der Ökonomik)	freakonomics
frei zugängliche Ressource	open-access resource
Gemeingut	common property resource
Generationengerechtigkeit	intergenerational equity
gesamter Materialaufwand	total material requirement
globale Erwärmung, Erderwärmung	global warming
globale Regierungspolitik	global governance
Globaler Sozialvertrag	Global Compact
Goodwill (ideeller Wert)	goodwill
Grundbedürfnisse	basic needs
hochrangiges politisches Forum zur nachhaltigen Entwicklung	high-level political forum on sustainable development
höchstmöglicher Dauerertrag	maximum sustainable yield
Index der menschlichen Entwicklung	Human Development Index (HDI)
Indikator der nachhaltigen ökonomischen Wohlfahrt	Indicator of Sustainable Economic Welfare (ISEW)
Industrieökologe	industrial ecologist
Interessengruppen	stakeholders
Interessenvertretung	advocacy
Kapitalerhaltung	capital maintenance
Kernschmelze	nuclear meltdown
Klimawandel	climate change
Kohlenstoffpreis	carbon price
Kosten-Effektivitäts-Analyse	cost-effectiveness analysis
Konsumentenrente	consumer surplus
kritisches Naturkapital	critical natural capital
Landnutzung	land use
lokale Regierungsformen	local governance
lokales Wirtschaften	localization (of economic activity)

Mainstream-Ökonomik (gängige Ökonomik)	mainstream economics
Marktanreize	market incentives
Markthemnisse	market disincentives
Marktschwächen	market imperfections
Maßstäbe (und Eckdaten)	benchmarkings
Matrix der volkswirtschaftlichen Gesamtrechnung einschließlich der Umweltkonten	National Accounting Matrix including Environmental Accounts (NAMEA)
Millennium-Entwicklungsziele	Millennium Development Goals (MDG)
Millennium-Bewertung von Ökosystemen	Millennium Ecosystem Assessment
nachhaltig	sustainable
Nettobarwert, Gegenwartswert	net present value
Nichtregierungsorganisation	non-governmental organization (NGO)
öffentliche Güter und Leistungen	public goods
Ökoinlandsprodukt (ÖIP)	Environmentally adjusted net Domestic Product (EDP)
Ökonettoinvestition (ÖNI)	Environmentally adjusted net Capital Formation (ECF)
ökologisch	ecological, environmental
ökologischer Fußabdruck	ecological footprint
Ökologisierung	greening
Ökosystemleistungen	ecosystem services
Ökosystembilanzierung	ecosystem accounting
Prestigekonsum	conspicuous consumption
Praxislernen	learning by doing
Regeln und Regulierungen	rules and regulations
Rentenabschöpfung	rent capture
Residuen (Abfälle und Schadstoffe)	residuals
Richtschnur	directional guide
Sanierung	restoration
Schadstoff	pollutant
sichere Mindeststandards	safe minimum standards
stationäres Gleichgewicht	steady state equilibrium
Stoffstrombilanzen,	

Stoffstromrechnungen	material flow accounts
System der integrierten umweltökonomischen Gesamtrechnung	System of integrated Environmental and Economic Accounting (SEEA)
Tiefenökologie	deep ecology
top-down (von hoher zu niedrigerer Entscheidungsebene)	top-down
Tragik der Allmende	tragedy of the commons
Überzeugungsarbeit	advocacy
Umwelt-Kuznets-Kurve (UKK)	Environmental Kuznets Curve (EKC)
Umweltbelastung	environmental impact
Umweltbilanzierer	environmental accountant
Umwelteinrichtungen, Umweltgüter	environmental amenities
Umweltexternalitäten	environmental externalities
Umweltgut	environmental asset, environmental amenity
Umweltvermögen	environmental assets
Umweltschädigung, Umweltverschlechterung	environmental degradation
Vermögen	wealth
Volksbewegung	grassroots movement
Wachstumsrücknahme	degrowth
Willingness to pay (Zahlungsbereitschaft)	willingness to pay
Wirtschaftsakteure	economic agents
Zielkonflikte	trade-offs
zukunftsfähig	sustainable

Anhang

A.2: Lehrplan zur Ökonomik der Nachhaltigkeit

Kontakt: Peter Bartelmus
E-mail: peterbartelmus@gmail.com
Weiterführende Materialien finden Sie unter: http://www.springer.com/978-3-658-03130-5.

Lehrgangsziele
Der Lehrgang (Vorlesung/Seminar) führt an die Grenzen konventioneller Ökonomik. „Externalitäten" des Abbaus natürlicher Ressourcen und die Umweltverschmutzung stellen die gängige Wirtschaftsanalyse und -politik infrage. Wir werden die Kritik, dass Ökonomik ein formalistisches Puzzlespiel ist, welches den drohenden ökologischen und sozialen Zusammenbruch ignoriert, untersuchen. Haben wir die Grenzen der Tragfähigkeit unseres Planeten erreicht? Was sagen die Zahlen? Kann „nachhaltige Entwicklung" oder „grüne *Öko*-nomik" ein neues Weltbild erzeugen? Wie können wir Nachhaltigkeit in den Mainstream der Mikro- und Makroökonomik einbringen? Ist Globalisierung eine Hilfe oder ein Hindernis für nachhaltige Entwicklung? Dies sind einige der Fragen, die wir angehen werden. Die Wechselbeziehungen zwischen ökonomischen, ökologischen und sozialen Anliegen bedürfen einer klaren Perspektive: Ausgehend von der Theorie der *Öko*-nomik werden wir über deren Messung zur Politik gelangen.

Lehrplan (Kapitelnummern in Klammern beziehen sich auf das Lehrbuch)
1. Einführung und Überblick[Kap. 1]
Umweltkatastrophe: Haben wir die Grenzen erreicht?
2. Schulen der *Öko*–nomik[Kap. 1, 5]
Umweltschützer und Ökonomen: eine hartnäckige Polarisierung?
3. Nachhaltige Entwicklung: Feigenblatt oder Königsweg?[Kap. 9, 10]
Hat das Paradigma ausgedient?
4. Die physische Grundlage der Wirtschaft[Kap. 2, 3]
Definition und Messung ökologischer Nachhaltigkeit; Erderwärmung – ein Indikator der Nichtnachhaltigkeit?
5. Monetäre Bewertung: Kosten-Nutzen-Analyse und umweltökonomische Gesamtrechnung [Kap. 5, 6]
6. Unternehmerische Ökobilanzen für soziale Verantwortung[Kap. 6]
Gewinn oder ökosoziale Verantwortung? Bilanzen für Anteilseigner oder Interessengruppen?
7. Prognose: *Wird* unsere Wirtschaft nachhaltig sein?[Kap. 3, 7]
Werden wir Nachhaltigkeitsgrenzen erreichen? Wann?
8. Politik: *Können* wir die Wirtschaft nachhaltig machen? [Kap. 8]
Wie zuverlässig sind die Modelle? Sind Optimalität und Nachhaltigkeit realistische Ziele?

9. Umsetzung: Strategien und Politikinstrumente[Kap. 4, 7]
Befehls- und Kontrollvorschriften oder Marktinstrumente?
10. Globalisierung oder lokale Ökoentwicklung?[Kap. 9, 10]
Hindert oder hilft nachhaltige Entwicklung bei der Globalisierung?
11. Rückblick und abschließende Fragen[Kap. 11]
Wie schlimm ist es? Was sollten wir tun?

Anhang

Power-Point-Abbildungen zum Lehrplan

1. NACHHALTIGKEITSÖKONOMIK
EINFÜHRUNG UND ÜBERBLICK

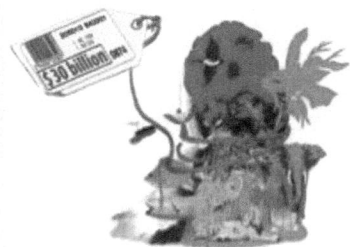

- Kursziele
- Was in aller Welt ist verkehrt?

© P. Bartelmus, Bergische Universität Wuppertal, Germany.
Der Kurs enthält urheberrechtgeschütztes Material, das nur persönlich oder für Lehrzwecke verwendet werden darf.

2. SCHULEN DER ÖKO–NOMIK

- Interaktion von Umwelt und Ökonomie
- Markt- und Politikversagen
- Geschichte: vom *Laisser Faire* zur tiefen Ökologie
- Ökologische und Umweltökonomik

3. NACHHALTIGE ENTWICKLUNG:
FEIGENBLATT ODER KÖNIGSWEG?

- Was ist Entwicklung?
- Was ist nachhaltige Entwicklung?
- Quantifizierbare Konzepte der nachhaltigen Entwicklung

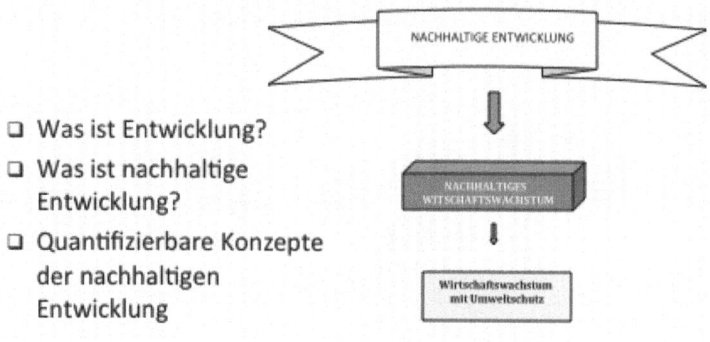

4. DIE PHYSISCHE GRUNDLAGE DER WIRTSCHAFT

- Aggregation: von Statistik über Indikatoren zu Indizes
- Fallstudie: Klimawandel
- Stoffstromrechnung
- Ökologische Nachhaltigkeit

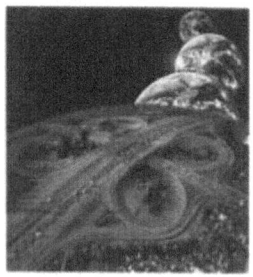

... as if we had *four* planets

5. MONETÄRE BEWERTUNG:
KOSTEN-NUTZEN-ANALYSE UND UMWELTÖKONOMISCHE GESAMTRECHNUNG

- Kosten-Nutzen-Analyse: Wohlfahrtswerte
- Umweltökonomische Gesamtrechnung
- Indikatoren ökonomischer Nachhaltigkeit

6. UNTERNEHMERISCHE ÖKOBILANZEN FÜR SOZIALE VERANTWORTUNG

- Unternehmerische Sozialverantwortung
- Die Rolle von Umweltbilanzen
- Von der Bilanzierung zum Management

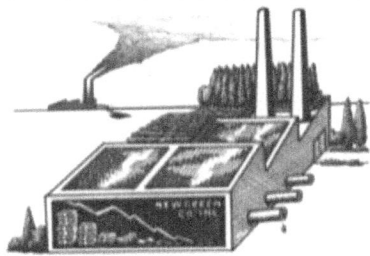

7. PROGNOSE
WIRD UNSERE WIRTSCHAFT NACHHALTIG SEIN?

- Mainstream-Ökonomik: die Hypothese der Umwelt-Kuznets-Kurve

- Ökologische Ökonomik: Wachstumsgrenzen

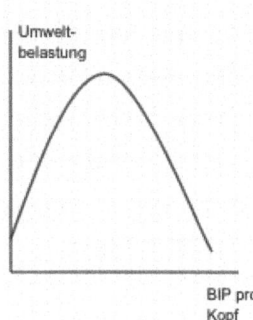

8. POLITIK:
KÖNNEN WIR DIE WIRTSCHAFT NACHHALTIG MACHEN?

- Input-Output- und Aktivitätsanalyse

- Physisches Wachstum und stationäre Wirtschaft

- Angewandtes allgemeines Gleichgewicht

- Optimales und nachhaltiges Wachstum

© Arik Bartelmus

Anhang

9. UMSETZUNG: STRATEGIEN UND POLITIKINSTRUMENTE

© Arik Bartelmus

- Grundsätze und Strategien
- Beurteilung der Instrumente
- Fallstudie: Klimawandel

10. GLOBALISIERUNG ODER LOKALE ÖKOENTWICKLUNG?

- Konzepte und Beschaffenheit der Globalisierung
- Nachhaltigkeitseffekte
- Globale Ordungspolitik für nachhaltige Entwicklung
- Gegenmacht: lokale Ökoentwicklung

11. RÜCKBLICK UND ABSCHLIESSENDE FRAGEN

OFFENE FRAGEN

- ❏ Sind gegenwärtiges Wirtschaftswachstum und -politik zukunftsfähig?

- ❏ Was ist zu tun? Marktlösungen oder Befehls- und Kontrollvorschriften?

- ❏ Wer hat die wirksamste Politik: Regierung, Zivilgesellschaft, Unternehmen, Partnerschaften der Akteure?

- ❏ Ist konventionelle Ökonomik noch relevant?

- ❏ Ist nachhaltige Entwicklung noch relevant?

Anhang

A.3: Historischer Abriss der Öko-nomik

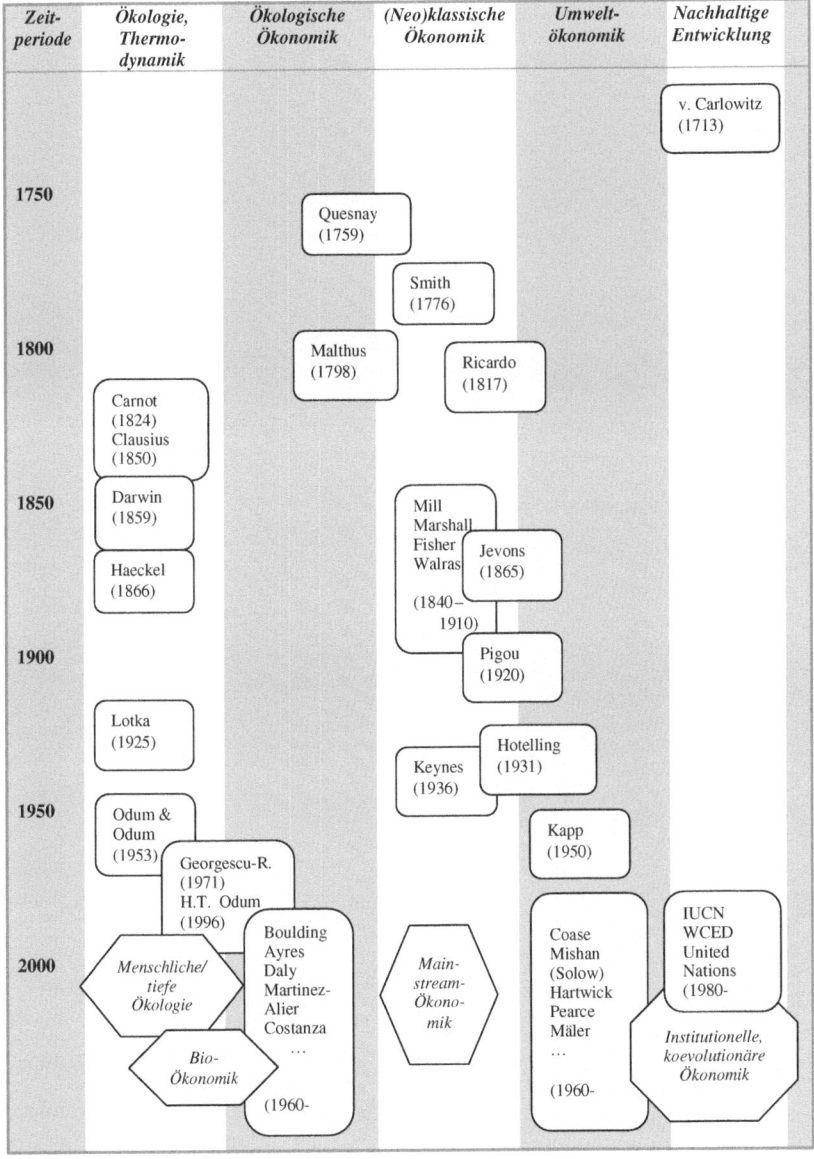

Literatur

AAG Center for Global Geography Education. (2011). *Population and natural resources module: Conceptual framework*. http://globalgeography.aag.org/PopulationandNaturalResources1e/CF_PopNatRes_Jan10/CF_PopNatRes_Jan1011.html. Zugegriffen: 9. Juli 2013.
Arrow, K., Dasgupta, P., Goulder, L., Daily, G., Ehrlich, P., Heal, G., Levin, S., Mäler, K.-G., Schneider, S., Starret, D., & Walker, B. (2004). Are we consuming too much? *Journal of Economic Perspectives, 18*, 147–172.
Arrow, K. J., Dasgupta, P., & Mäler, K.-G. (2003). Evaluating projects and assessing sustainable development in imperfect economies. *Environmental and Resource Economics, 26*, 647–685.
Atkinson, G., Dietz, S., & Neumayer, E. (Hrsg.). (2007). *Handbook of sustainable development*. Cheltenham: Edward Elgar.
Auty, R. M. (1993). *Sustaining development in mineral economies: The resource curse thesis*. London: Routledge.
Ayres, R. U., & Ayres, L. W. (Hrsg.). (2002). *A handbook of industrial ecology*. Cheltenham: Edward Elgar.
Barbier, E. B. (1997). Introduction to the environmental Kuznets curve, special issue. *Environment and Development Economics, 2*, 357–381.
Bartelmus, P. (1979). Limits to development – environmental constraints of human needs satisfaction. *Journal of Environmental Management, 9*, 255–269.
Bartelmus, P. (1994). *Environment, growth and development, the concepts and strategies of sustainability*. London: Routledge.
Bartelmus, P. (2001). Accounting for sustainability: Greening the national accounts. In M. K. Tolba (Hrsg.), *Our fragile world, challenges and opportunities for sustainable development* (S. 1721–1735). Oxford: Eolss Publishers.
Bartelmus, P. (2002). Unveiling wealth – accounting for sustainability. In P. Bartelmus (Hrsg.), *Unveiling wealth, on money, quality of life and sustainability* (S. 9–38). Dordrecht: Kluwer.
Bartelmus, P. (2004). Green accounting and energy. In C. Cleveland (Hrsg.), *Encyclopedia of Energy* (Vol. 3), (S. 43–56). Elsevier Science ; aktualisiert als Reference Module in *Earth Systems and Environmental Sciences*. http://www.sciencedirect.com/science/article/pii/B9780124095489013312. Zugegriffen: 28. Mär 2014.
Bartelmus, P. (2008). *Quantitative eco-nomics, how sustainable are our economies?* Dordrecht: Springer.

Bartelmus, P. (2009). The cost of natural capital consumption: Accounting for a sustainable world economy. *Ecological Economics, 68*, 1850–1857.
Bartelmus, P. (2012). Green accounting: Balancing environment and economy. *Solutions, 3*(3), 68–72. http://thesolutionsjournal.com/node/1105. Zugegriffen: 2. Dez. 2013.
Bartelmus, P. (2013a). Environmental-economic accounting, progress and regression in the SEEA revisions. *Review of Income and Wealth*. Early view online version http://onlinelibrary.wiley.com/doi/10.1111/roiw.12056/abstract. Zugegriffen: 2. Dez. 2013.
Bartelmus, P. (2013b). The future we want: Green growth or sustainable development? *Environmental Development, 7*, 165–170.
Bartelmus, P., Albert, J., & Tschochohei, H. (2003). Wie teuer ist (uns) die Umwelt? Zur umweltökonomischen Gesamtrechnung in Deutschland. *Zeitschrift für Umweltpolitik und Umweltrecht, 3*, 333–370.
Bartelmus, P., & Seifert, E. K. (Hrsg.). (2003). *Green accounting*. Aldershot: Ashgate.
Bartelmus, P., Stahmer, C., & van Tongeren, J. (1991). Integrated environmental and economic accounting: Framework for a SNA satellite system. *Review of Income and Wealth, 37*, 111–148.
Baumgärtner, S., & Quaas, M. (2010). What is sustainability economics? *Ecological Economics, 69*, 445–450.
Beckerman, W. (1992). Economic growth and the environment: Whose growth? Whose environment? *World Development, 20*, 481–496.
Beckerman, W. (1994). Sustainable development: Is it a useful concept? *Environmental Values, 3*, 191–209.
Bhagwati, J. (2002). Coping with antiglobalization. *Foreign Affairs, 81*, 2–7.
Bhagwati, J. (2004). *In defense of globalization*. Oxford: Oxford University Press.
Biomimicry Institute 2007–2011. What is biomimicry? http://www.biomimicryinstitute.org/about-us/what-is-biomimicry.html. Zugegriffen: 9. Juli 2013.
Bishop, R. C. (1978). Endangered species and uncertainty: The economics of a safe minimum standard. *American Journal of Agricultural Economics, 30*, 461–474.
Böhringer, C., & Jochem, P. E. P. (2007). Measuring the immeasurable – a survey of sustainability indices. *Ecological Economics, 63*, 1–8.
Boyd, J. (2007). Nonmarket benefits of nature: What should be counted in green GDP? *Ecological Economics, 61*, 716–723.
Brand, F. (2009). Critical natural capital revisited: Ecological resilience and sustainable development. *Ecological Economics, 68*, 605–612.
Bringezu, S. (1993). Towards increasing resource productivity: How to measure the total material consumption of regional or national economies? *Fresenius Environmental Bulletin, 2*, 437–442.
Bringezu, S. (2002). Towards sustainable resource management in the European Union. Wuppertal Papers No. 121. Wuppertal: Wuppertal Institut für Klima, Umwelt, Energie.
Brown, L. R. (2006). *Plan B – rescuing a planet under stress and a civilization in trouble*. New York: Norton.
Brown, M. T., & Ulgiati, S. (1999). Emergy valuation of the biosphere and natural capital. *Ambio, 28*, 486–493.
BUND, & Brot für die Welt (Hrsg.). (2008). *Zukunftsfähiges Deutschland in einer globalisierten Welt*. Frankfurt a. M.: Fischer.
Bundesregierung. (2008). *Fortschrittsbericht 2008 zur nationalen Nachhaltigkeitsstrategie*. Berlin: Presse- und Informationsamt der Bundesregierung. http://www.nachhaltigkeit.

info/media/1244547643phptC11XH.pdf?sid=d55f7aec9ef2b594caea0e82604133ac. Zugegriffen: 24. Mai 2013.

Carbon Disclosure Project. (2013). Use of internal carbon price by companies as incentive and strategic planning tool. https://www.cdp.net/CDPResults/companies-carbon-pricing-2013.pdf. Zugegriffen: 20. Dez. 2013.

Carnot, N. L. S. (1824). *Réflexions sur la puissance motrice du feu et sur les machines propres à développer cette puissance* [Überlegungen zur bewegenden Kraft des Feuers und zu den für die Erzeugung dieser Kraft geeigneten Maschinen], Nachdruck 1966. London: Dawson.

Carson, R. (1965). *Silent spring.* London: Penguin.

Castiglione, D., van Deht, J. W., & Wolleb, G. (Hrsg.). (2008). *The handbook of social capital.* Oxford: Oxford University Press.

Ciriacy-Wantrup, S. V. (1952). *Resource conservation: Economics and policies.* Berkeley: University of California Press.

Clausius, R. J. E. (1850). Über die bewegende Kraft der Wärme. *Annalen der Physik, 79*, 368–397, 500–524.

Cobb, C., Halstead, T., & Rowe, J. (Oktober 1995). If the GDP is up, why is America down? *The Atlantic Monthly*, 59–78.

Cole, H. S. D., Freeman, C., Jahoda, M., & Pavitt, K. L. R. (1973). *Models of doom, a critique of the limits to growth.* New York: Universe Books.

Commission of the European Communities. (2005). Thematic strategy on the sustainable use of natural resources, COM (2005) 670 final. http://ec.europa.eu/environment/natres/. Zugegriffen: 9. Juli 2013.

Common, M., & Stagl, S. (2005). *Ecological economics, an introduction.* Cambridge: Cambridge University Press.

Commons, J. R. (1934). *Institutional economics: Its place in political economy.* New York: Macmillan.

Conrad, K. (1999). Computable general equilibrium models for environmental economics and policy analysis. In J. van den Bergh (Hrsg.), *Handbook of environmental and resource economics.* (S. 1066–1088). Cheltenham: Edward Elgar.

Cortright, J. (2001). New growth theory, technology and learning, a practitioner's guide. http://philo.at/wiki/images/Growth-theory-cortright.pdf. Zugegriffen: 9. Juli 2013.

Costanza, R. (1980). Embodied energy and economic valuation. *Science, 210*, 1219–1224.

Costanza, R., Daly, H. E., & Bartholomew, J. A. (1991). Goals, agenda and policy recommendations for ecological economics. In R. Costanza (Hrsg.), *Ecological economics, the science and management of sustainability.* (S. 1–20). New York: Columbia University Press.

Costanza, R., Cumberland, J. H., Daly, H., Goodland, R., & Norgaard, R. B. (1997a). *An introduction to ecological economics.* Boca Raton: St. Lucie Press.

Costanze, R., d'Arge, R., de Groot, R., Farber, S., Grass, M., Hannon, B., Limburg, K., Naeem, S., O'Neil, R. V., Paruelo, J., Raskin, R. G., Sutton, P., & van den Belt, M. (1997b). The value of the world's ecosystem services and natural capital. *Nature, 387*, 253–260.

Crook, C. (22. Jan. 2005). The good company, a survey of corporate social responsibility. *The Economist.*

Crowards, T. M. (1996). Addressing uncertainty in project evaluation: The costs and benefits of safe minimum standards, CSERGE Working Paper GEC 96-04, University of East Anglia, UK. http://www.cserge.ac.uk/sites/default/files/gec_1996_04.pdf. Zugegriffen: 9. Juli 2013.

Daly, H. E. (1990). Toward some operational principles of sustainable development. *Ecological Economics, 2*, 1–6.

Daly, H. E. (1996). *Beyond growth*. Boston: Beacon Press.
Daly, H. E. (1999). Globalization versus internationalization – some implications. *Ecological Economics*, 3, 31–37.
Daly, H. E. (2005). Economics in a full world. *Scientific American*, 293(3), 100–107.
Daly, H. E., & Cobb, Jr., J. B. (1989). *For the common good: Redirecting the economy towards community, the environment, and a sustainable future*. Boston: Beacon Press.
Daly, H. E., & Farley, J. (2004). *Ecological economics*. Washington, DC: Island Press.
Darwin, C. (1859). *The origin of species*. Nachdruck 1951. New York: Dutton.
Dasgupta, P. (1994). Optimal versus sustainable development. In I. Serageldin & A. Steer (Hrsg.), *Valuing the environment, proceedings of the first annual international conference on environmentally sustainable development*. (S. 35–46). Washington, DC: The World Bank.
Dasgupta, P., & Duraiappah, A. (2012). Well-being and wealth. In United Nations Environment Programme (UNEP), & United Nations University (UNU-IHDP (Hrsg.)), *Inclusive Wealth Report 2012, measuring progress towards sustainability*. (S.13–26). Cambridge: Cambridge University Press. http://www.ihdp.unu.edu/article/iwr. Zugegriffen: 3. Aug. 2013.
Dasgupta, P., & Mäler, K.-G. (1991). The environment and emerging development issues. In *Proceedings of the World Bank Annual Conference on Development Economics 1990*. (S. 101–31). Washington, DC: The World Bank.
Dasgupta, P., & Mäler, K.-G. (2000). Net national product, wealth, and social well-being. *Environment and Development Economics*, 5, 69–93.
De Groot, R., van der Perk, J., Chiesura, A., & van Vliet, A. (2003). Importance and threat as determining factors of criticality of natural capital. *Ecological Economics*, 44, 187–204.
De Haan, M., & Kee, P. (kein Datum). Accounting for sustainable development: The NAMEA based approach. Statistics Netherland. http://www.cbs.nl/nr/rdonlyres/789fc43c-28ac-4a07-a4e1-158745589a50/0/accountingforsustainabledevelopmentthenameabasedapproach.pdf. Zugegriffen: 9. Juli 2013.
Diamond, J. (2005). *Collapse, how societies choose to fail or succeed*. London: Penguin Books.
Dixon, J. A., Fallon Scura, L., Carpenter, R. A., & Sherman, P. B. (1994). *Economic analysis of environmental impacts*. London: Earthscan.
Dorfman, R., Samuelson, P. A., & Solow, R. M. (1958). *Linear programming and economic analysis*. New York: McGraw-Hill.
Dziegielewska, D. (2009). Total economic value. In *Encyclopedia of Earth*. http://www.eoearth.org/view/article/156666/. Zugegriffen: 9. Juli 2013.
Ehrenfeld, J. R., & Chertow, M. R. (2002). Industrial symbiosis: The legacy of Kalundborg. In R. U. Ayres & L. W. Ayres (Hrsg.), *A handbook of industrial ecology* (S. 334–348). Cheltenham: Edward Elgar.
Ehrlich, P. R., & Holdren, J. P. (1971). Impact of population growth. *Science*, 171, 1212–1217.
Ekins, P., Simon, S., Deutsch, L., Folke, C., & de Groot, R. (2003). A framework for the practical application of the concepts of critical natural capital and strong sustainability. *Ecological Economics*, 44, 165–185.
Ellerman, A. D., & Joskow, P. L. (2008). The European Union's trading system in perspective. Paper prepared for the PEW Center on Global Climate Change. http://www.pewclimate.org/eu-ets. Zugegriffen: 9. Juli 2013.
Elliot, R. (2001). Ethics and value. In M. K. Tolba (Hrsg.), *Our fragile world, challenges and opportunities for sustainable development* (S. 983–994). Oxford: Eolss Publishers.

Literatur

Elliot, S. (2007) Environmentally sustainable ICT: A critical topic for IS research? Pacific Asia Conference of Information Systems, Proceedings. http://aisel.aisnet.org/pacis2007/114/. Zugegriffen: 9. Juli 2013.

Endres, A. (2013). *Umweltökonomie*. Stuttgart: Kohlhammer.

European Association for Bioeconomic Studies. (E.A.B.S.) (1997). *Implications and applications of bioeconomics*. Proceedings of the Second International Conference of the E.A.B.S. (Palma de Mallorca, March 11–13, 1994). Milan: Edizioni Nagard.

European Commission. (2007–2010). Beyond GDP. http://www.beyond-gdp.eu/. Zugegriffen: 9. Juli 2013.

European Commission, Enterprise and Industry. (2011). Sustainable and responsible business, corporate social responsibility (CSR). http://ec.europa.eu/enterprise/policies/sustainable-business/corporate-social- responsibility/index_en.htm. Zugegrifen: 10. Juli 2013.

European Commission, Environment. (2011). EMAS. http://ec.europa.eu/environment/emas/index_en.htm. Zugegriffen: 10. Juli 2013.

European Commission, Food and Agriculture Organization, International Monetary Fund, Organisation for Economic Co-operation and Development, United Nations, & World Bank. (2012). System of environmental-economic accounting, central framework. White Cover Publication (pre-edited text subject to official editing). http://unstats.un.org/unsd/envaccounting/White_cover.pdf. Zugegriffen: 8. März 2013.

European Commission, Information Society (ohne Datum). Digital agenda for Europe. http://ec.europa.eu/information_society/digital-agenda/index_en.htm. Zugegriffen: 10. Juli 2013

European Commission, International Monetary Fund, Organisation for Economic Co-operation and Development, United Nations, & World Bank. (2009). *System of National Accounts 2008*. New York: United Nations. http://unstats.un.org/unsd/nationalaccount/docs/SNA2008.pdf. Zugegriffen: 18. Feb. 2013).

European Commission, Organisation for Economic Co-operation and Development, United Nations, & World Bank. (2013). *System of environmental-economic accounting 2012, experimental ecosystem accounting*. (White cover publication, pre-edited text subject to official editing). http://unstats.un.org/unsd/envaccounting/eea_white_cover.pdf. Zugegriffen: 31. Dez. 2013.

European Environment Agency. (2002). *Environmental signals, benchmarking the Millennium*. Environmental Assessment Report No. 9. Luxembourg: Office for Official Publications of the European Communities. http://www.eea.europa.eu/publications/environmental_assessment_report_2002_9. Zugegriffen: 10. Juli 2013.

European Environment Agency. (2005). EEA core set of indicators, guide. EEA Technical Report No. 1/2005. Luxembourg: Official Publications of the European Communities. http://www.eea.europa.eu/publications/technical_report_2005_1. Zugegriffen: 10. Juli 2013.

European Environment Agency. (2007). The DPSIR framework used by the EEA. http://ia2dec.ew.eea.europa.eu/knowledge_base/Frameworks/doc101182/. Zugegriffen: 10. Juli 2013.

European Environment Agency. (2010). *The European environment – state and outlook 2010, synthesis*. Luxembourg: Office for Official Publications of the European Communities. http://www.eea.europa.eu/soer/synthesis/synthesis/the-state-of-the-environment. Zugegriffen: 10. Juli 2013.

Eurostat. (2001). *Economy-wide material flow accounts and derived indicators: A methodological guide*. Luxembourg: European Communities.

Ewing, B., Moore, D., Goldfinger, S., Ourster, A., Leed, A., & Wackernagel, M. (2010). *Ecological footprint atlas 2010*. Oakland: Global Footprint Network. http://www.footprintnetwork.org/images/uploads/Ecological_Footprint_Atlas_2010.pdf. Zugegriffen: 19. Juni 2013.

Faber, M., Petersen, T., & Schiller, J. (2002). Homo oeconomicus and homo politicus in ecological economics. *Ecological Economics, 40*, 323–333.

Factor 10 Club. (1994). *Carnoules declaration*. Wuppertal: Wuppertal Institut für Klima, Umwelt, Energie.

Faucheux, S. (2001). Summary principles for sustainable development. In M. K. Tolba (Hrsg.), *Our fragile world, challenges and opportunities for sustainable development* (S. 1761–1778). Oxford: Eolss Publishers.

Frank, R. H. (1999). *Luxury fever: Why money fails to satisfy in an era of excess*. New York: Free Press.

Funtowicz, S. O., & Ravetz, J. R. (1991). A new scientific methodology for global environmental issues. In R. Costanza (Hrsg.), *Ecological economics: The science and management of sustainability* (S. 137–152). New York: Columbia University Press.

Gallup. (2010). Americans less happy, more stressed in 2009. http://www.gallup.com/poll/124904/americans-less-happy-stressed-2009.aspx. Zugegriffen: 10. Juli 2013.

Georgescu-Roegen, N. (1971). *The entropy law and the economic process*. Cambridge: Harvard University Press.

Georgescu-Roegen, N. (1979). Energy analysis and economic valuation. *The Southern Economic Journal, 45*, 1023–1058.

Global Alliance for ICT and Development (ohne Datum). *UN global alliance for ICT and development*. http://www.infopoverty.net/A7gaid.pdf. Zugegriffen: 8. Juli 2013.

Gore, A. (2006). *An inconvenient truth*. New York: Rodale.

Goulder, I. H. (1995). Environmental taxation and the double dividend, a reader's guide. *International Tax and Public Finance, 2*, 157–183.

Gray, R., & Bebbington, J. (2007). Corporate sustainability: Accountability or impossible dream. In G. Atkinson, S. Dietz & E. Neumayer (Hrsg.), *Handbook of sustainable development* (S. 376–394). Cheltenham: Edward Elgar.

Grossman, G. M., & Krueger, A. B. (1995). Economic growth and the environment. *Quarterly Journal of Economics CX*, 353–377.

Haeckel, E. (1866). *Generelle Morphologie der Organismen: Vol. 2*. Berlin: Reimer.

Hanley, N., Shogren, J. F., & White, B. (2007). *Environmental economics in theory and practice* (2nd ed.). London: Palgrave Macmillan.

Hardin, G. (1968). The tragedy of the commons. *Science, 162*, 1243–1248.

Hartwick, J. M. (1977). Inter-generational equity and the investing of rents from exhaustible resources. *American Economic Review, 67*(3), 972–974.

Heal, G. (2007). Environmental accounting for ecosystems. *Ecological Economics, 61*, 693–694.

Hennicke, P., & Welfens, P. J. J. (2012). *Energiewende nach Fukushima, deutscher Sonderweg oder weltweites Vorbild?* München: Oekom.

Hepburn, C. (2007). Valuing the far-off future: Discounting and its alternatives. In G. Atkinson, S. Dietz & E. Neumayer (Hrsg.), *Handbook of Sustainable Development* (S. 109–124). Cheltenham: Edward Elgar.

Hicks, J. R. (1939). *Value and Capital*. Oxford: Clarendon Press.

Hodgson, G. M. (1998). The approach of institutional economics. *Journal of Economic Literature, 36*(1), 166–192.

Hoekstra, R., & van den Bergh, J. C. J. M. (2006). Constructing physical input-output tables for environmental modeling and accounting: Framework and illustrations. *Ecological Economics, 59,* 375–393.

Holling, C. S. (Hrsg.). (1978). *Adaptive environmental assessment and management.* Chichester: Wiley.

Hotelling, H. (1931). The economics of exhaustible resources. *Journal of Political Economy, 39,* 137–175.

Huber, J. (2004). *New technologies and environmental innovation.* Cheltenham: Edward Elgar.

Intergovernmental Panel on Climate Change (IPCC). (2007a). *Contribution of working group I to the fourth assessment report of the IPCC: The physical base, summary for policy makers.* http://www.ipcc.ch/publications_and_data/ar4/wg1/en/contents.html. Zugegriffen: 10. Juli 2013.

Intergovernmental Panel on Climate Change (IPCC). (2007b). *Contribution of working group III to the fourth assessment report of the IPCC: Mitigation of climate change, summary for policy makers.* http://www.ipcc.ch/publications_and_data/ar4/wg3/en/contents.html. Zugegriffen: 10. Juli 2013.

Intergovernmental Panel on Climate Change (IPCC). (2013). *Climate Change 2013, the physical science basis, summary for policy makers.* Working group I contribution to the fifth assessment report of the intergovernmental panel of climate change. http://www.climatechange2013.org/images/uploads/WGI_AR5_SPM_brochure.pdf. Zugegriffen: 3. Dez. 2013.

International Labour Organization (ILO). (1977). *Employment, growth and basic needs: A one-world problem.* New York: Praeger.

International Organization for Standardization (ohne Datum). ISO 14000–Environmental management. http://www.iso.org/iso/home/standards/management-standards/iso14000.htm. Zugegriffen: 10. Juli 2012.

IUCN (The World Conservation Union) (2006). *The future of sustainability, re-thinking environment and development in the twenty-first century.* Report of the renowned thinkers meeting, 29–31 January 2006. http://cmsdata.iucn.org/downloads/iucn_future_of_sustanability.pdf. Zugegriffen: 10. Juli 2013.

International Union for Conservation of Nature and Natural Resources (IUCN), United Nations Environment Programme (UNEP), & World Wildlife Fund (WWF) (1980). *World conservation strategy, living resource conservation for sustainable development.* Gland: IUCN.

Islam, S. M. N. (2001). Ecology and optimal economic growth: An optimal ecological economic growth model and its sustainability implications. In M. Munasinghe, O. Sunkel & C. de Miguel (Hrsg.), *The sustainability of long-term growth: Socioeconomic and ecological perspectives* (S. 227–273). Cheltenham: Edward Elgar.

Jeucken, M. H. A. (2004). *Sustainability in finance, banking on the planet.* Delft: Eburon Academic Publisher.

Jevons, W. S. (1865). *The Coal question: An inquiry concerning the progress of the nation, and the probable exhaustion of our coal mines,* Nachdruck der 3. Ausgabe 1965. New York: Augustus Kelly.

Kapp, K. W. (1950). *The social costs of private enterprise.* Boston: Harvard University Press.

Kates, R. W., Clark, W. C., Corell, R., Hall, J. M., Jaeger, CC., Lowe, I., McCarthy, J. J., Schellnhuber, H. J., Bolin, B. Dickson, N. M., Faucheux, S., Gilberto, C., Gallopin, G. C., Grübler, A., Huntley, B., Jäger, J., Jodha, N. S., Kasperson, R. E., Mabogunje, A., Matson, P., Mooney, H., Moore III, B., O'Riordon, T., & Svedin, U. (2001). Sustainability science. *Science*, 292, 641–642.
Keynes, J. M. (1936). *The general theory of employment, interest and money*, Nachdruck 1973. London: Macmillan.
Koopmans, T. C. (1973). Some observations on „optimal" economic growth and exhaustible resources. In H. C. Bos, H. Linnemann & P. de Wolff (Hrsg.), *Economic structure and development: Essays in honour of Jan Tinbergen*. (S. 239–255). Amsterdam: North Holland.
Krall, L., & Klitgaard, K. (2011). Ecological economics and institutional change. In R. Costanza, K. Limburg & I. Kubiszewski (Hrsg.), *Ecological economics reviews. Annals of the New York academy of sciences*. (Vol. 1219), (S. 185–196). New York: The New York Academy of Sciences.
Kuznets, S. (1955). Economic growth and income inequality. *American Economic Review*, 45, 1–28.
Landefeld, J. S., & Howell, S. L. (1998). USA: Integrated economic and environmental accounting: Lessons from the IEESA. In K. Uno & P. Bartelmus (Hrsg.), *Environmental accounting in theory and practice*. (S. 113–129). Dordrecht: Kluwer.
Lange, G.-M. (2004). Wealth, natural capital and sustainable development: Contrasting examples from Botswana and Namibia. *Environmental & Resource Economics*, 29, 257–283.
Lawn, P. (2007). *Frontier issues in ecological economics*. Cheltenham: Edward Elgar.
Leipert, C. (1989). National income and economic growth: The conceptual side of defensive expenditures. *Journal of Economic Issues*, 23, 843–856.
Leontief, W. (1951). *The structure of American economy 1919–1939, an empirical application of equilibrium analysis* (2nd ed.). New York: Oxford University Press.
Leontief, W. (1970). Environmental repercussions and the economic structure: An input-output approach. *Review of Economics and Statistics*, 52, 262–271.
Levitt, S. D., & Dubner, S. J. (2005). *Freakonomics, the hidden side of everything*. New York: Harper Perennial.
Linz, M. (2004). Weder Mangel noch Übermaß: Über Suffizienz und Suffizienzforschung. Wuppertal Papers No. 145. Wuppertal: Wuppertal Institut für Klima, Umwelt, Energie.
Lomborg, B. (2001). *The skeptical environmentalist, measuring the real state of the world*. Cambridge: Cambridge University Press.
Lotka, A. J. (1925). *Elements of physical biology*, Nachdruck 1956. New York: Dover.
Lovelock, J. E. (1988). *The ages of Gaia – a biography of our living Earth*. New York: Norton.
Lovelock, J. E. (2009). *The vanishing face of GAIA: A final warning*. New York: Basic Books.
McDonough, W., & Braungart, M. (2003). The cradle-to-cradle alternative. http://www.mcdonough.com/writings/cradle_to_cradle-alt.htm. Zugegriffen: 10. Juli 2013.
Malthus, T. (1798). *Principles of population*, Nachdruck 1963. Homewood: R. D. Irwin.
Mander, J. (2001). Introduction: Facing the rising tide. In E. Goldsmith & J. Mander (Hrsg.), *The case against the global economy and for a turn towards localization* (S. 1–15). London: Earthscan.
Mander, J. (2003). Intrinsic negative effects of economic globalization on the environment. In J. G. Speth (Hrsg.), *Worlds apart, globalization and the environment* (S. 108–129). Washington, DC: Island Press.
Martinez-Alier, J. (2002). *The environmentalism of the poor, a report for UNRISD for the WSSD*. http://www.rcade.org/secciones/comisiones/comisiones/decol/jalier.PDF. Zugegriffen: 10. Juli 2013.

Max-Neef, M. (1995). Economic growth and quality of life: A threshold hypothesis. *Ecological Economics, 15,* 115–118.
Max-Neef, M., Elizalde, A., & Hopenhayn, M. (1989). Human scale development: An option for the future. *Development Dialogue, 1,* 5–80.
Meadows, D. H., Meadows, D. L., Randers, J., & Behrens III, W. W. (1972). *The limits to growth.* New York: Universe Books.
Meadows, D. H., Meadows D. L., & Randers, J. (1992). *Beyond the limits.* Post Mills: Chelsea Green Publishing.
Meadows, D., Randers, J., & Meadows, D. (2004). *Limits to growth, the 30-years update.* White River Junction: Chelsea Green Publishing.
Meyer, B. (1999). Research-statistical-policy co-operation in Germany: Modelling with panta rhei. In European Commission (Hrsg.), *From research to implementation: Policy-driven methods for evaluating macro-economic environmental performance.* (S. 39–56). Luxembourg: European Communities.
Meyer, B. (2005). The economic-environmental model Panta Rhei and its application. GWS Discussion Paper 2005/3. http://www.gws-os.de/downloads/gws-paper05-3.pdf. Zugegriffen: 10. Juli 2013.
Millennium Ecosystem Assessment. (2005). *Ecosystems and human well-being: Synthesis.* Washington, DC: Island Press. http://www.maweb.org/documents/document.356.aspx.pdf. Zugegriffen: 12. Juni 2013.
Munasinghe, M. (Hrsg.). (2002). *Macroeconomics and the environment.* Cheltenham: Edward Elgar.
Murray, J., & Wood, R. (Hrsg.). (2010). *The sustainability practitioner's guide to input-output analysis.* Champaign: Common Ground.
Naess, A. (1976). The shallow and the deep, long-range ecology movement, a summary. *Inquiry, 16,* 95–100.
Netherlands Environmental Assessment Agency. (2007). How Dutch citizens prioritise the social agenda, MNP Report 500086002/2007. http://www.rivm.nl/bibliotheek/rapporten/500086002.pdf. Zugegriffen: 10. Juli 2013.
Newport, F. (2009). Americans: Economy takes precedence over environment. Gallup. http://www.gallup.com/poll/116962/Americans-Economy-Takes-Precedence-Environment.aspx. Zugegriffen: 10. Juli 2013.
Nordhaus, W. D. (1973). World dynamics: Measurement without data. *The Economic Journal, 83,* 1156–1183.
Nordhaus, W. D. (2008). *A question of balance, weighing the options on global warming policies.* New Haven: Yale University Press.
Nordhaus, W. D., & Kokkelenberg, E. C. (Hrsg.). (1999). *Nature's numbers – expanding the national accounts to include the environment.* Washington, DC: National Academy Press.
Nordhaus, W. D., & Tobin, J. (1973). Is growth obsolete? *Studies in Income and Wealth, 38,* 509–564.
Norgaard, R. B. (1994). *Development betrayed, the end of progress and a coevolutionary revisioning of the future.* London: Routledge.
Nováček, P., & Mederly, P. (2002). *Global partnership for development, sustainable development index.* Olomouc: Palacky University (für den American Council for the United Nations University).
Odum, E. P. (1971). *Fundamentals of ecology.* Philadelphia: Saunders.
Odum, E. P., & Odum, H. T. (1953). *Fundamentals of ecology,* 3. Ausgabe 1971. Philadelphia: Saunders.

Odum, H. T. (1996). *Environmental accounting, emergy and decision making.* New York: Wiley.
Odum, H. T. (2002). Emergy accounting. In P. Bartelmus (Hrsg.), *Unveiling wealth – on money, quality of life and sustainability* (S. 135–146). Dordrecht: Kluwer.
Opschoor, H., & van der Straaten, J. (1993). Sustainable development: An institutional approach. *Ecological Economics, 7*, 203–222.
Organisation for Economic Co-operation and Development (OECD). (1989). *Economic instruments for environmental protection.* Paris: OECD.
Organisation for Economic Co-operation and Development (OECD). (1993). *Core set of indicators for environmental performance reviews.* (Environmental Monograph No. 83). Paris: OECD.
Organisation for Economic Co-operation and Development (OECD). (2002). *Indicators to measure decoupling of environmental pressure from economic growth* (SG/SD (2002)1/FINAL). Paris: OECD. http://www.oecd.org/officialdocuments/displaydocumentpdf/?cote=sg/sd (2002)1/final & doclanguage=en. Zugegriffen: 10. Juli 2013.
Organisation for Economic Co-operation and Development (OECD). (2003). *OECD environmental indicators – development, measurement and use* (reference paper). http://www.oecd.org/dataoecd/7/47/24993546.pdf. Zugegriffen: 10. Juli 2013.
Organisation for Economic Co-operation and Development (OECD). (2011). The green growth strategy, reshaping the OECD's work agenda for the years to come. http://www.oecd.org/dataoecd/62/59/48302542.pdf. Zugegriffen: 10. Juli 2013.
Organisation for Economic Co-operation and Development (OECD) (ohne Datum). *Resource productivity in the G8 and the OECD.* http://www.oecd.org/env/waste/47944428.pdf. Zugegriffen: 10. Juli 2013.
Osborn, D., & Bigg, T. (1998). *Earth summit II, outcomes and analysis.* London: Earthscan.
Paterson, C. (2008). The concept of maximum sustainable yield and its limitations. http://www.unepscs.org/Refugia_Training/Fisheries%20Management%20Principles%20and%20Concepts/03-Concept-Maximum-Sustainable-Yield-Fisheries-Asia.pdf. Zugegriffen: 10. Juli 2013.
Perrings, C. (1995). Ecology, economics and ecological economics. *Ambio, 24*, 60–63.
Perrings, C. (2006). Resilience and sustainable development. *Environment and Development Economics, 11*, 417–427.
Pezzey, J. (1989). *Economic analysis of sustainable growth and sustainable development.* Environment Department Working Paper No. 15. Washington, DC: The World Bank.
Pigou, A. C. (1920). *The economics of welfare*, Nachdruck 1932. London: Macmillan.
Prescott-Allen, R. (2001). *The wellbeing of nations: A country-by-country index of quality of life and the environment.* Washington, DC: Island Press.
Quesnay, F. (1759). The „third edition" of the *Tableau Economique*. In M. Kuczynski & R.L. Meek (Hrsg.).1972. *Quesnay's Tableau Economique.* (facsimile reproduction and English translation). London: Macmillan. Nachdruck in P. Bartelmus & E. K. Seifert (Hrsg.). 2003. *Green accounting.* (S. 3–29). Aldershot: Ashgate.
Rennings, K., Koschel, H., Brockmann K. L., & Kühn, I. (1999). A regulatory framework for a policy of sustainability: Lessons from the neo-liberal school. *Ecological Economics, 28*, 197–212.
Ricardo, D. (1817). *The principles of political economy and taxation*, Nachdruck 1963. Homewood: Irwin.
Rodrik, D. (1997). *Has globalization gone too far?* Washington, DC: Institute for International Economics.

Literatur

Røpke, I. (2005). Trends in the development of ecological economics from the late 1980s to the early 2000s. *Ecological Economics, 55*, 262–290.

Sachs, I. (1976). Environment and styles of development. In W. H. Matthews (Hrsg.), *Outer limits and human needs* (S. 41–65). Uppsala: Dag Hammarskjöld Foundation.

Sachs, I. (1980). *Stratégies de l'Ecodéveloppement* [Strategien der Ökoentwicklung]. Paris: Editions Ouvrières.

Sachs, W. (1995). From efficiency to sufficiency. *Resurgence, 171*, 6–8.

Sachs, W., Loske, R., & Linz, M. (1998). *Greening the north, post-industrial blueprint for ecology and equity*. London: Zed Books.

Samuelson, P. A., & Nordhaus, W. D. (1992) *Economics* (14th ed.). New York: McGraw-Hill.

Segal, J. M. (1999). *Graceful simplicity, towards a philosophy and politics of simple living*. New York: Holt.

Simonis, U. (2005). Global environmental governance: Why we need a World Environmental Organisation. In G. Allan & M. Allshouse (Hrsg.), *Nature, truth, and value – exploring the thinking of Frederick Ferré*. Lanham: Lexington Books.

Slesser, M. (1975). Accounting for energy. *Nature, 254*, 170–172.

Smith, A. (1776). *An inquiry into the nature and causes of the wealth of nations*. Library of Economics. http://www.econlib.org/library/Smith/smWN.html. Zugegriffen: 10. Juli 2013.

Söderbaum, P. (1999). Values, ideology and politics in ecological economics. *Ecological Economics, 28*, 161–170.

Söderbaum, P. (2008). *Understanding sustainability economics*. London: Earthscan.

Solow, R. M. (1974). The economics of resources or the resources of economics. *The American Economic Review, 64*, 1–14.

Speth, J. G. (Hrsg.). (2003). *Worlds apart, globalization and the environment*. Washington, DC: Island Press.

Stahmer, C., Kuhn, M., & Braun, N. (1998). Physical input-output tables for Germany, 1990, Eurostat Working Papers No. 2/1998/B/1, European Commission.

Stern, N. (2006). *Stern review on the economics of climate change*. http://webarchive.nationalarchives.gov.uk/+http:/www.hm-treasury.gov.uk/sternreview_index.htm. Zugegriffen: 10. Juli 2013.

Steurer, A. (1992). *Stoffstrombilanz Österreich 1988*. Schriftenreihe Soziale Ökologie (Vol. 26). Wien.

Stiglitz, J. E., Sen, A., & Fitoussi, J. P. (2010). *Mismeasuring our lives, why the GDP doesn't add up*. New York: The New Press.

Sustainable Europe Research Institute. (SERI) mit Wuppertal Institut für Klima, Umwelt, Energie. (2011). www.materialflows.net, the online portal for material flow data. http://www.materialflows.net/. Zugegriffen: 10. Juli 2013.

Svendsen, G. T., & Svendsen, G. L. (Hrsg.). (2009). *Handbook of social capital, the troika of sociology, political science and economics*. Cheltenham: Edward Elgar.

Szargut, J. (2005). *Exergy method, technical and ecological applications*. Southampton: WIT Press.

Talberth, J. (2010). Measuring what matters: GDP, ecosystems and the environment. http://www.wri.org/stories/2010/04/measuring-what-matters-gdp-ecosystems-and environment. Zugegriffen: 10. Juli 2013.

Talberth, J., Cobb, C., & Slattery, N. (2007). *The genuine progress indicator 2006, a tool for sustainable development*. Oakland: Redefining Progress. http://www.scribd.com/doc/3061355/Genuine-Progress-Indicator-2006. Zugegriffen: 10. Juli 2013.

Tietenberg, T. (2005). *Environmental and natural resource economics* (7th ed.). Boston: Addison Wesley.
Tolba, M. K. (Hrsg.). (2001). *Our fragile world, challenges and opportunities for sustainable development*. Oxford: Eolss Publishers.
Turner, R. K., Pearce, D., & Bateman, I. (1993). *Environmental economics, an elementary introduction*. Baltimore: Johns Hopkins University Press.
United Nations. (1984). *A Framework for the development of environment statistics*. New York: United Nations. http://unstats.un.org/unsd/publication/SeriesM/SeriesM_78e.pdf. Zugegriffen: 10. Juli 2013.
United Nations. (1993). *Integrated environmental and economic accounting*. New York: United Nations. http://unstats.un.org/unsd/publication/SeriesF/SeriesF_61E.pdf. Zugegriffen: 10. Juli 2013.
United Nations. (1994). *Earth summit, agenda 21, the United Nations programme of action from Rio*. New York: United Nations.
United Nations. (1996). *Indicators of sustainable development, frameworks and methodologies*. New York: United Nations.
United Nations. (2001). *Indicators of sustainable development: Guidelines and methodologies*. New York: United Nations.
United Nations. (2003). *Johannesburg declaration on sustainable development and plan of implementation of the world summit on sustainable development*. New York: United Nations.
United Nations. (2010a). *Resolution adopted by the General Assembly (A/RES/65/1), keeping the promise: United to achieve the Millennium Development Goals*. http://www.un.org/en/mdg/summit2010/pdf/outcome_documentN1051260.pdf. Zugegriffen: 10. Juli 2013.
United Nations. (2010b). The millennium development goals report. http://mdgs.un.org/unsd/mdg/Resources/Static/Data/2010%20Stat%20Annex.pdf. Zugegriffen: 20. Juli 2013.
United Nations. (2011). Global compact (aktualisiert: 22. April 2013). http://www.unglobalcompact.org/AboutTheGC/index.html. Zugegriffen: 10. Juli 2013.
United Nations. (2012). Rio + 20 The future we want: Outcome document adopted at Rio + 20. http://www.uncsd2012.org/content/documents/727The%20Future%20We%20Want%2019%20June%201230pm.pdf. Zugegriffen: 10. Juli 2013.
United Nations Conference on the Human Environment. (1972). *Development and environment. Report and working papers of a panel of experts*. Mouton: United Nations and Ecole Pratique des Hautes Etudes.
United Nations Department of Economic and Social Affairs. (2002). Second local agenda 21 survey, background paper No. 15, submitted by the International Council for Local Environmental Initiatives. http://www.un.org/jsummit/html/documents/backgrounddocs/icleisurvey2.pdf. Zugegriffen: 10. Juli 2013.
United Nations Department of Economic and Social Affairs. (2013). A new forum to boost sustainable development. http://www.un.org/en/development/desa/news/sustainable/high-level-political-forum.html. Zugegriffen: 2. Dez. 2013.
United Nations Development Programme (UNDP). (2013). *2013 Human Development Report*. http://www.undp.org/content/undp/en/home/librarypage/hdr/human-development-report-2013/. Zugegriffen: 6. Juli 2013.
United Nations Educational, Scientific and Cultural Organization (UNESCO). (2010). Four dimensions of sustainable development. http://www.unesco.org/education/tlsf/mods/theme_a/popups/mod04t01s03.html. Zugegriffen: 10. Juli 2013.

United Nations Environment Programme (UNEP). (1975). *The proposed programme* (UNEP/GC/30). Nairobi.
United Nations Environment Programme (UNEP). (2011a). *Decoupling natural resource use and environmental impacts from economic growth.* A report of the working group on decoupling to the International Resource Panel. http://www.unep.org/resourcepanel/decoupling/files/pdf/Decoupling_Report_English.pdf. Zugegriffen: 10. Juli 2013.
United Nations Environment Programme (UNEP). (2011b). *Towards a green economy, pathways to sustainable development and poverty eradication.* http://www.unep.org/greeneconomy/GreenEconomyReport/tabid/29846/Default.aspx. Zugegriffen: 10. Juli 2013.
United Nations, European Commission, International Monetary Fund, Organisation for Economic Co-operation and Development, & World Bank. (2003). *Integrated environmental and economic accounting 2003.* Final draft circulated for information prior to official editing. http://unstats.un.org/unsd/envaccounting/seea2003.pdf. Zugegriffen: 10. Juli 2013.
United Nations Framework Convention on Climate Change (UNFCCC) (ohne Datum). http://unfccc.int/essential_background/convention/items/2627.php. Zugegriffen: 10. Juli 2013.
United Nations Procurement Division. (2004). *The global compact.* http://www.un.org/Depts/ptd/global.htm. Zugegriffen: 10. Juli 2013.
United Nations Statistics Division. (2013). *UNSD environmental indicators.* http://unstats.un.org/unsd/ENVIRONMENT/qindicators.htm. Zugegriffen: 26. Dez. 2013.
Uno, K., & Bartelmus, P. (Hrsg.). (1998). *Environmental accounting in theory and practice.* Dordrecht: Kluwer.
Ura, K., Alkire, S., Zangmo, T. & Wangdi, K. (2012). *A short guide to Gross National Happiness Index.* http://www.grossnationalhappiness.com/wp-content/uploads/2012/04/Short-GNH-Index-edited.pdf. Zugegriffen: 16. Mär 2014.
U.S. Department of the Interior. (2010). *How should adaptive management be implemented?* http://www.doi.gov/initiatives/AdaptiveManagement/howto.html. Zugegriffen: 10. Juli 2013.
U.S. National Weather Service, JetStream – Online School for Weather. (2010). *The earth-atmosphere energy balance.* http://www.srh.noaa.gov/jetstream//atmos/energy.htm. Zugegriffen: 10. Juli 2013.
Veblen, T. (1899). *The theory of the leisure class*, Nachdruck 1967. New York: Macmillan.
von Carlowitz, H. C. (1713). *Sylvicultura Oeconomica* [Wirtschaftliche Forstwirtschaft]. Leipzig: Braun.
von Weizsäcker, E. U., Lovins, A., & Lovins, H. (1995). *Faktor vier, doppelter Wohlstand – halbierter Naturverbrauch.* München: Droemer Knaur.
von Weizsäcker, E. U., Lovins, A., & Lovins, H. (1997). *Factor four: Doubling wealth, halving resource use.* London: Earthscan.
von Weizsäcker, E. U., Hargrover, K., & Smith, M. (2010). *Faktor Fünf, die Formel für nachhaltiges Wachsum.* München: Droemer.
Walker, B. H., & Pearson, L. (2007). A resilience perspective of the SEEA. *Ecological Economics, 61,* 708–715.
Wall, G. (2008). Exergy. In C. J. Cleveland (Hrsg.), *Encyclopedia of Earth.* http://www.eoearth.org/article/Exergy. Zugegriffen: 10. Juli 2013.
Weitzman, M. L. (2009). On modelling and interpreting the economics of catastrophic climate change. *Review of Economics and Statistics, 91,* 1–19.
White, L. (1967). The historical roots of our ecological crisis. *Science, 155,* 1203–1207.

World Bank. (2003a). *ICT for development, contributing to the millennium development goals.* Washington, DC: The World Bank. www.infodev.org/en/Document.19.pdf. Zugegriffen: 11. Juli 2013.

World Bank. (2003b). *World development report 2003, sustainable development in a dynamic world, transforming institutions, growth and quality of life.* New York: Oxford University Press.

World Bank. (2006). *Where is the wealth of nations? Measuring capital for the 21st century.* Washington, DC: The World Bank.

World Bank. (2011a). *The changing wealth of nations, measuring sustainable development in the new millennium.* Washington, DC: The World Bank. http://siteresources.worldbank.org/ENVIRONMENT/Resources/ChangingWealthNations.pdf. Zugegriffen: 11. Sept. 2013.

World Bank. (2011b). *World development indicators 2011.* Washington, DC: The World Bank. http://data.worldbank.org/data-catalog/world-development-indicators?cid=GPD_WDI. Zugegriffen: 11. Juli 2013.

World Business Council for Sustainable Development (WBCSD) (ohne Datum). WBCSD, Business solutions for a sustainable world. http://www.wbcsd.org/home.aspx. Zugegriffen: 8. Juli 2013.

World Commission on Environment and Development (WCED) (1987). *Our common future.* Oxford: Oxford University Press.

World Trade Organization (WTO) (ohne Datum): (a) The Doha agenda. http://www.wto.org/english/thewto_e/whatis_e/tif_e/doha1_e.htm. Zugegriffen: 11. Juli 2013. (b) The environment: A specific concern. http://www.wto.org/english/thewto_e/whatis_e/tif_e/bey2_e.htm. Zugegriffen: 11. Juli 2013. (c) Uruguay round agreement, Marrakesh agreement establishing the world trade organization. http://www.wto.org/english/docs_e/legal_e/04-wto_e.htm. Zugegriffen: 11. Juli 2013.

World Wide Fund for Nature, Zoological Society of London, & Global Footprint Network. (2010). *Living Planet Report 2010, biodiversity, biocapacity and development.* Gland: WWF. http://assets.panda.org/downloads/lpr2010.pdf. Zugegriffen: 11. Juli 2013.

Yale Center for Environmental Law and Policy, & Center for International Earth Science Information Network. (1997–2006). *Environmental sustainability index 2002, 2005, Environmental Performance Index 2006.* http://sedac.ciesin.columbia.edu/es/esi/downloads.html. Zugegriffen: 11. Juli 2013.

Zero Emissions Research and Initiative (ZERI). (2011). What is ZERI? http://www.zeri.org/ZERI/About_ZERI.html. Zugegriffen: 11. Juli 2013.

Personenverzeichnis

A
Arrow, K., 93
Atkinson, G., 9
AtKisson, A., 77
Auty, R.M., 93
Ayres, R.U., 9

B
Barbier, E.B., 87
Bartelmus, P., 9, 14, 44, 74, 76, 77, 103, 115, 130
Baumgärtner, S., 9
Bebbington, J., 50
Beckerman, W., 8, 39, 111
Bhagwati, J., 117
Bigg, T., 130
Bishop, R.C., 49
Böhringer, C., 117
Boyd, J., 78
Brand, F., 38
Braungart, M., 50
Bringezu, S., 19, 22
Brown, L.R., 13
Brown, M.T., 23, 27
BUND, 129

C
Carson, R., 8
Castiglione, D., 78
Center for International Earth Science Information Network, 113, 116
Chertow, M.R., 50
Ciriacy-Wantrup, S.C., 49
Cobb, C., 68, 69, 77
Cole, H.S.D., 39
Commission of the European Communities Siehe European Commission
Common, M., 9
Commons, J.R., 116
Conrad, K., 92
Cortright, J., 93
Costanza, R., 9, 19, 29, 63
Crook, C., 49
Crowards, T.M., 49

D
Daly, H.E., 4, 9, 26, 41, 43, 68, 91, 111, 117
Dasgupta, P., 70, 92, 93
de Groot, R., 38
de Haan, M., 98
Diamond, J., 14
Dorfman, R., 103
Duraiappah, A., 70
Dziegielewska, D., 65

E
Economist, The, 81, 92, 118
Ehrenfeld, J.R., 50
Ehrlich, P.R., 4, 8
Ekins, P., 38, 116

Elliot, R., 49
Elliot, S., 94
European Association for Bioeconomic Studies (E.A.B.S.), 9
European Commission, 22, 49, 67, 76, 77, 78, 94, 103
European Environment Agency, 22
Eurostat, 19, 22
Ewing, B., 17

F
Faber, M., 49
Factor 10 Club, 43
Farley, J., 111
Faucheux, S., 110, 111
Frank, R.H., 45
Funtowicz, S.O., 45, 91

G
Gallup, 78, 121
Georgescu-Roegen, N., 22
Global Alliance for ICT and Development, 94
Gore, Al, 9, 14, 62
Goulder, I.H., 86
Gray, R., 50
Grossman, G.M., 87

H
Haeckel, Ernst, 1
Hanley, N., 9, 111
Hardin, G., 39
Hartwick, J.M., 91
Heal, G., 78
Hepburn, C., 65
Hicks, J.R., 71
Hodgson, G.M., 116
Hoekstra, R., 103
Holdren, J.P., 4
Holling, C.S., 42
Hotelling, H., 93

Howell, S.L., 73
Huber, J., 50

I
Intergovernmental Panel on Climate Change (IPCC), 16, 62, 86
International Labour Organization (ILO), 108
International Organization for Standardization, 78
International Union for Conservation of Nature and Natural Resources (The World Conservation Union; IUCN), 45, 116
Islam, S.M.N., 89

J
Jeucken, M.H.A., 8
Jevons, W.S., 47
Jochem, P.E.P., 117

K
Kates, R.W., 127
Kee, P., 98
Klitgaard, K., 111
Kokkelenberg, E.C., 73
Koopmans, T.C., 89
Krall, L., 111
Krueger, A.B., 87
Kuznets, S., 87

L
Landefeld, J.S., 73
Lawn, P., 9, 41, 119
Leipert, C., 68
Leontief, W., 103
Linz, M., 45
Lomborg, B., 8
Lovelock, J.E., 9

M
Mäler, K.-G., 93

Malthus, T., 8
Mander, J., 117, 121, 125
Martinez-Alier, J., 129
Max-Neef, M., 68, 78, 108
McDonough, W., 50
Meadows, D., 8, 39, 42, 45
Mederly, P., 113, 116
Meyer, Bernd, 31, 98
Millennium Ecosystem Assessment, 36, 38, 62
Munasinghe, M., 93
Murray, J., 103

N
Naess, A., 2
Netherlands Environmental Assessment Agency, 122
Newsweek, 93
Nordhaus, W.D., 8, 39, 68, 73, 85, 89, 93
Norgaard, R.B., 9
Nováček, P., 113, 116

O
Odum, E.P., 38
Odum, H.T., 23
Opschoor, H., 116
Organisation for Economic Co-operation and Development (OECD), 22, 43, 44, 83, 128, 134
Osborn, D., 130

P
Paterson, C., 38
Pearson, L., 78
Perrings, C., 27
Pezzey, J., 67
Pigou, A.C., 55, 84
Prescott-Allen, R., 113, 116

Q
Quaas, M., 9

R
Ravetz, J.R., 45, 91
Rennings, K., 49, 116

Rodrik, D., 117
Røpke, I., 9, 14

S
Sachs, I., 121
Sachs, W., 41
Samuelson, P.A., 92, 111
Segal, J.M., 45
Simon, J.L., 8
Simonis, U., 123
Slesser, M., 19
Söderbaum, P., 9, 111
Solow, R.M., 93
Stagl, S., 9
Speth, J.G., 117
Stern, Nicholas, 61, 88
Steurer, A., 22
Stiglitz, J.E., 77
Sustainable Europe Research Institute (SERI), 22
Svendsen, G.L., 78
Szargut, J., 23

T
Talberth, J., 69, 77
Tietenberg, T., 9, 93, 111
Time, 93
Tobin, J., 68
Tolba, M.K., 23
Turner, R.K., 9, 39, 111

U
Ulgiati, S., 23, 27
United Nations, 22, 42, 49, 83, 115, 123, 129
 Conference on the Human Environment, 129
 Department of Economic and Social Affairs, 123, 129
 Development Programme (UNDP), 31, 108, 116
 Educational Scientific and Cultural Organization (UNESCO), 109

Environment Programme (UNEP), 38, 43, 62, 90, 120, 128, 134
Procurement Division, 49
Ura, K., 78
U.S. Department of the Interior, 42
U.S. National Weather Service, 21

V
van den Bergh, J.C.J.M., 103
van der Straaten, J., 116
Veblen, T., 45, 116
von Carlowitz, H.C., 116
von Weizsäcker, E.U., 31, 46

W
Walker, B.H., 78
Wall, G., 23
Weitzman, M.L., 88
Welfens, P., 60
White, L., 10
Wilde, Oscar, 53
Wood, R., 103
World Bank, 69, 78, 93, 128, 135
World Business Council for Sustainable Development (WBCSD), 46
World Commission on Environment and Development (WCED), 109, 110, 116, 129
World Trade Organization (WTO), 113
World Wide Fund for Nature, 33, 34, 42

Y
Yale Center for Environmental Law and Policy, 113, 116

Z
Zero Emissions Research and Initiative (ZERI), 50

Sachwortverzeichnis

Die *kursiven* Seitenzahlen beziehen sich auf Fundstellen in den Abbildungslegenden.

A
Afrika, 75, 108
Agenda 21, *124*
  lokale, 129
Aktivitätsanalyse *Siehe*
  Programmierung, lineare
Angola, *114*
Anlagevermögen *Siehe* Kapital,
  produziertes
Armut, 16, 64, 109, 123
  Linderung, 90, 116
Asien, *18*
Australien, *114*

B
Bedürfnisse, 108, 109, 117, 133
  Grundbedürfnisse, 108
Befehls- und Kontrollvorschriften,
  47-48, 50, 83, 84, 135-136,137
Belastung-Zustand-Reaktion-Rahmen, 22
Bevölkerungswachstum, 3-4, 8, 54
Bewertung, 26-27, 53-54, 135
  energetische, 19, 23, 27
  ökologische, 27
  ökonomische, 14, 57-60, 64, 135
  Kernschmelzunfall, 60
  Klimawandel, 60-62
  Ökosystemleistungen, 62-63
  Wohlfahrt, 58-59, 65, 70
Bhutan, 78
Biokapazität, 17-18, 23, 33, 39
Biomimetik, 50
Bioökonomik, 7
Botswana, *92*

Bruttoinlandsprodukt (BIP), 67, 77
  grünes, 72
  physisches, 97
  Sündenbock, 69, 74, 77, 79
  Wachstum, 31, 32, 44, 74, 75, 92
  Siehe auch Wirtschaftswachstum
Bruttosozialglück, 78

C
China, 75, 79
Corporate Social Responsibility, 45-46, 47,
  49-50, 131
Cradle-to-cradle-Produktionsverfahren, 50
Cradle-to-grave-Produktionsverfahren, 50

D
Dauerertrag, höchstmöglicher, 28, 38
Defensivausgaben, 68, 79
Defizit, ökologisches, 17, *18*
Dematerialisierung, 43, 93, 98
Deutschland, 7, 17, *32*, 79, 86, 109, 129
Diskontierung, 59, *60*, 62, *89*
  soziale, 59, 65, 88, 93, 104
Dividende, doppelte, 86
Doha-Verhandlungen, 117, 125
Durchsatz (Stoffströme), 43

E
Einkommen, 2-3, 65, 71, 77
  Maximierung, 5, 87
  Nachhaltigkeit, 71, 133, 136
  Verteilung, 77, 87, 109
Emergie, 23
Emissionshandelssystem, 86

Energie
   Erhaltung, 19, 22
   erneuerbare, 121, 122
   Konten, 19, 22
   Verbrauch, 19, 34
   Werte, 19, 27 Siehe auch Bewertung, energetische
Energiebilanz, globale, 20-21
Entglobalisierung, 125-126
Entkopplung (von Umweltbelastung und Wirtschaftswachstum), 43-44, 126
Entwicklung, 5, 69, 97, 108, 129
   lokale, 120, 125 Siehe auch Ökoentwicklung
   nachhaltige, 107-110, 112, 114, 116, 126-128
   Definition, 109, 118
   Dimensionen, 49, 110
   Indikatoren, 23, 129, 135
   Indizes, 113, 114, 116
   Kritik, 118, 127-129, 130, 134, 136
Entwicklungsdekaden, 108, 115, 126
   Siehe auch Entwicklungsstrategie, internationale
Entwicklungsländer, 17, 42, 72, 75, 109, 129
Entwicklungsstrategie, internationale, 114, 129
Environmental Management and Audit Scheme, 78
Erdcharta, 49
Erderwärmung Siehe Klimawandel
Erhaltungskosten, 70, 72, 76,
Europa, 113, 115, 116
Europäische Union, 19, 20, 43, 78, 94, 107
Exergie, 19, 20, 22
Externalitäten Siehe Umweltexternalitäten

F

Finnland, 114
Flüsse, versteckte, 19
Fortschritt, technischer Siehe Technologie
Fortschrittsindikator, echter (GPI), 68-69
Freihandel, 113-114, 117
Fußabdruck, ökologischer, 17-19, 22, 31, 33-34, 39, 42, 133-134

G

Gaia, 9, 13
Geburtenkontrolle, 42
Gerechtigkeit
   intergenerationelle, 59-60, 65, 93, 104, 109-110
   internationale, 110
   soziale, 109, 110, 124
Gesamtwert, ökonomischer, 58, 59, 65
Gesamtrechnung
   umweltökonomische Siehe System der umweltökonomischen Gesamtrechnung
   volkswirtschaftliche Siehe System der volkswirtschaftlichen Gesamtrechnung
Gipfelkonferenzen, 116, 130
   Johannesburg (2002), 123, 130
   Rio (1992), 42, 49, 121, 124, 129
   Rio +20 (2012), 43, 130
   Stockholm (1972), 129
Gleichgewicht
   allgemeines, 64, 82, 83, 85
   angewandtes allgemeines, 83, 92, 98-100
   ökologisches, 27, 38
   stationäres, 9
Globalisierung, 113-114, 115, 117, 118, 124-125
   Nachhaltigkeitseffekte, 124
Grenzen des Wachstums, 31, 33, 39, 42, 89
Großbritannien, 17, 47
Güter und Leistungen, öffentliche (public goods), 56, 57, 82

H

Handelsliberalisierung Siehe Freihandel
Home oeconomicus, 49
Hotelling-Regel, 93

I

Index der menschlichen Entwicklung, 31, 108, 109, 116
Index des Wohlbefindens, 113, 116
Indikator der nachhaltigen ökonomischen Wohlfahrt (ISEW), 68
Industrieländer, 17, 43, 73, 75, 87
Industrieökologen, 9

Sachwortverzeichnis

Informations- und Kommunikationstechnologie, 93, 117
Input-Output-Analyse *Siehe* Input-Output-Modell
Input-Output-Modell, 31-32, 91, 98, 103
   hybrides, 98, 100
Input-Output-Tabelle, 91, 103
   hybride, 98-99
   monetäre, 98
   physische, 97-98
Integration
   Analyse, 8, 9, 49, 132
   Nachhaltigkeit, 96, 101-102, 104, 135
   Politik, 109, 110, 124
Interaktion
   Mensch und Umwelt, 2, 127
   Umwelt und Wirtschaft, 4, 5, 135
IPAT-Gleichung, 4
ISO 14000, 78

J
Japan, 19, 108

K
Kapital
   Bildung, 70, 73, 74, 101
   Erhaltung, 72, 73, 76, 89, 91, 134
   Erweiterung, 68
   institutionelles, 70, 76, 78
   menschliches, 70, 72, 76, 78, 79
   natürliches *Siehe* Naturkapital
   produziertes, 72, 77
   soziales, 70, 72, 76, 78, 79
   Verbrauch, 70-71, 72, 77
Kapitalismus, 113, 124
Kernenergie, 16, 60, 88
Klimapolitik, optimale, 62, 87-88, 94
Klimawandel, 9, 14, *16*, 20-*21*, 23, 60-62, 87-88
   Diskontierung, 60
   Kosten, 61-62
   Rahmenabkommen, 129
Knappheit, 5, 54, 57, 64
Kohlenstoff
   Preis, 62, 85
   Steuer, 62, 85-86, 88, 94

Kommission der Vereinten Nationen für nachhaltige Entwicklung, 123
Konsistenz, metabolische, 46, 50
Konsum
   demonstrativer, 45, 56
   nachhaltiger, 70, 87, 91
   Verzicht, 49 *Siehe auch* Suffizienz
Konsumentenrente, 57, 65
Kosten-Nutzen-Analyse, 9, 49, 56, 57, 82-83, 94
Kosten, soziale, *85*, 114
Kredit, ökologischer, 17, *18*
Kuwait, *114*

L
Länder
   arme *Siehe* Entwicklungsländer
   reiche *Siehe* Industrieländer
Lateinamerika, *18*, 75
Leben, gutes, 45, 113
Lebensqualität, 27, 78
Lebensstandard, 27, 31, 113, 125, *126*
Living Planet Index, 42
Lobby, 48, 56, 73, 83

M
Management, adaptives, 42
Markt, 2-3, 64, 66, 81, 92, 113
   fiktiver, 57, 58, 65
   Instrumente, 45, 83-84, 92, 135, 137
   Preis, 54, 65, 70
   unsichtbare Hand, 45
   Versagen, 56-57, 64, 82, 91-92, 94
   Wert, 59, 65, 134
Materialaufwand, gesamter, 19, 134
Matrix der volkswirtschaftlichen Gesamtrechnung einschließlich der Umweltkonten (NAMEA), 98, 99
Mikro-Makro-Analyse, 6, 46, 133
Millennium-Entwicklungsziele, 34, 36, 107, 115-116, 130
Mindeststandard, sicherer, 4, 27, 42, 49
Modelle, 36

N
Nachhaltigkeit, 8, 116, 131-133
   finanzielle, 8

ökologische, 27-28, 33, 36, 38, 39, 42
ökonomische, 67, 72, 75, 90, 93, 134
schwache, 73, 111, 128
starke, 29, 111
Nachhaltigkeitsindex, ökologischer, 113, 114, 116
Nachhaltigkeitsindikatoren, 19, 22, 34
Nachhaltigkeitsökonomik, 5, 6, 9, 128, 136-137
Nachhaltigkeitspolitik, 48, 91, *112*, 120, 123, 134
Nachhaltigkeitsstrategien, 43-44, 50, 123
Nachhaltigkeitswissenschaft, 127-128
Namibia *92*
Natur, 2, 3, 13, 25, 38, 49
  Vermögen *Siehe* Naturkapital
  Wert, 27, 39, 49, 53, 54, 58, 66 *Siehe auch* Bewertung
Naturkapital
  Erhaltung, 27, 29, 41, 72
  kritisches, 27, 38, 76, 91, 111
  Verbrauch, 70-71, 72, 75, 77
Naturkatastrophe *Siehe* Umweltkatastrophe
Nichtnachhaltigkeit, 6, 14, 23, 25, 26-27, 31, 75
Nichtregierungsorganisation, 26, 123, 125, 129, 130
Niederlande, 121, *122*
Nordamerika, 108
Norwegen, *114*
Nutzen, 3, 58, 64-65, 133
  Maximierung, 5, 9, 27, 92, 116
  Messung, 57, 62, 85, 89, 133
  von Ökosystemen, 38

O
Ökobilanz, 76, 78
Ökoeffizienz, 46
Ökoentwicklung, 120, *121*, 129, 130, 136
Ökoinlandsprodukt, 72, 77
Ökologie, 1, 8, 9
Ökonettoinvestition, 72, 75, 77
Ökonomie *Siehe* Wirtschaft *oder* Ökonomik
Öko-nomik, 5, 9,
Ökonomik
  grüne, 93
  institutionelle, 111, 116
  koevolutionäre, 9, 111
  konventionelle, 1, 5, 64, 93
  Laisser-faire, 9
  Mainstream, 69, 111
  neoklassische, 116
  ökologische, 5, 8, 9, 49, 110, 111
Ökosteuer, 84-85, 98 *Siehe auch* Kohlenstoff, Steuer
Ökosystem, 26, 116
  Gleichgewicht, 27, 38
  Konten, 76, 78
  Leistungen, 27, 38, 62-63
  Management, 42, 121, 133
  Populationswachstum, 38
  Widerstandsfähigkeit, 27, 38, 42, 49
Ökotechniken, 121
Ozeanien, *18*, 108

P
Pareto-Optimalität, 64
Partnerschaft, öffentlich-private, 49, 123, 124, 126, 130
Philippinen, 82
Polarisierung
  ökologisch-ökonomische, 5-6, 7, 9, 135
  Überwindung, 95, 96, 101-102, 135
Prestigekonsum *Siehe* Konsum, demonstrativer
Produzentenrente, 65
Programmierung, lineare, 101-*102*, 103, 104

Q
Quellen- und Senkenfunktionen *siehe* Ökosystem, Leistungen

R
Rebound-Effekt, 47Regeln und Regulierungen, 5, 45, 53, 54, 83, 136
  Siehe auch Befehls- und Kontrollvorschriften
Residuen, 19, 23, 97
Ressourcen, natürliche, 2, 3-4, 5, 39
  Abbau 21, 29, 31, 39, 56
  Kosten, 74, 76, 91
  Entdeckung, 28, 29, 65
  erneuerbare, 17, 28-29, 39, 41

Sachwortverzeichnis

erschöpfbare, 29, 65, 87, 93
Ersparnis, 31, 39, 42, 47
frei zugängliche, 39
genetische, 56, 63
nichterneuerbare, 28, 41, 87
Verbrauch, 29, 43, 44
Ressourcenfluch, 91, 93, 94
Ressourcenförderung, optimale, 87 Ressourcenproduktivität, 31, *32*, 98
Faktoren, 30-31, 32, 40, 43, 46
Ressourcenrente, 91, 93
Abschöpfung, 92
Ressourcenökonomik, 93
Revolution, digitale, 94 *Siehe auch* Informations- und Kommunikations-technologie
Rio-Erklärung, 49

S

Schäden, öffentliche (public bads), 56
Schweden, 17
Schwellenhypothese, 68
Sierra Leone, *114*
Simon-Ehrlich-Wette, 8
Sozialvertrag, globaler, 126, *127*, 130
Steuerreform, ökologische, 86
Stoffstromrechnung, 19, *20*, 21, 22, 29
Substitution *siehe* Nachhaltigkeit, starke/schwache
Südafrika, 91
Suffizienz, 45, 50
System der umweltökonomischen Gesamtrechnung (SEEA), 22, 70-71, 73, 77, 91, 133, 134
Bewertung, 70, 75, 76, 79
Fallstudien, 73-75
Indikatoren, 72-73, 75, 77
Revision, 76, 77, 98
Satellitensystem, 73
System der volkswirtschaftlichen Gesamtrechnung (SNA), 70, 77

T

Technologie, 3, 29, 31, 38, 40, 45, 46, 89-90, 93 *Siehe auch* Informations- und Kommunikationstechnologie und Ökotechniken
Tiefenökologie, 2, 5, 13

Tragfähigkeit der Natur, 4, 27, *28*, 33, 38, 101, 116
Tragik der Allmende, 29, 39
Treibhausgas, 20, *21*

U

Umwelt, 2, 5
anthropozentrische Betrachtung, 2, 10, 95
ökozentrische Betrachtung, 2, 13, 95
Umweltabkommen, multilaterales, 125
Umweltbelastung, 4, 7, 19, 31, 54, *55*, 87, 88
Irreversibilität, 27-28, 49, 91
Umweltethik, 45, 49, 53, 58
Umweltexternalitäten, *55*-57, 64, 83-84
Internalisierung *Siehe* Umweltkosten, Internalisierung
Umweltfunktionen *siehe* Ökosystem, Leistungen
Umweltgrenzen, 27, 36, 44-45, 101, 103
Siehe auch Tragfähigkeit
Umweltindikatoren, 14-16, 22
Umweltkatastrophe, 4-5, 8-9, 10, 23, 47, 59-60
Umweltkosten, 45, 63, *71*, 73-74, 77, 79
Siehe auch Kosten, soziale
Grenzkosten, 65, 83, 85
Internalisierung, 9, 83
Umwelt-Kuznets-Kurve, 87, *88*
Umweltleistungen, 3, *4*, 17, 54, 58, 64-65 *Siehe auch* Ökosystem, Leistungen
Umweltmanagement-Regeln, 41-42
Umweltnachhaltigkeit *Siehe* Nachhaltigkeit, ökologische
Umweltnachhaltigkeitsindex, 113
Umweltökonomik, 5, 8, 9, 29
Umweltpolitik, 44, 46, 87, 99, 123
Instrumente, 83-84
Versagen, 108-109, 110
Umweltproblem, 3-4, 16, 129
Umweltprogramm der Vereinten Nationen, 43, 90, 123, 125, 129
Umweltrechnung, unternehmerische *Siehe* Ökobilanz
Umweltschäden, 74, 76, 78

Umweltschutz, 56, 83, *108*, 109, 110, 125
  Siehe auch Defensivausgaben
Umweltstandard, 47, 84, 92, 114
Umweltstrategien, 44-45
Umweltvermögen *Siehe* Naturkapital
Umweltziele, 36, 86, 98, 135 *Siehe auch* Umweltstandard
Unsicherheit, 34, 49, 84, 87, 88, 124
USA, 17, *18*, 68, 72, 73, 74, 86, 109

V

Vereinigte Arabische Emirate, 17
Vermögen, 70-71, 79, 92 *Siehe auch* Kapital
  inklusives, 70
  umfassendes, 70
Vermögensbildung, 69
Vermögensrechnung, *71*
Verursacherprinzip, 83
Vollkostenkalkulation, 78
Volkseinkommen, 77, 116
Vorsorgeprinzip, 42
Vorteil, komparativer, 113

W

Wachstum, natürliches, 38, *71*
Welt volle, 4, 5, 75
Welthandelsorganisation (WTO), 107, 113, 117, 125
  Ökologisierung, 125
Weltkommission für Umwelt und Entwicklung, 108-109, 129

Welt-Naturschutzstrategie (World Conservation Strategy), 116
Weltumweltorganisation, 123
Wirtschaft, 2-3, 26, 57
  Black Box, 4, 14, 20
  Gleichgewicht, 64, 99
  grüne, 42-43, 90, 130, 134
  neue 9, 93
Wirtschaftsakteure, 3, 77, 84 Wirtschaftsindikatoren, 69, 77
  ökologisch modifizierte, 77
Wirtschaftstätigkeit, nachhaltige, 6, 72, 102, 137
Wirtschaftswachstum, 3, 5, *32*, 69, 87, 88, 108, 113, 122 *Siehe auch* Bruttoinlandsprodukt, Wachstum
  nachhaltiges, 72, 75, 87, 92, 111, 134, 136
  optimales, 87, 100
  Rücknahme, 9, 43
Wohlbefinden, *Siehe* Nutzen *und* Wohlfahrt
Wohlfahrt, 31, *33*, 38, 45, 58, 70, 111, 133
  Funktion, 93
  Maß, 67-70, 78, 79
  Maximierung, 5, 64, 93, 100
  nachhaltige, 68, 69, 100

Z

Zahlungsbereitschaft, 57, *58*, 70
Zivilgesellschaft, 83, 110, 123, *124*, 130
Zulässigkeitsraum, 101, *102*

SPRINGER NATURE

GPSR Compliance

The European Union's (EU) General Product Safety Regulation (GPSR) is a set of rules that requires consumer products to be safe and our obligations to ensure this.

If you have any concerns about our products, you can contact us on ProductSafety@springernature.com

In case Publisher is established outside the EU, the EU authorized representative is:

Springer Nature Customer Service Center GmbH
Europaplatz 3
69115 Heidelberg, Germany

The manufacturer's authorised representative in the EU is Springer Nature Customer Service Centre GmbH, Europaplatz 3, 69115 Heidelberg, Germany. If you have any concerns regarding our products, please contact ProductSafety@springernature.com

Printed and bound by CPI Group (UK) Ltd, Croydon, CR0 4YY

23/03/2026

02076736-0003